JN226394

カラー図解

群境介のミニ盆栽 サツキ

群境介 著

農文協

切りつめて根上がりの双幹に仕立てる

（82～85頁参照）

やや根上がりの立ち上がりに曲のある「白玲」

1年目の3月

枝を丸坊主に切りつめて左流れの双幹に。剪定後に植え替え（白黒部分を剪定）

3年目の6月中旬

胴吹きした枝のうち必要な枝を残し切りつめる（白黒部分を選定）

4年後の5月

枝位置も決まり、どっしりとした双幹となった。白い清楚な花が映える

「日光」の太幹模様木を仕立てる （40～47頁参照）

1年目の3月
枝の多い太幹素材を剪定

（白黒部分を剪定）

樹高を低くしつくりなおす

4年目
樹芯の通った枝張りのよい太幹の模様木となる

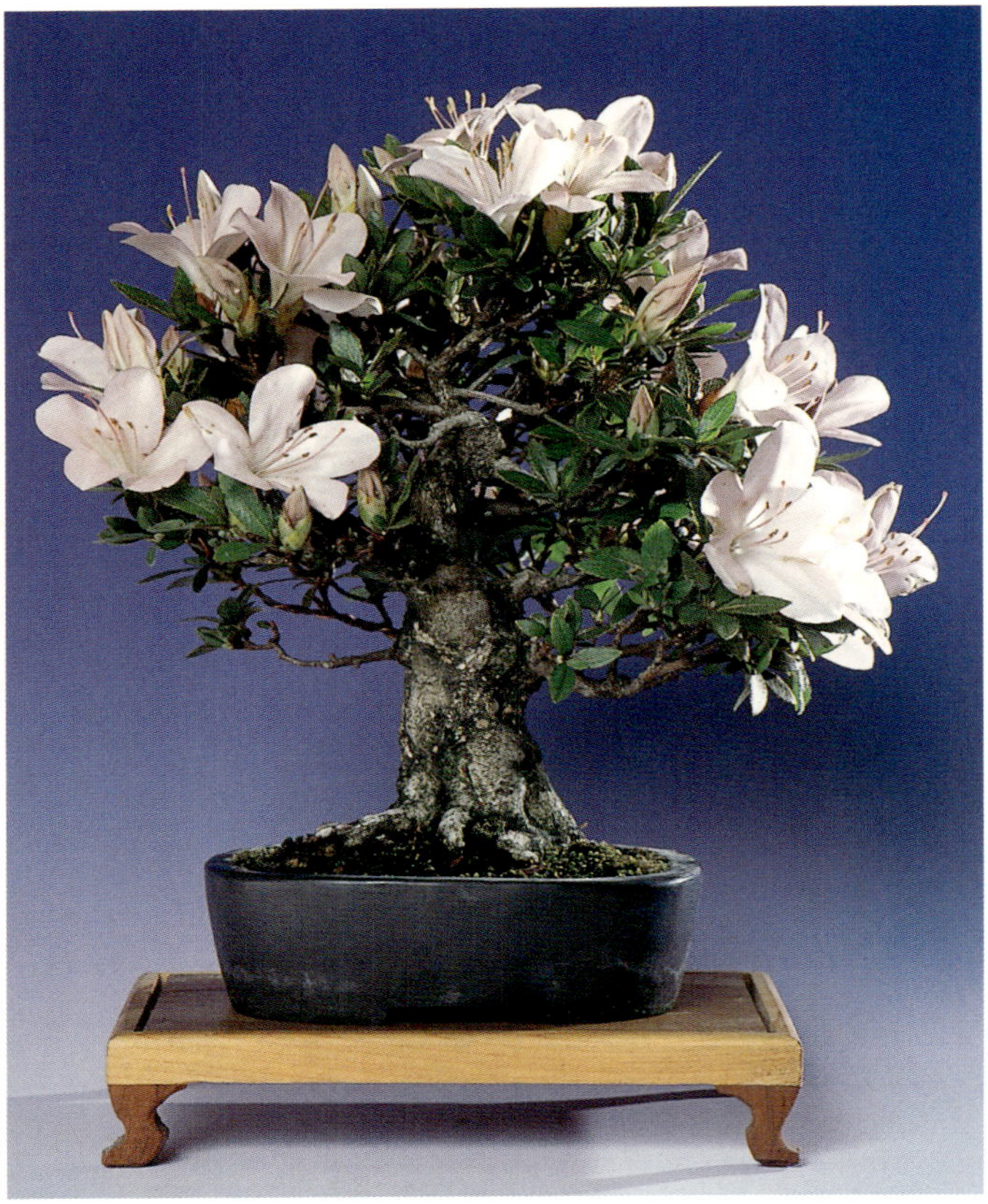

低い模様木に仕立てる （48～50頁参照）

1年目の3月
枝張りを考えて丸坊主にする

1年目の6月
太らせたくない枝は切りつめる（白黒部分を剪定）

根や幹の曲を生かして斜幹に仕立てる

6年目

（81頁参照）（晃山）

1年目の3月

曲のよい太根を幹に利用

（白黒部分を剪定）

3年目

（74頁参照）（珍山）

1年目の3月

右流れの斜幹に剪定

（白黒部分を剪定）

6年目

（御代の月）

2年目の3月

1年目と同様、丸坊主にする（白黒部分を剪定）

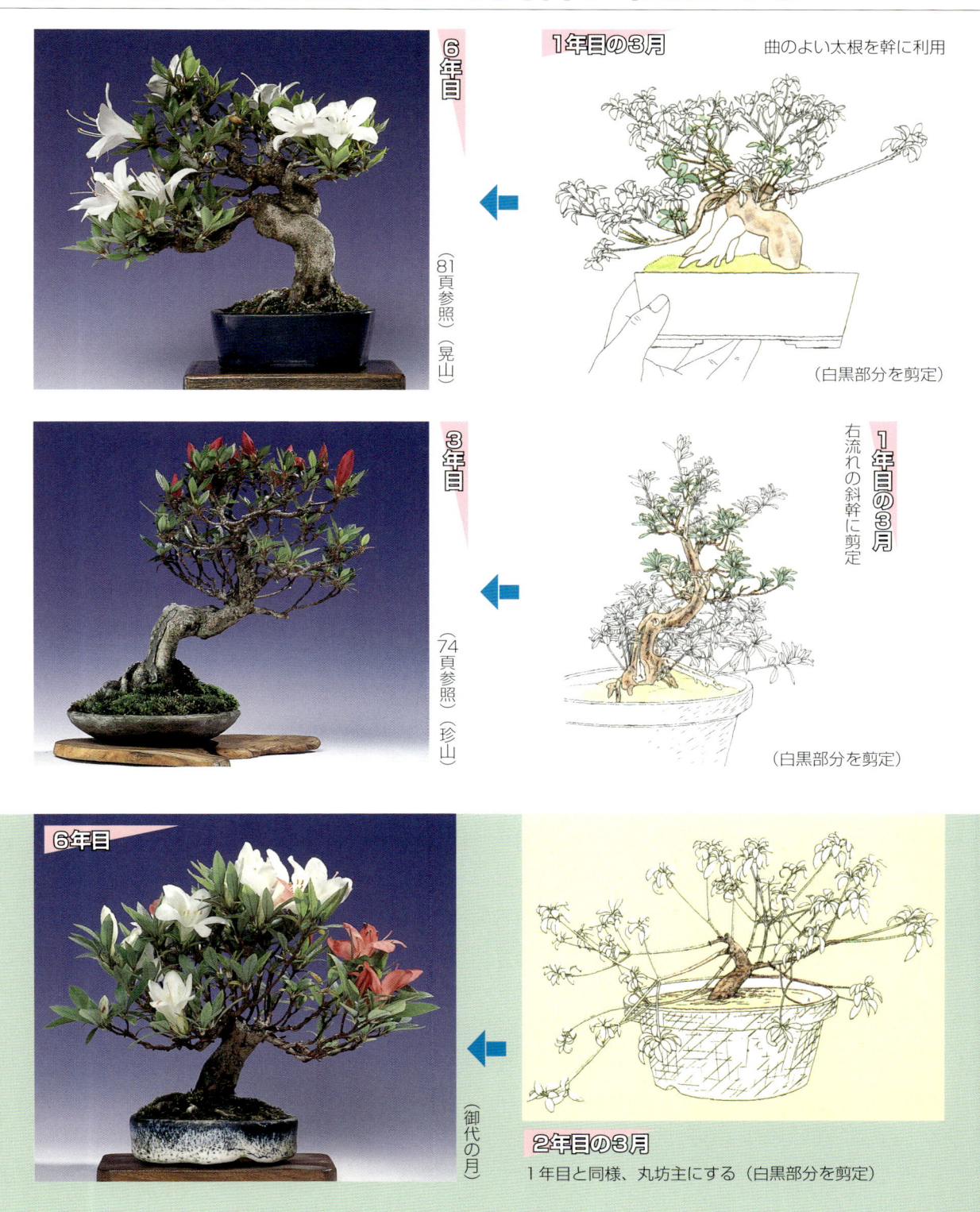

浮き根と一の枝を生かして斜幹に仕立てる

（56～67頁参照）

1年目の6月

浮き根、一の枝、立ち上がりの曲を生かして切りつめる

（白黒部分を剪定）

6年目

（日光）

3年の経過2態

鉢で

入手間もないころ

3年後

平石で

平石につけたてのころ

3年後

3年後にバランスよく開花が見られるようになった

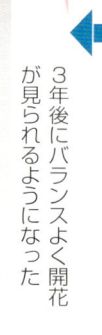

まえがき

五月下旬を過ぎると、近所の家々が華やかな色彩に包まれる。サッキが花開くからである。

なかでも花自慢の声がいちだんと高いのは、いろんなサツキの樹種を抱えた隣家。おじいちゃん、おばあちゃん、息子夫婦に、会社の同僚や満開の大きな鉢を抱えた同好会の人たちが連日訪れる。梅雨前のひととき、趣味を通して人の輪が限りなく広がる。

数ある花物のなかで、これほど容易に誰でも花を咲かせることのできるものは少ない。手にのるほどの小さな鉢植えでも立派に花をつける。しかし、花を咲かせるだけではなく、自然を彷彿させるような木姿をつくり、観賞するのがミニ盆栽である。かといって、難しく構える必要はない。その時期、その時期に枯らさないよう適切な作業さえしておけば、年々木姿の整ったものに変わってゆく。

また、サツキは驚くほど短い期間で仕上がる。実技編をご覧いただくとわかるように、姿の乱れた鉢植えから枝を切りつめ、丸坊主のような状態にしても、4〜5年で立派なミニ盆栽となり、花を観賞できる。

改訂にあたって
数年前の冬、大雪が降って保護室が倒壊した。サツキも被害を受け、なかにはほとんど枝の残らない姿になってしまったものもある。しかし、現在ではちがった姿で立ちなおりを見せはじめている。
サツキの特性を知ればこそである。

二〇一八年四月

群　境介

カラー図解　群境介のミニ盆栽●サツキ

もくじ

【口絵】

素材の特性を生かして樹形と花を楽しむ

基礎編

知っておきたいサツキの生長と作業

実技編

小さくつくりかえる

模様木をつくる

斜幹につくる

双幹につくる

石につける

根を生かしてつくる

写真撮影●赤松富仁（3年の経過2態は著者）

1年の生長サイクル

枝の伸び方、花芽のつき方を知ろう

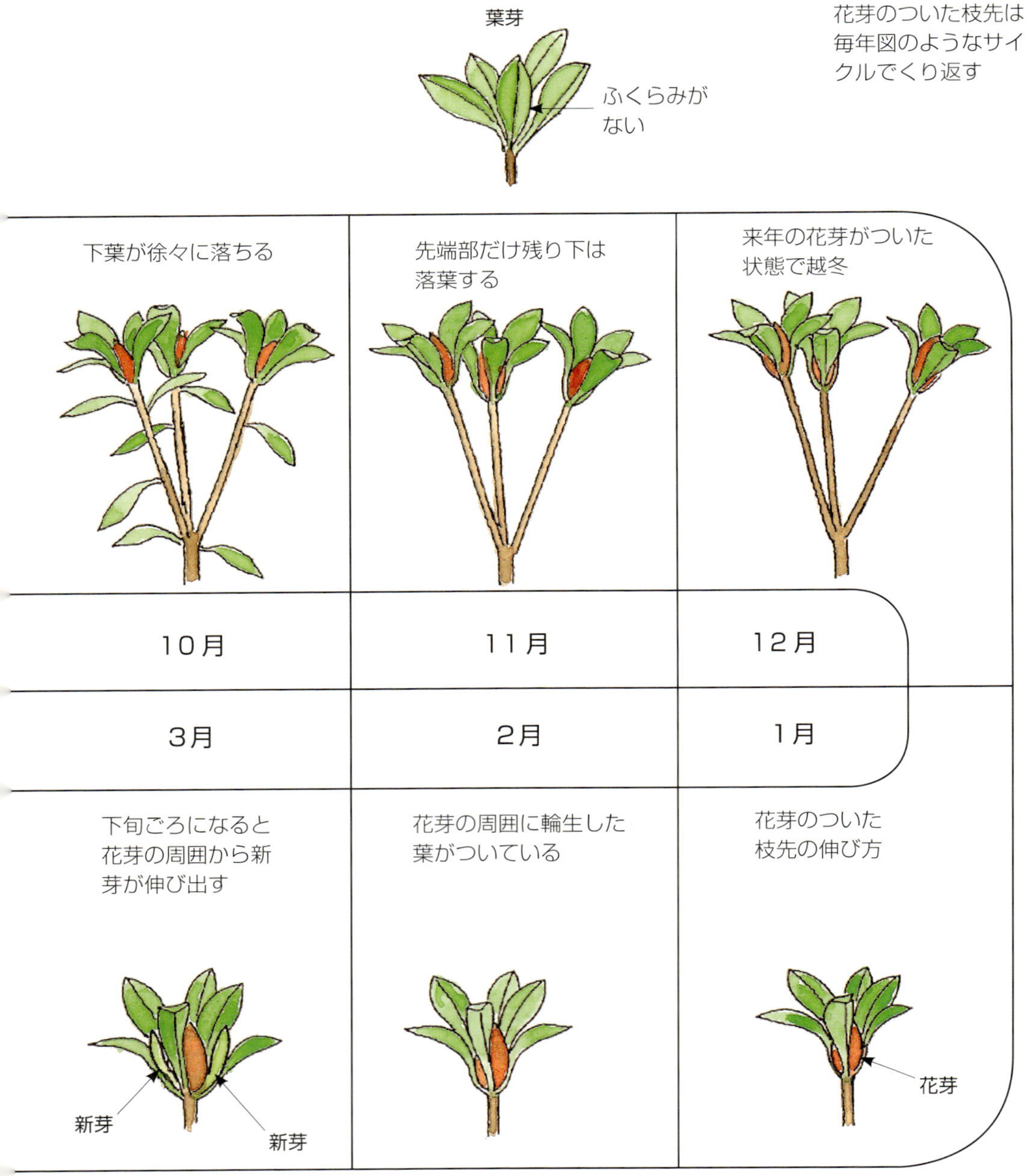
葉芽
ふくらみがない
花芽のついた枝先は毎年図のようなサイクルでくり返す
下葉が徐々に落ちる
先端部だけ残り下は落葉する
来年の花芽がついた状態で越冬
10月
11月
12月
3月
2月
1月
下旬ごろになると花芽の周囲から新芽が伸び出す
新芽
新芽
花芽の周囲に輪生した葉がついている
花芽のついた枝先の伸び方
花芽

ツツジは1カ所に数輪の花をつけるが、サツキは一つ。ツツジは四〜五月に開花するが、サツキは五〜六月に開花する。

サツキは蕾のうちにその周囲から新芽を出すが、ツツジは花後に新芽が伸びる。サツキもツツジの仲間には違いないが、こうした相違は知っておきたい。

花芽
先端部は
葉が輪生する
ふくらんだ
ものが花芽

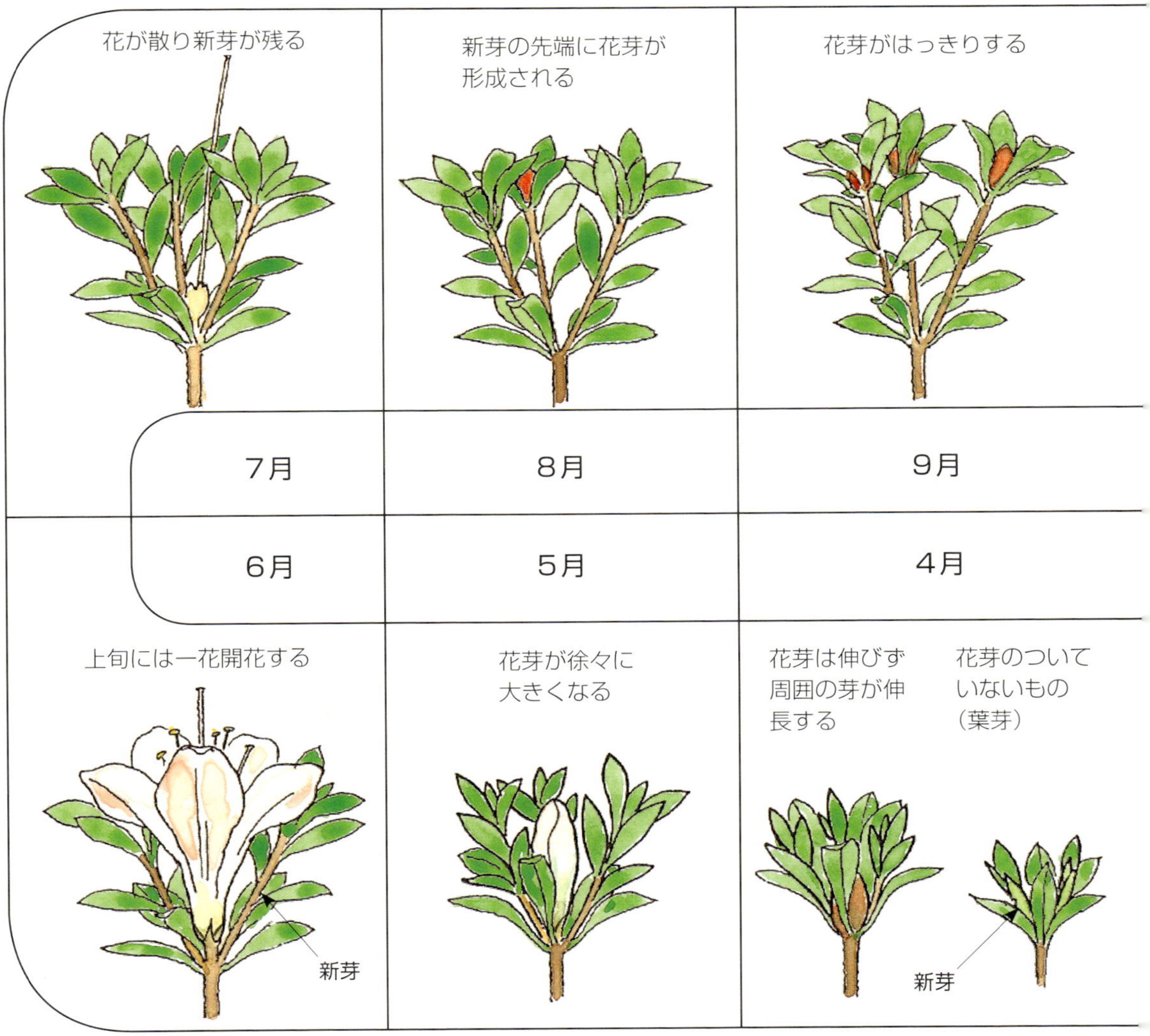
花が散り新芽が残る
新芽の先端に花芽が
形成される
花芽がはっきりする
7月
8月
9月
6月
5月
4月
上旬には一花開花する
新芽
花芽が徐々に
大きくなる
花芽は伸びず
周囲の芽が伸
長する
花芽のついて
いないもの
（葉芽）
新芽

花芽のついた枝先は、三月下旬～四月上旬ごろ、花芽の周囲から数本の新芽が伸び出す。

花は五月下旬から六月上旬ごろに、1芽1花開く。伸びた新芽は七～八月、先端の輪生した葉の中心に花芽が分化される。

下葉は秋に落葉、花芽が残る。

1年の作業サイクル

いつごろ、どんな作業が必要か知っておこう

サツキ人気の一つは、どこで切っても芽吹くことがある。極端にいえば、根元だけ残れば、新たに芽吹くということである。しかし、最大の魅力は花だ。花は枝先につくので、時期をかまわず切ると、花芽を切ることになる。

盆栽としての形を維持しつつ花を観賞する。それには、1年を通じた作業サイクルをくり返すことが大切になる。

保護室に
入れる

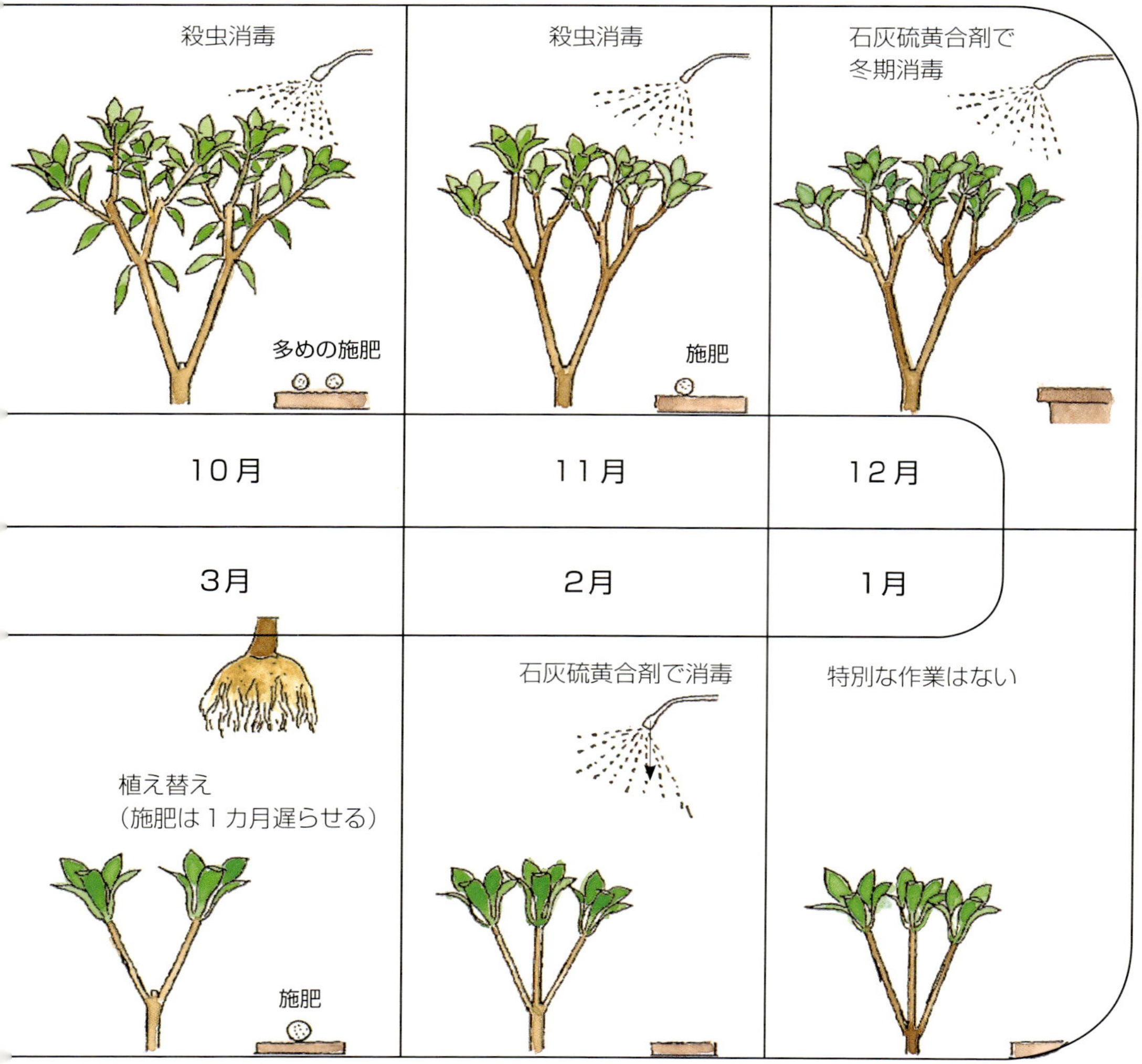

殺虫消毒
多めの施肥
10月
殺虫消毒
施肥
11月
石灰硫黄合剤で
冬期消毒
12月
3月
2月
1月
植え替え
（施肥は１カ月遅らせる）
施肥
石灰硫黄合剤で消毒
特別な作業はない

下図は年間のおおよその作業を図解したもの。大きな作業月は三月と花後の六月上旬。とくに花後の剪定（20頁参照）は、木姿を整えるのに不可欠。

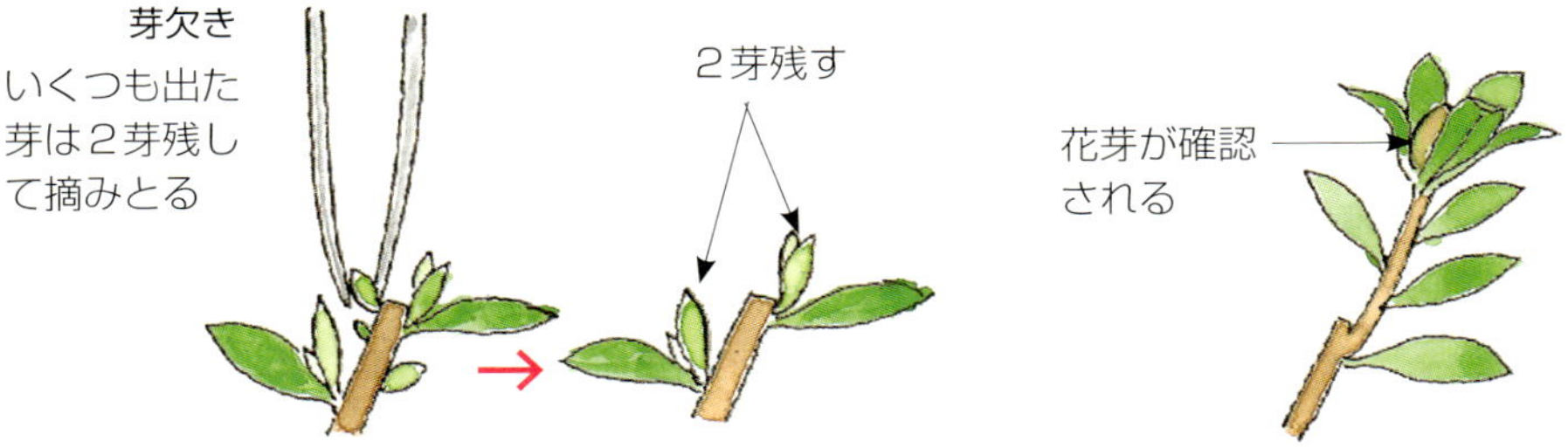
芽欠き
いくつも出た芽は2芽残して摘みとる
2芽残す
花芽が確認される

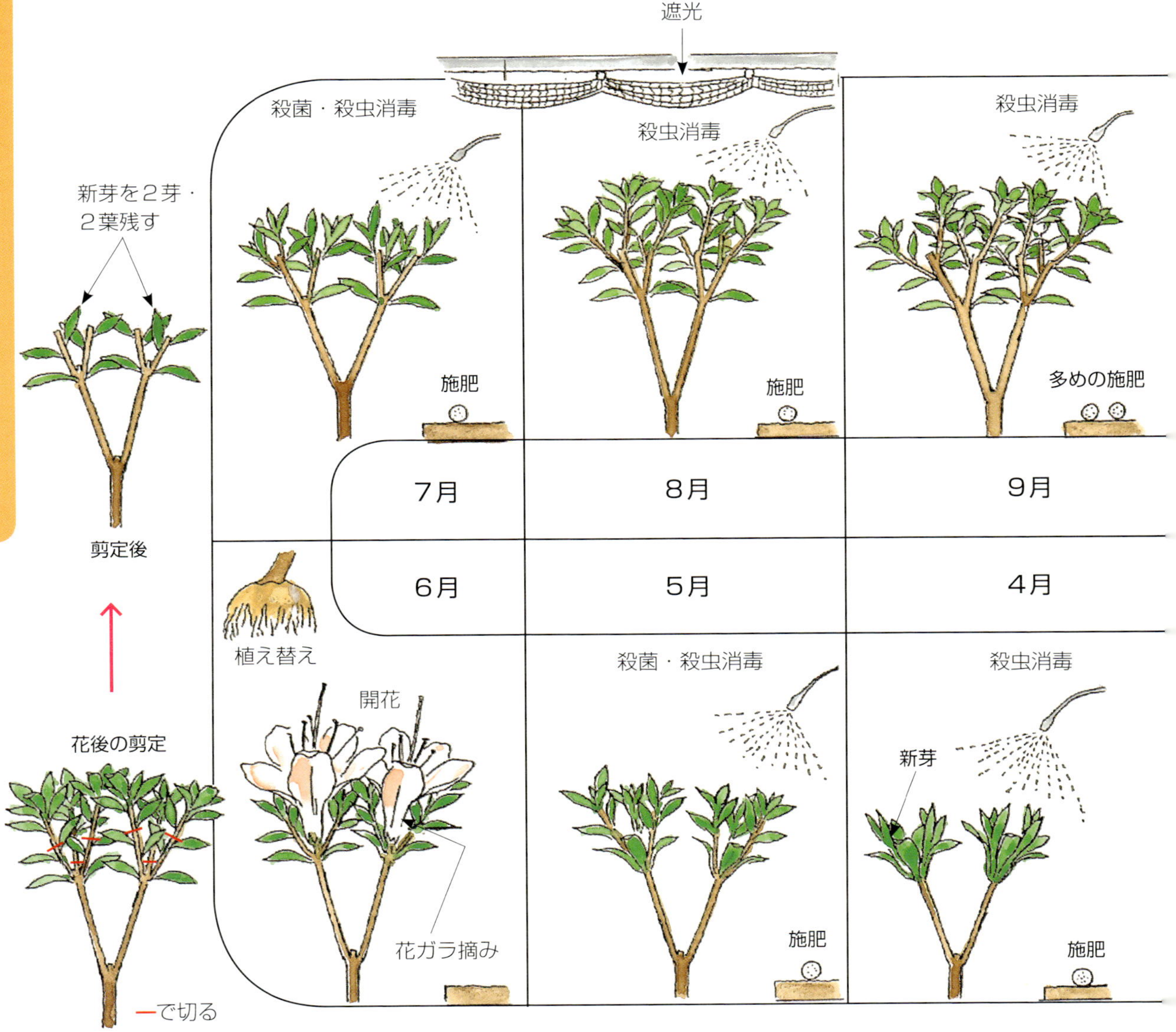
遮光
殺菌・殺虫消毒
殺虫消毒
殺虫消毒
新芽を2芽・2葉残す
施肥
施肥
多めの施肥
7月
8月
9月
6月
5月
4月
剪定後
植え替え
開花
殺菌・殺虫消毒
殺虫消毒
新芽
花後の剪定
花ガラ摘み
施肥
施肥
ーで切る

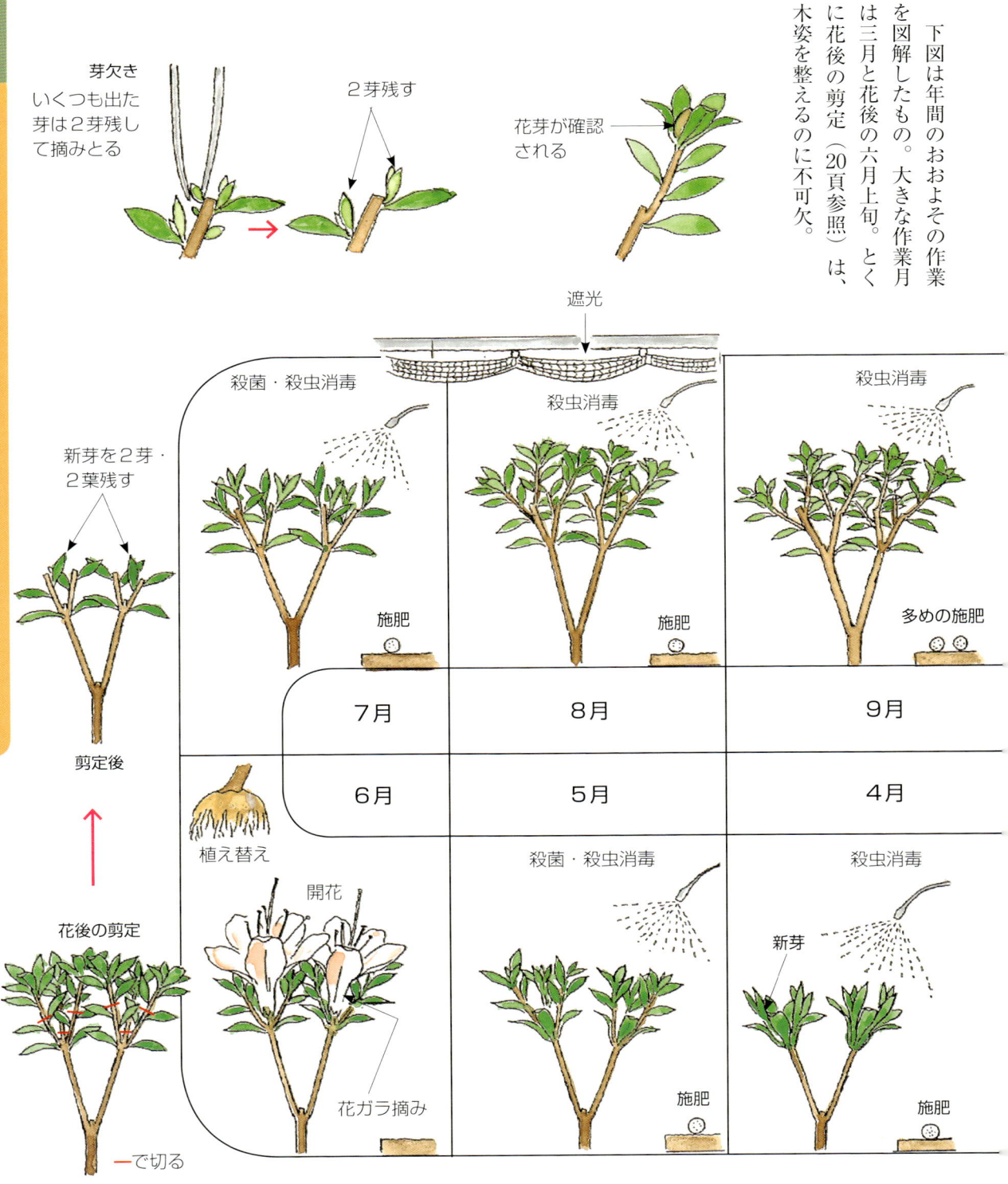

花形・花芸のいろいろ

多彩な花を楽しむために

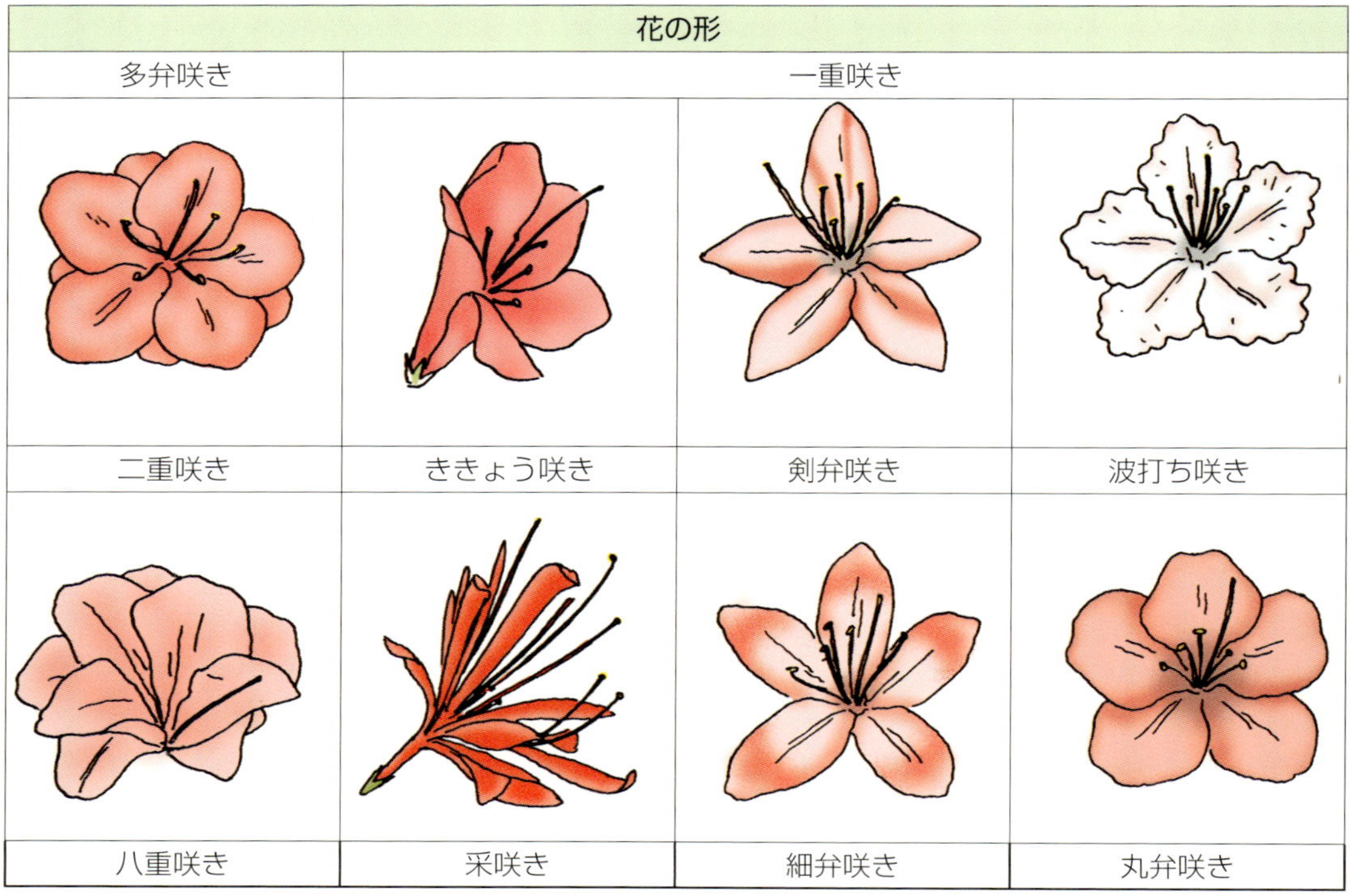
花の形
多弁咲き
一重咲き
二重咲き
ききょう咲き
剣弁咲き
波打ち咲き
八重咲き
采咲き
細弁咲き
丸弁咲き

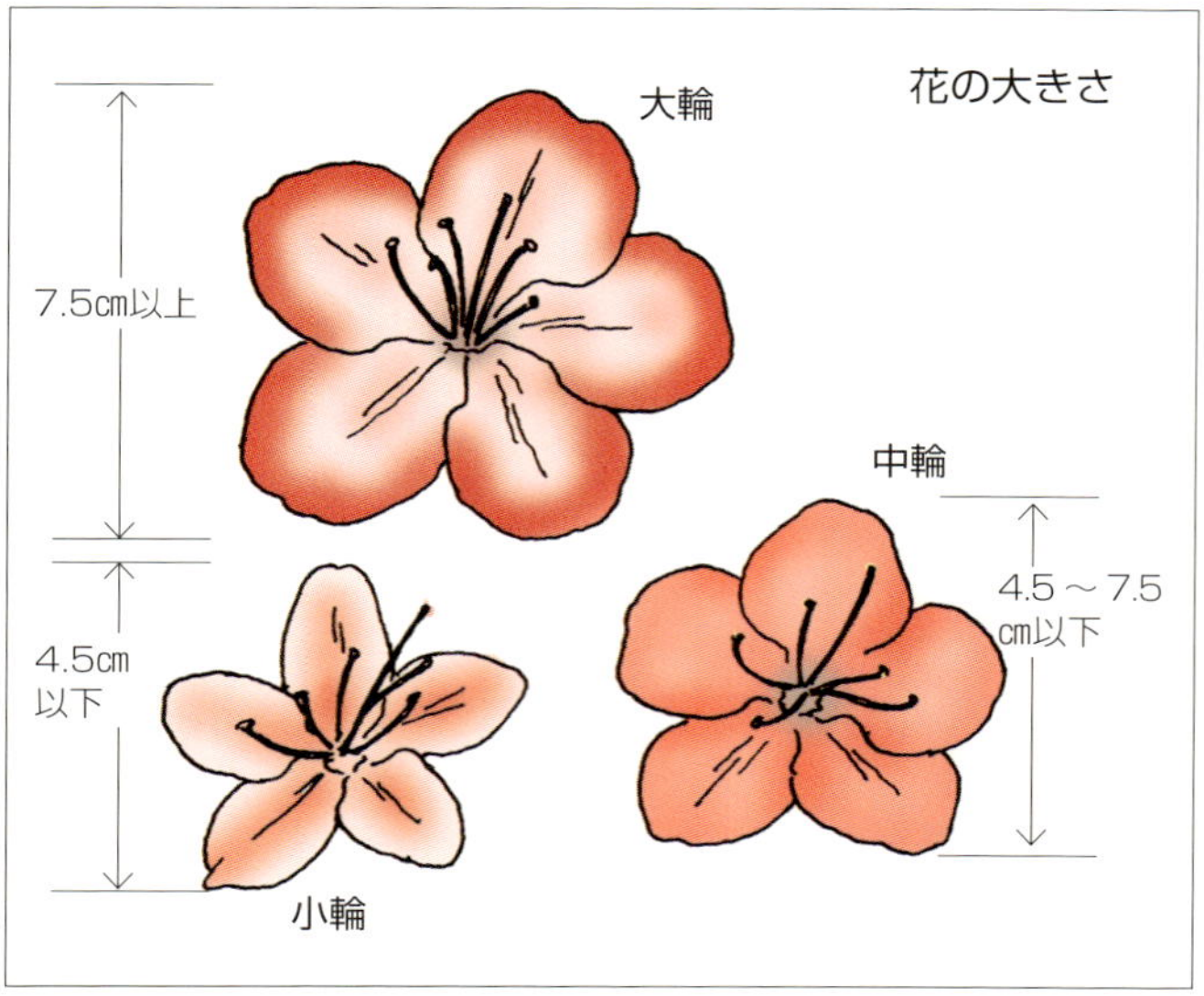
花の大きさ
大輪
7.5cm以上
中輪
4.5～7.5
cm以下
4.5cm
以下
小輪

数ある花物樹種のなかで、これほど容易にまた変化に富んだ花芸を見せるものは他にない。ミニ盆栽でも葉が見えなくなるほど花に埋まる。

どうしても中・小輪花を多く集めがちだが、大輪でも花数を少なく観賞すればよい。咲き分け種は樹頂に赤花をつけると重い感じを与えるので、下方につくようにしたい。

花芸のいろいろ			

覆　輪	底　白	有 色 無 地	白 無 地

地合い白絞り	地合い小絞り	地合い大絞り	地 合 い

白玉斑入り	伊 達 絞 り

半染め絞り	吹っかけ絞り

咲き分け（例）日光

淡紅色の地に濃紅色、大・小の絞り、覆輪など咲き分ける

開花前（春）の剪定

強い剪定は春がよい

木づくり中の素材

前年春に強剪定をした素材、伸びた枝はさらに切り込む

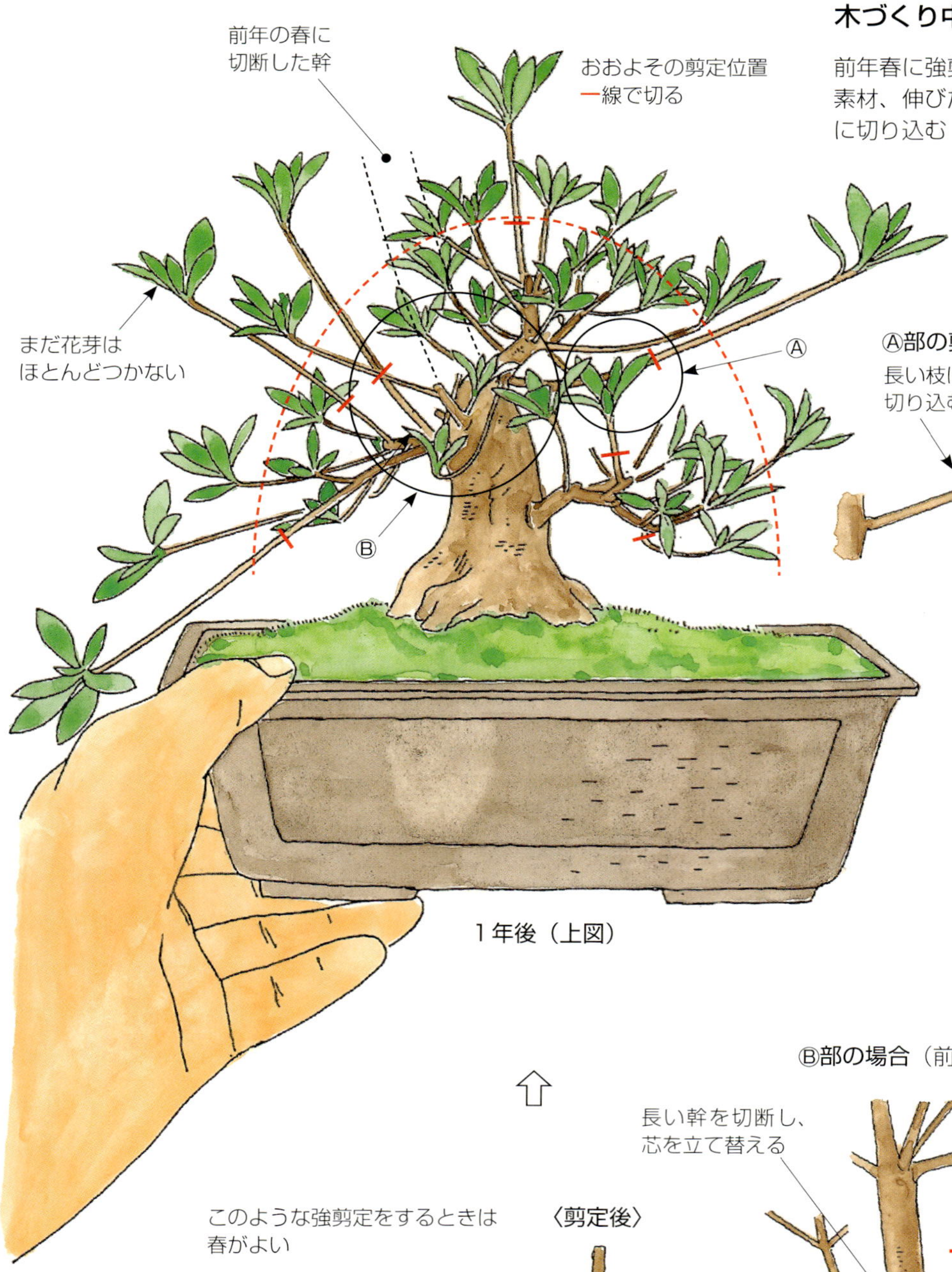

前年の春に切断した幹
おおよその剪定位置
ー線で切る
まだ花芽はほとんどつかない
Ⓐ
Ⓑ

1年後（上図）

Ⓐ部の剪定

長い枝は途中で切り込む

Ⓑ部の場合（前年春）

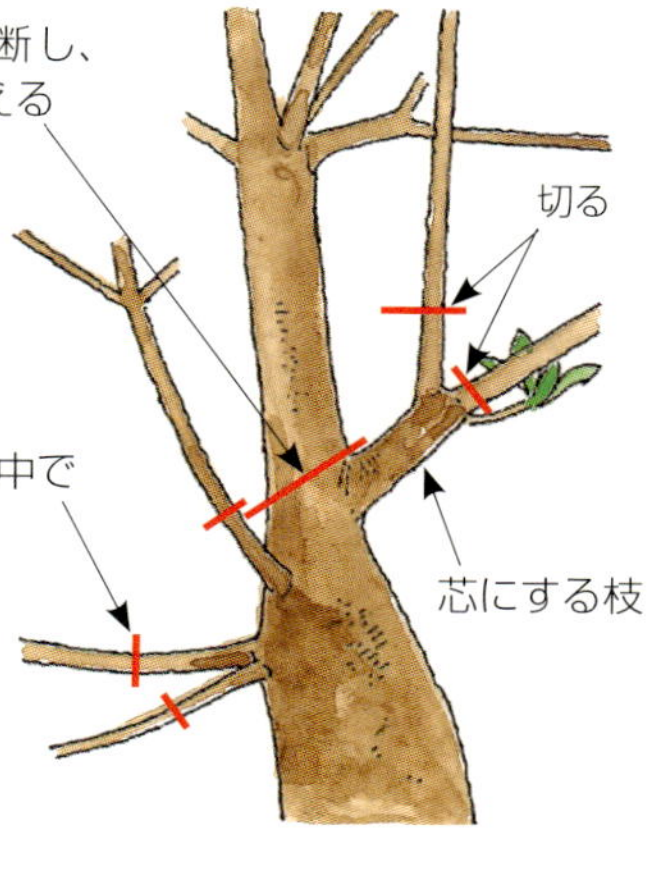

長い幹を切断し、芯を立て替える
切る
枝も途中で剪定
芯にする枝

このような強剪定をするときは春がよい

〈剪定後〉

花が観賞できる木

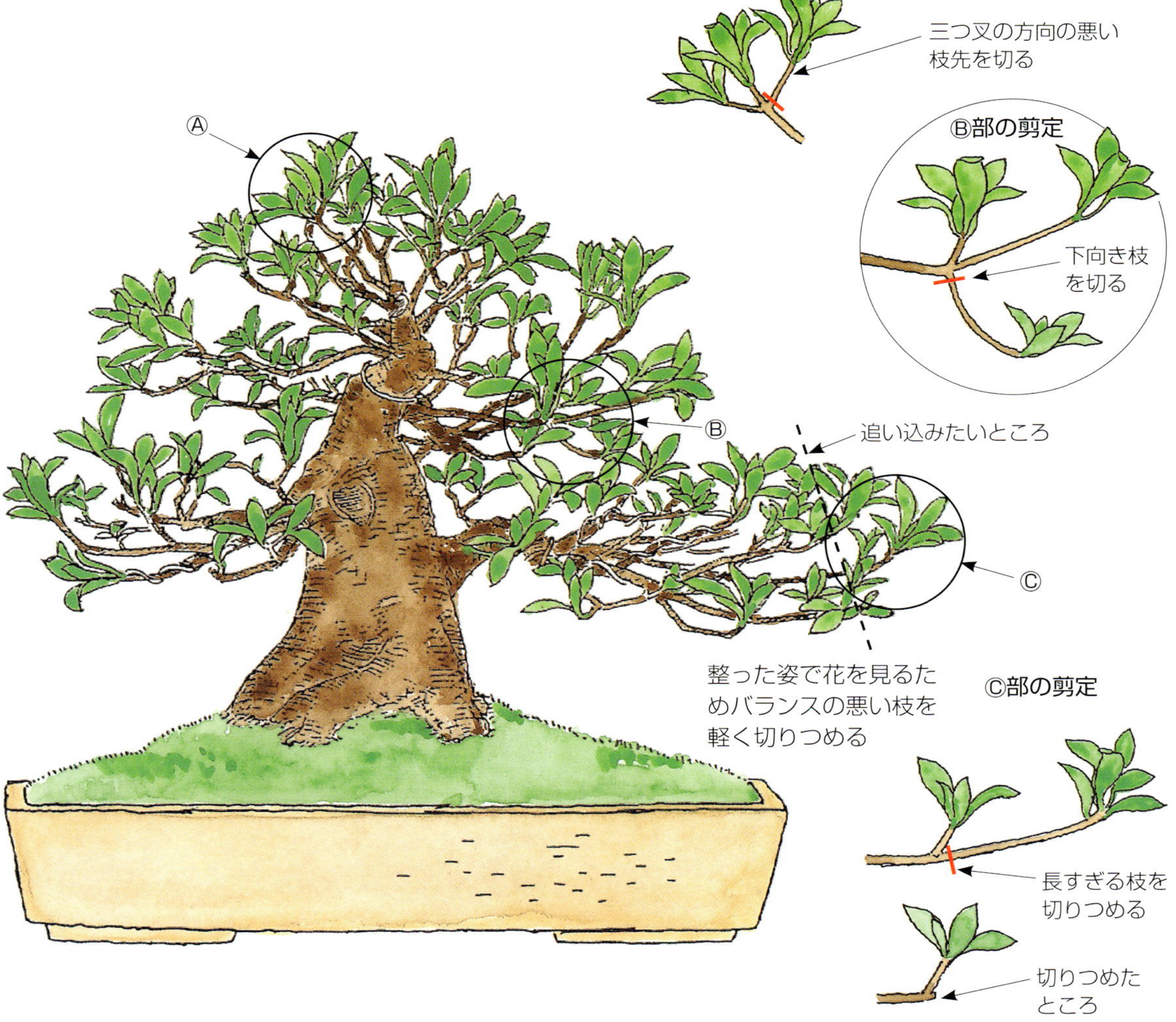
Ⓐ部の剪定
三つ叉の方向の悪い枝先を切る
Ⓑ部の剪定
下向き枝を切る
Ⓐ
Ⓑ
Ⓒ
追い込みたいところ
整った姿で花を見るためバランスの悪い枝を軽く切りつめる
Ⓒ部の剪定
長すぎる枝を切りつめる
切りつめたところ

春の剪定は、大きく分けて二通りの剪定が考えられる。一つは改作を要するような強剪定（またはそれに準じるような剪定）、二つめは花を観賞できるような木（枝のできた木）の枝先の軽い剪定。

なぜ強剪定は春がよいかといえば、生長期間が長いから。これから枝づくりするものは、1年強く伸ばして枝元を太らせてから切りこみたいので、花後の剪定では生長期間も短すぎる。

右図を見ていただきたい。前年の春に幹を切りつめ、途中の枝で芯を立て替えたものだが、1年後にこれだけ伸長する（枝元の太りもちょうどよい）。仮に花後剪定していたら半分以下の長さ（太さ）であろう。

軽い剪定は、整った姿で花を見るための剪定である。上図Ⓐは混み入った枝先を切りすかす剪定、Ⓑは下向きに伸びて姿を乱している枝の剪定、Ⓒは長くバランスの悪い枝の切りつめである。

花芽はついているかもしれないが、こだわらない。枝先のよく見える時期なので、ぜひ手を入れておきたい。

植え替え

鉢上げから仕立て鉢・本鉢へ

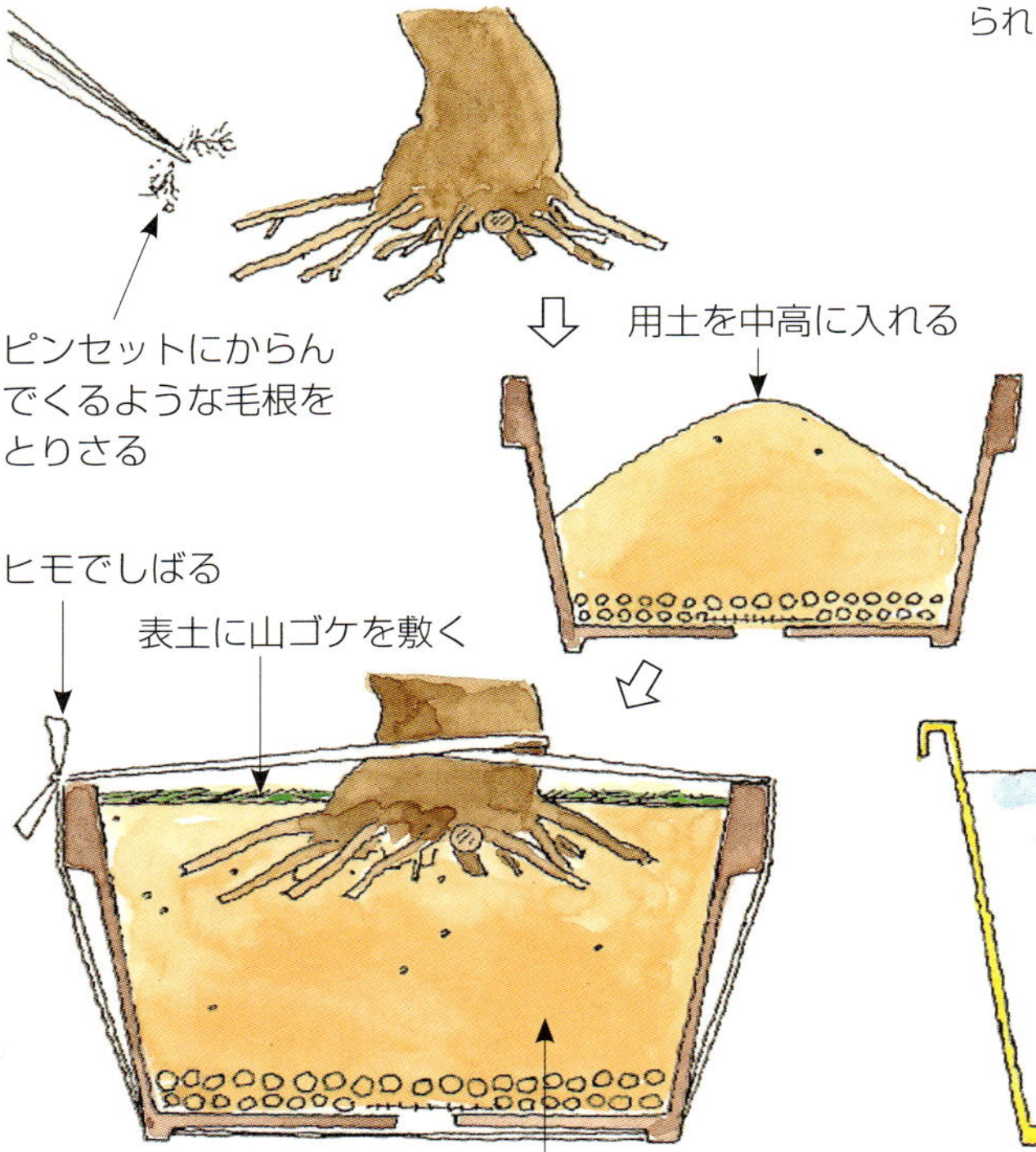

太根やからみ根を切り細根を残す
ピンセットにからんでくるような毛根をとりさる
用土を中高に入れる
ヒモでしばる
表土に山ゴケを敷く
1㎜以下のミジン粉を抜いた鹿沼土

畑土からの鉢上げ

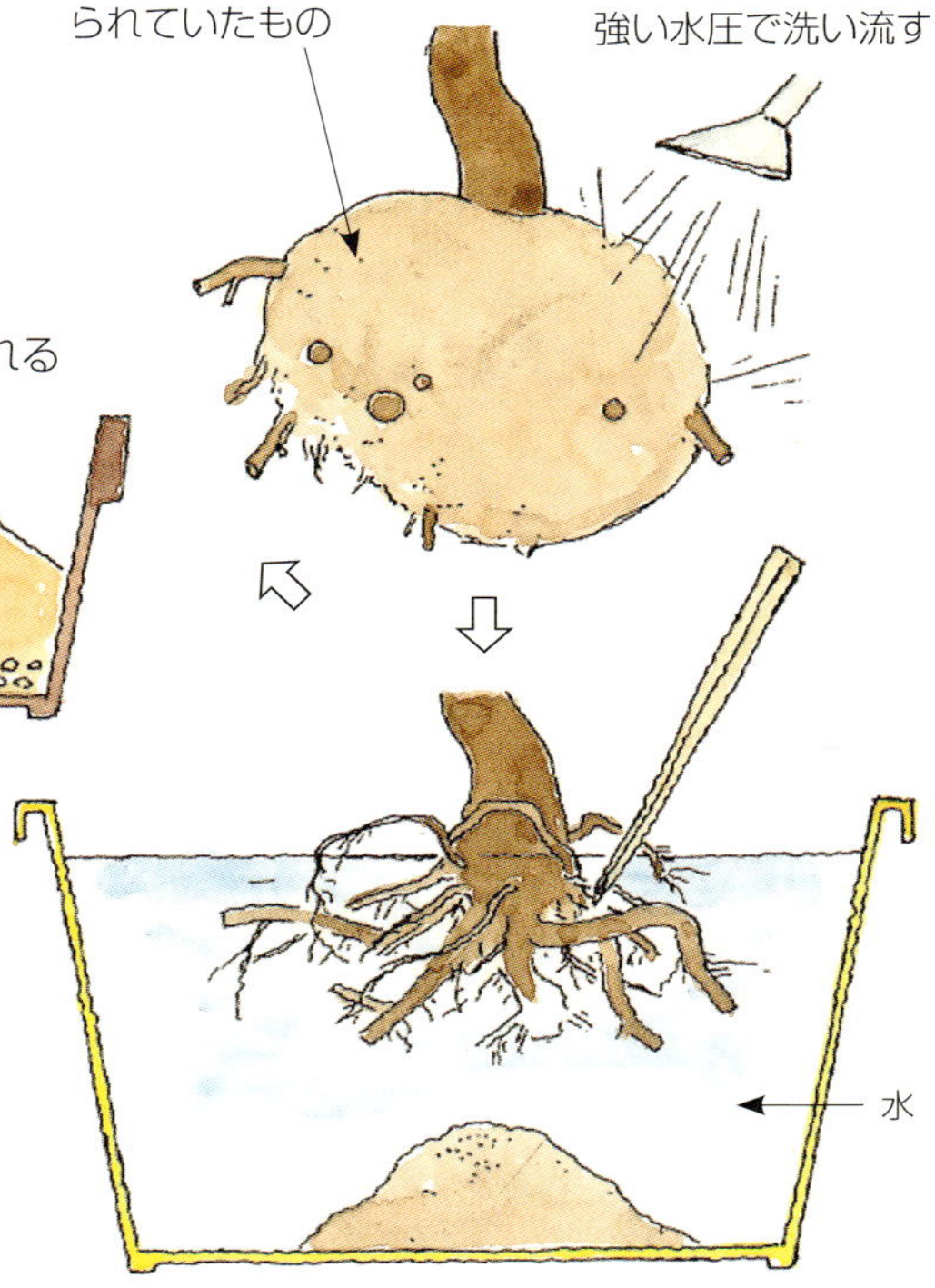

畑土や庭土に植えられていたもの
強い水圧で洗い流す
水
水の中で完全に落とす

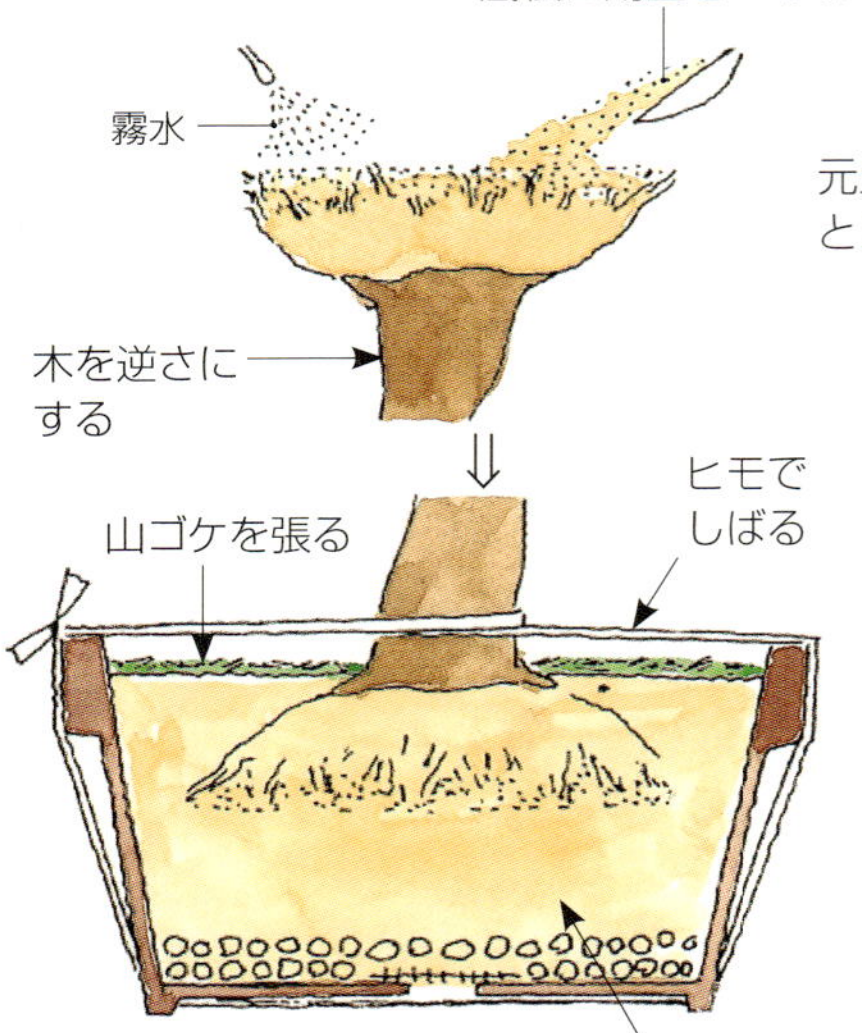

底根に用土をつめる
霧水
木を逆さにする
山ゴケを張る
ヒモでしばる
1㎜以下のミジン粉を抜いた鹿沼土

仕立て鉢から仕立て鉢へ

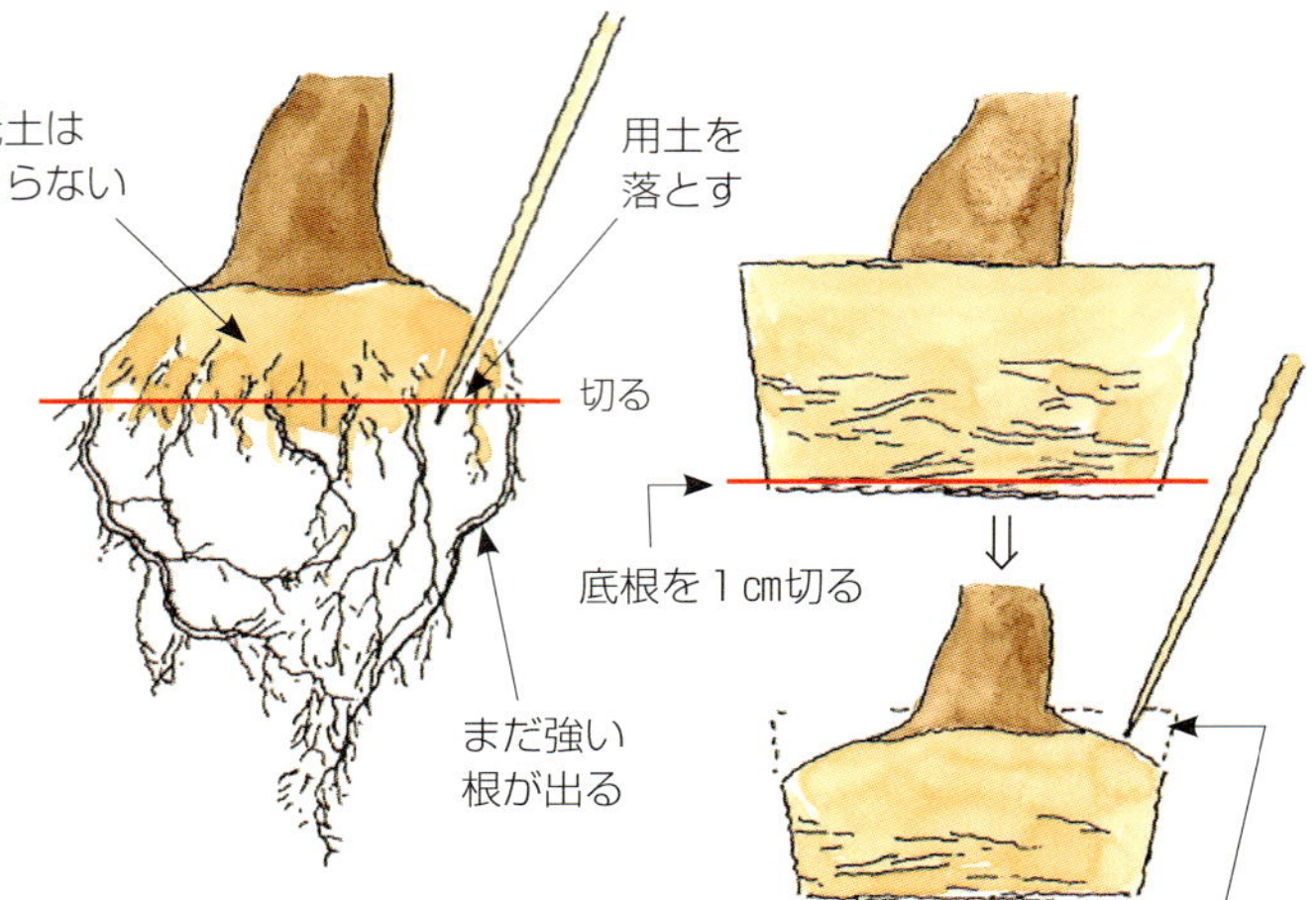

元土はとらない
用土を落とす
切る
まだ強い根が出る
底根を1㎝切る
肩土を落とす

固まった用土の植え替え

切る②
固まって水の通りの
悪くなった用土
切る①
周囲の土
を落とす
座の下も落とす
ところどころ
V字に切る
とくに座の下の
用土を落とす
根のすきまに
用土をつめる
木を逆さにする
山ゴケを敷く
ヒモでしばる

仕立て鉢から本鉢へ

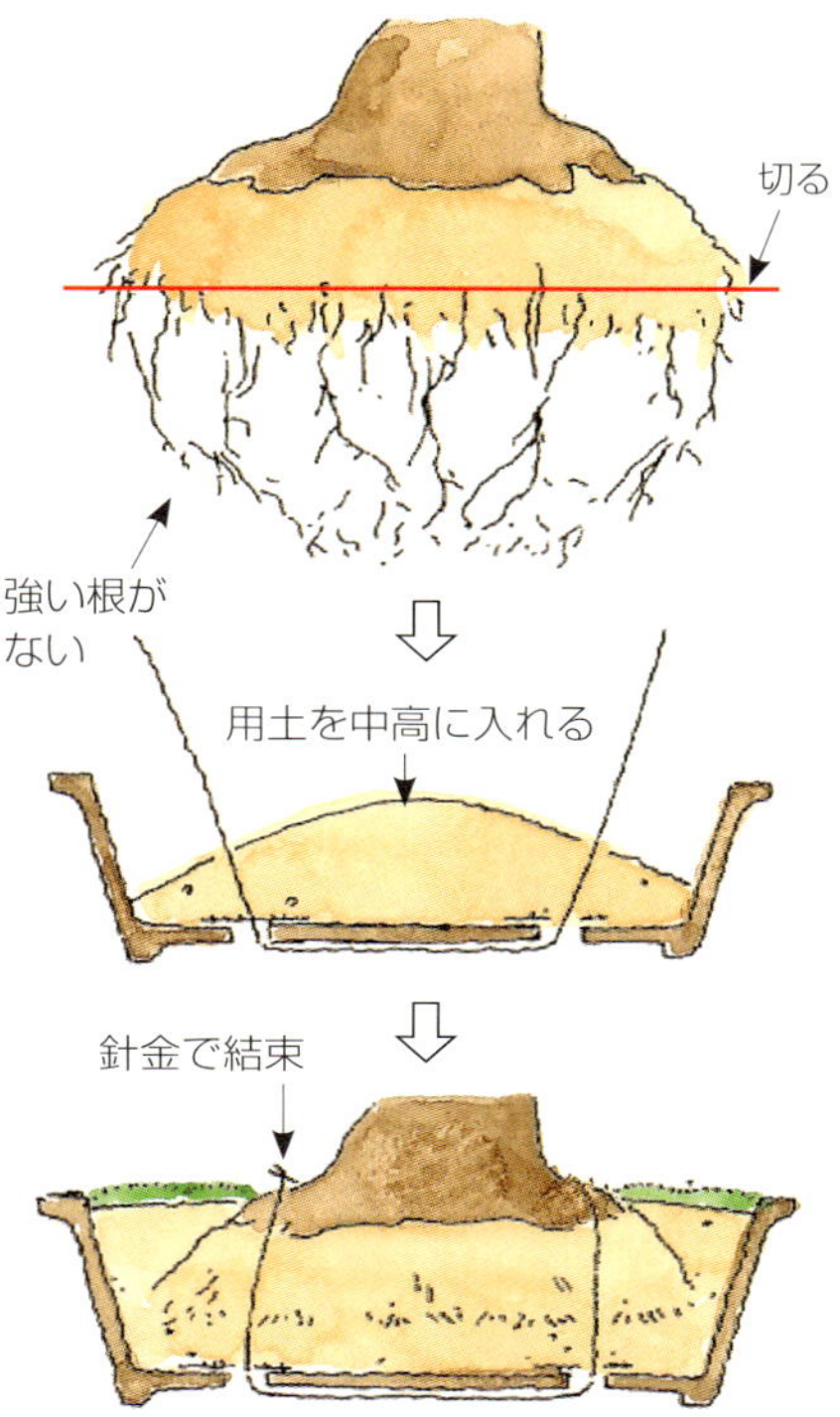
切る
強い根が
ない
用土を中高に入れる
針金で結束

植え替え時期は三月と花後（五月下旬〜六月中旬）。仕立て中のものは花後の剪定後に植え替えてよい。仕上がった木は三月に植え替える。

剪定と植え替えが同時だと、根の動きが遅れるので花つきがそろわなくなる。

用土は鹿沼土がいちばん適しているが、赤玉土との混合でも悪くはない。ただ、いろんな用土で試みたが、これがベスト。

本文でくり返し出てくるので、ここではおもな植え替え作業を図解した。仕立て中のものは1〜2年、完成木は2〜3年に一度が植え替え周期。

開花時の管理

花を楽しむための注意点

肥料をとりさる

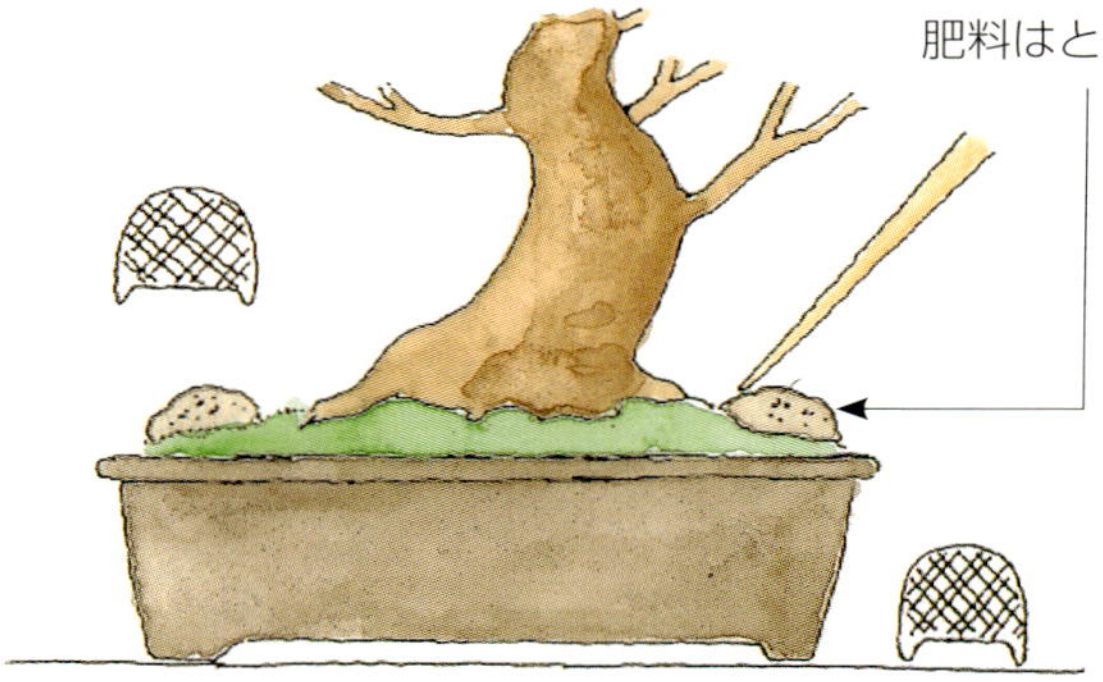
花が開きはじめたら
肥料はとりさる

雑草もとる
開花中は肥料を
与えない

開花前の消毒

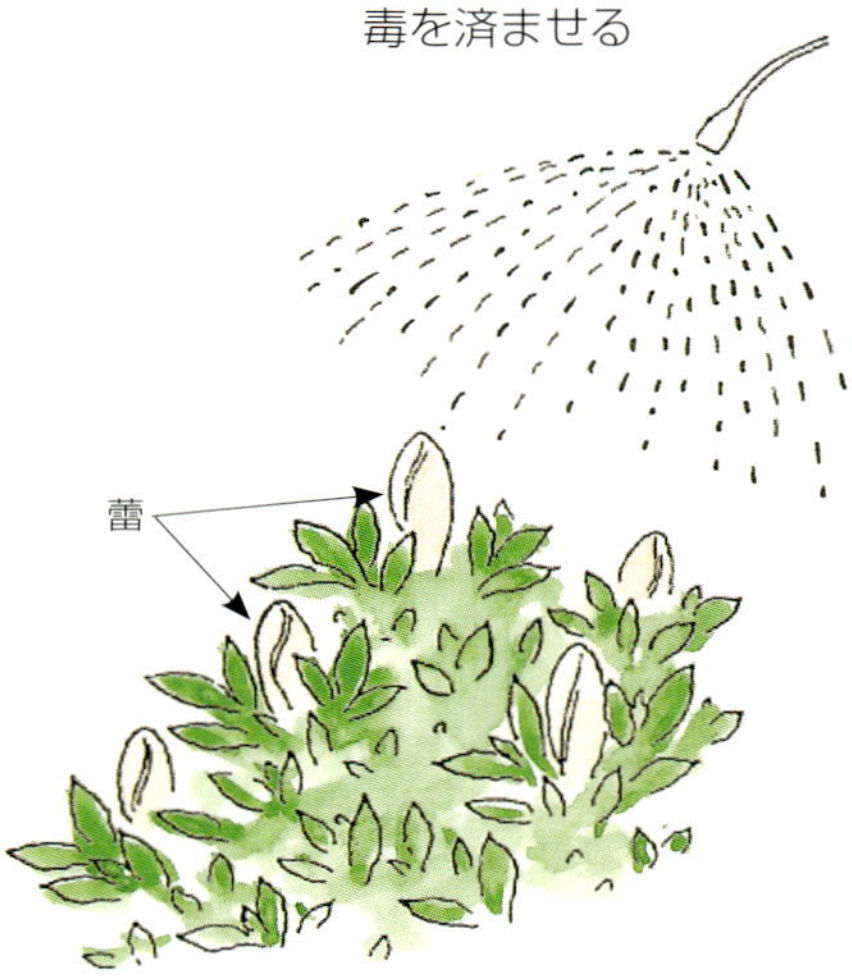
開花中の消毒をさける
ため蕾のうちに殺虫消
毒を済ませる
蕾

花に水をかけない

開花中は頭からの
水やりはさける

根元に灌水

◆**施肥はしない**

開花中は肥料をやらない。置き肥してあればすべて取り除く。次の施肥は、剪定後に出た二番芽が伸長しはじめたら開始する。

◆**花に水をかけない**

花に水をかけると傷みが早い。灌水は根元にかける。消毒も開花中はさけ、開花前（蕾のうち）に済ませておく。

雨に当てない

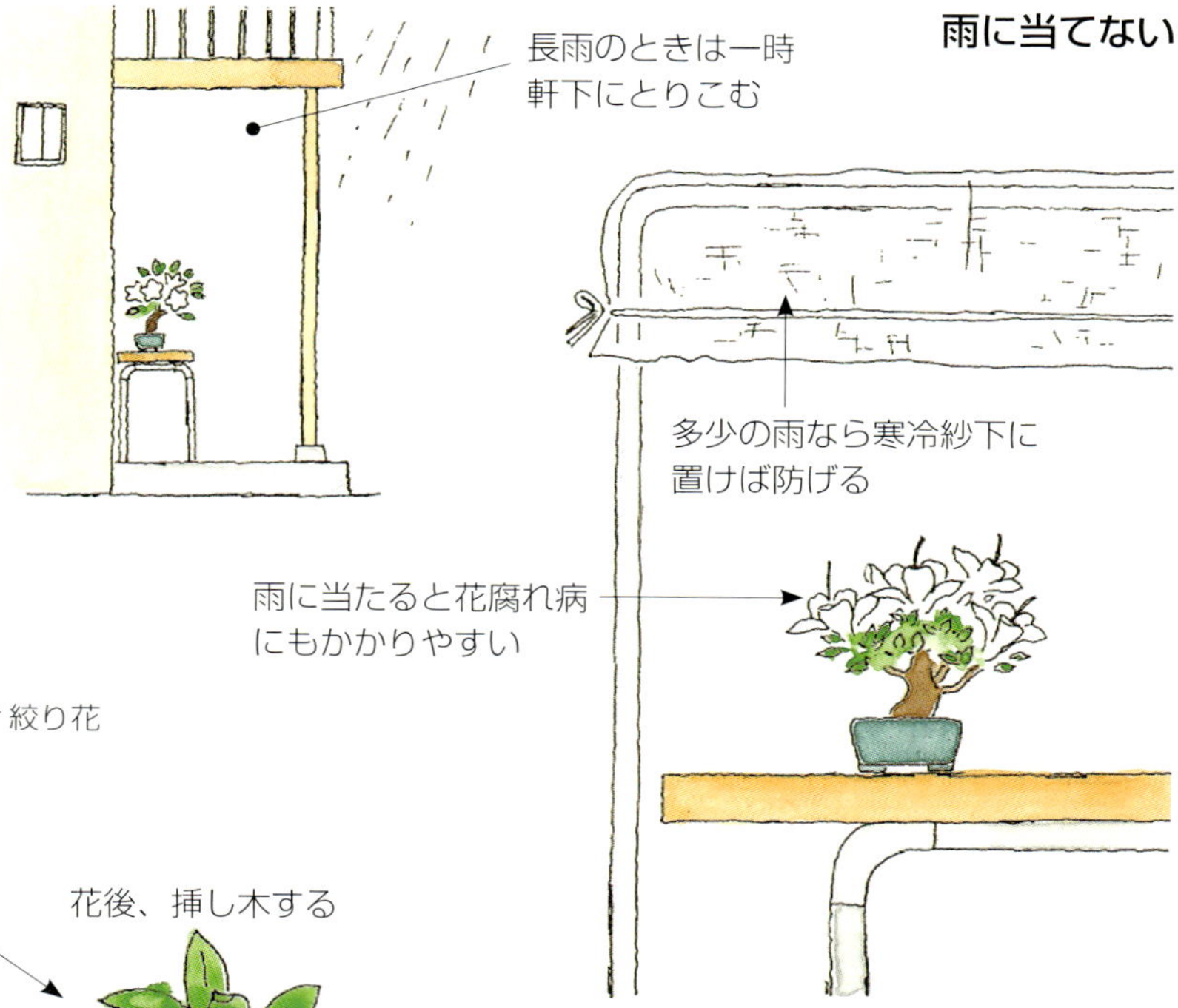
長雨のときは一時
軒下にとりこむ
多少の雨なら寒冷紗下に
置けば防げる
雨に当たると花腐れ病
にもかかりやすい

絞り花に印をつける

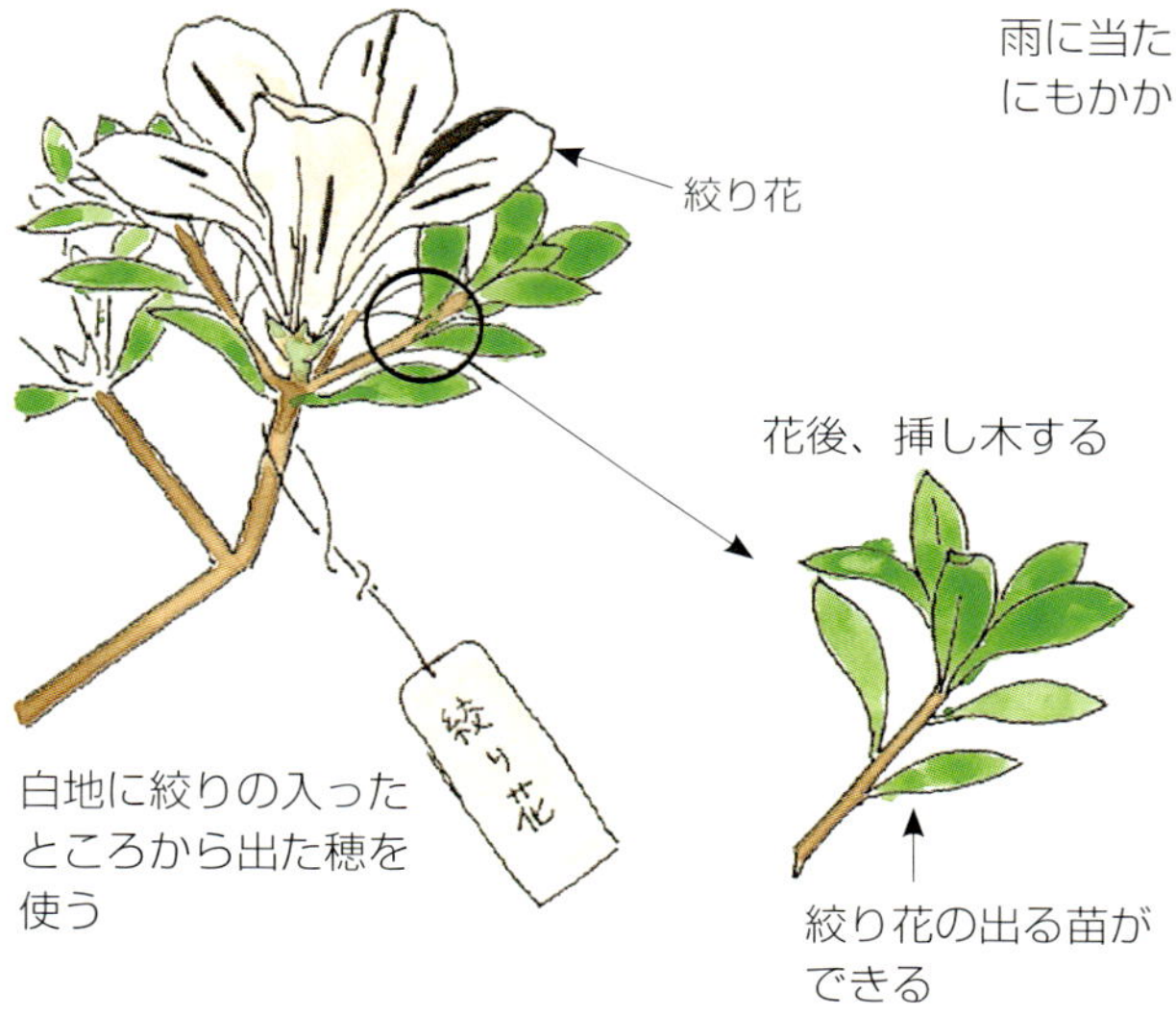
絞り花
花後、挿し木する
絞り花
白地に絞りの入った
ところから出た穂を
使う
絞り花の出る苗が
できる

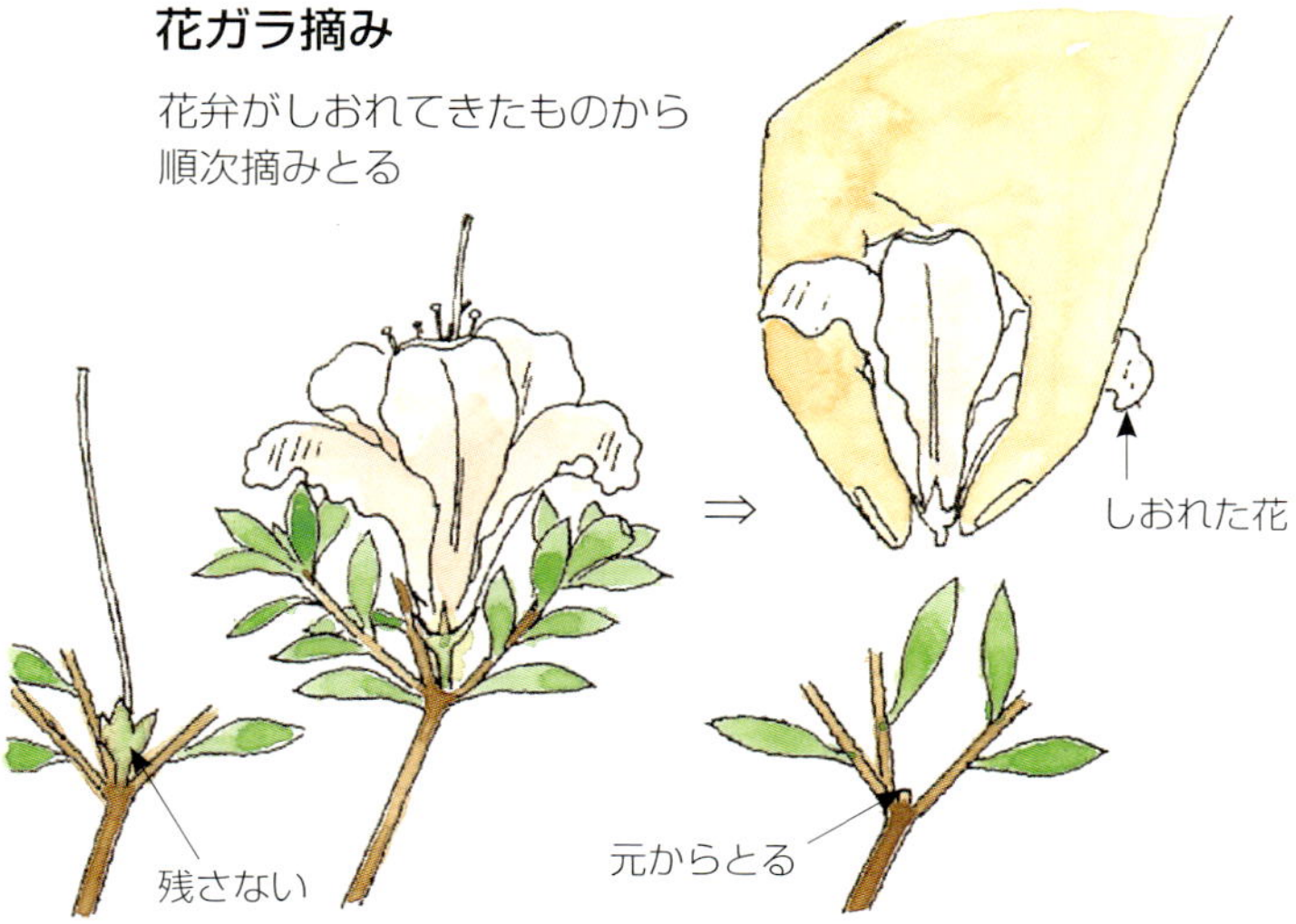
花ガラ摘み
花弁がしおれてきたものから
順次摘みとる
⇒
しおれた花
残さない
元からとる

◆雨に当てない

開花中は上面に寒冷紗かヨシズを張っておくと多少の雨は防げる。長雨のときは一時軒下などにとりこむ。

◆絞り花に印をつける

花を摘んでしまうと、そこにどんな花が咲いていたかわからなくなるので、挿し穂をとりたいときは枝に印をつけておく（挿し穂のとり方は26頁を参照）。

花後の剪定

樹形維持のために欠かせない

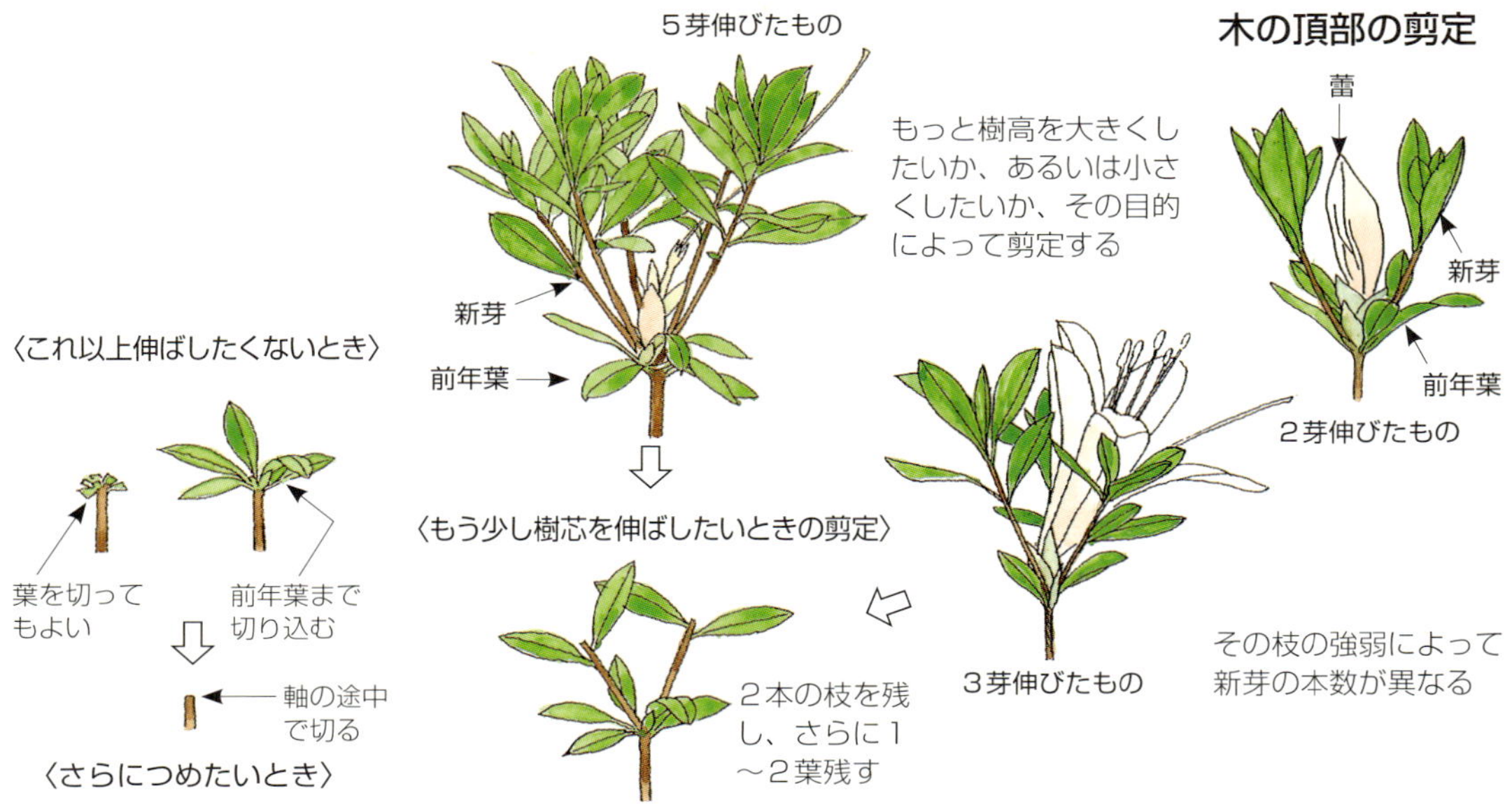
木の頂部の剪定
5芽伸びたもの
もっと樹高を大きくしたいか、あるいは小さくしたいか、その目的によって剪定する
新芽
前年葉
〈これ以上伸ばしたくないとき〉
葉を切ってもよい
前年葉まで切り込む
軸の途中で切る
〈さらにつめたいとき〉
〈もう少し樹芯を伸ばしたいときの剪定〉
2本の枝を残し、さらに1〜2葉残す
蕾
新芽
前年葉
2芽伸びたもの
3芽伸びたもの
その枝の強弱によって新芽の本数が異なる

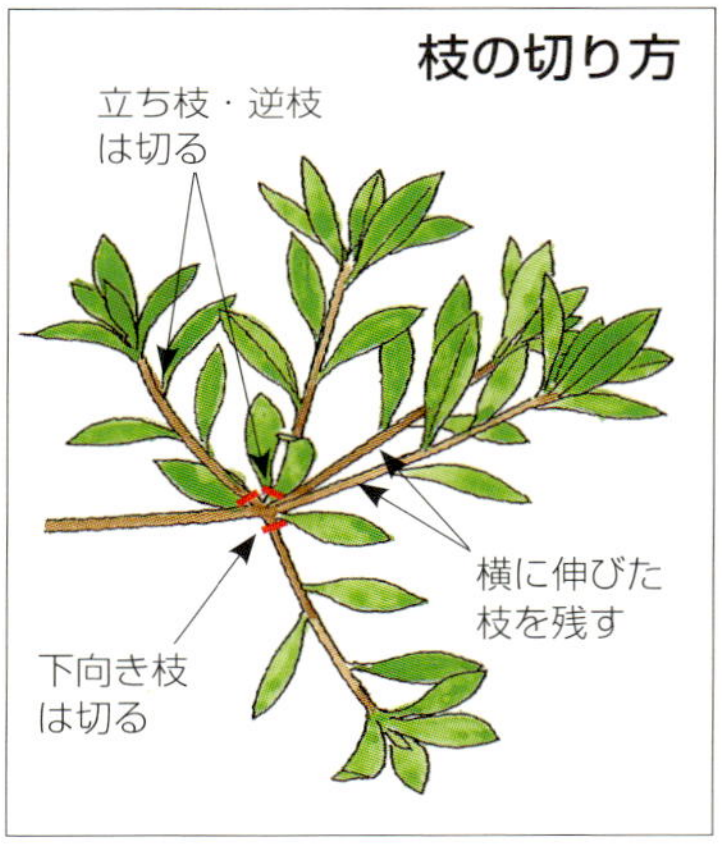
枝の切り方
立ち枝・逆枝は切る
横に伸びた枝を残す
下向き枝は切る

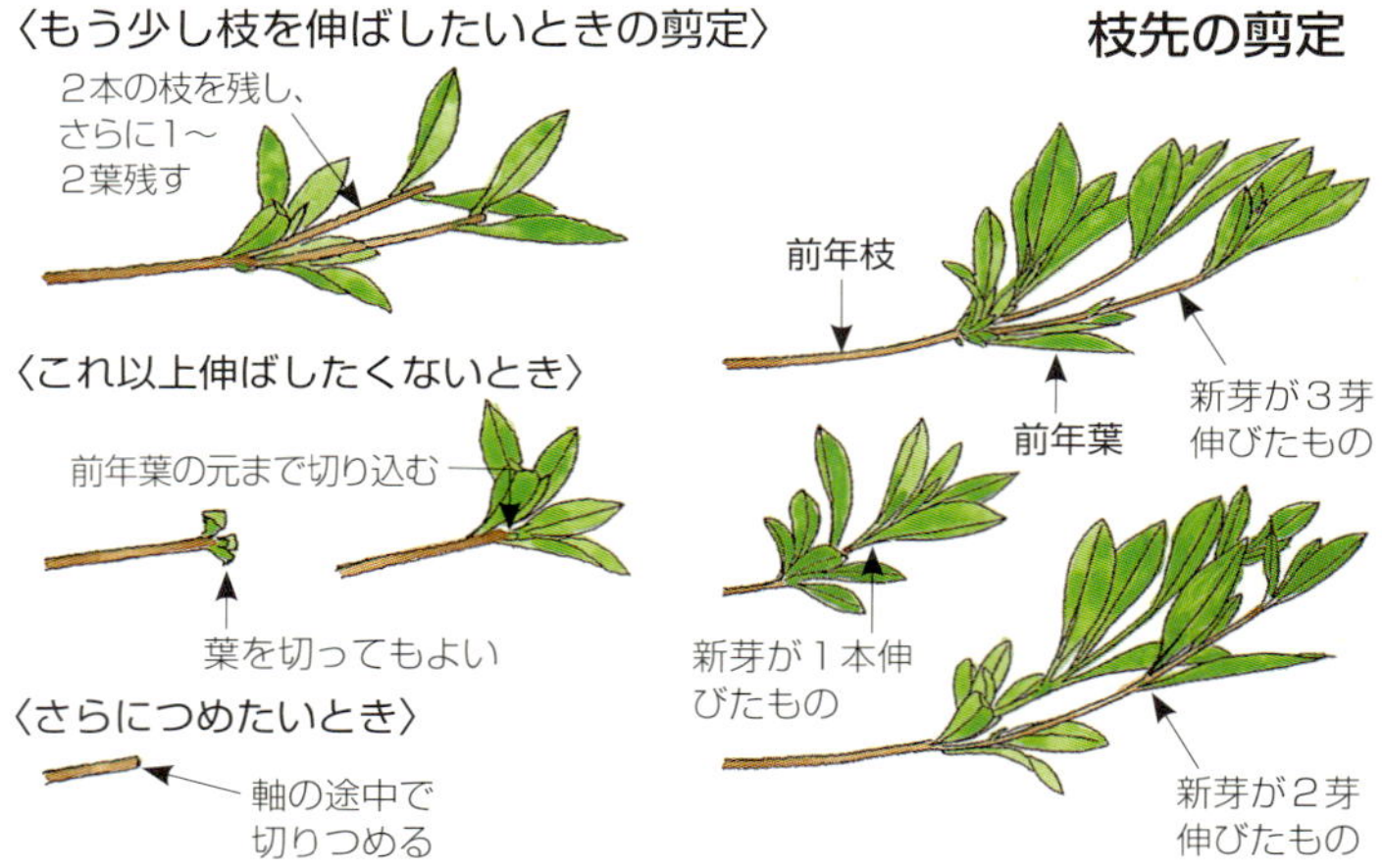
〈もう少し枝を伸ばしたいときの剪定〉
2本の枝を残し、さらに1〜2葉残す
〈これ以上伸ばしたくないとき〉
前年葉の元まで切り込む
葉を切ってもよい
〈さらにつめたいとき〉
軸の途中で切りつめる
枝先の剪定
前年枝
前年葉
新芽が3芽伸びたもの
新芽が1本伸びたもの
新芽が2芽伸びたもの

花後の剪定は、おもに枝先の整理である。春から伸びた新芽は、その場所によって1本出たりあるいは2〜5本と異なる。そのまま放置すると枝数の多いところは太り、いよいよ強くなる。

そこで伸びた枝は2本に整理する（1本のものはそのまま）。樹芯部の場合は方向のよい枝を残し、枝先の場合は横枝を残す。伸ばして枝元を太らせたいときは、切らずにそのままでよいが、もう少し伸ばしたいときは、1〜2葉残して切りつめる。

これ以上伸ばしたくないときは、前年葉の元で、新芽を切る（前年葉は元から切ってもよい）。さらに追いこみたいときは、軸の途中で切りつめておけば胴吹き芽を生じる。

来年の花芽は、剪定後に生じた二番芽に七〜八月分化する。したがって、それ以降剪定すると花芽を切ることになる。また花後の剪定は六月中旬ごろまでには済ませたい。

新芽の切り方は、上に伸びる枝や逆向きの枝、または下向きに伸びる枝を切り、横芽を残す（枝の場合）。

サツキを育てる八つのポイント

1 3年に一度は深切り剪定・植え替え

毎年、花後の剪定をくり返しても3年たつと全体にかさばってくる。そこで3年に一度は、春に前年枝か前々年枝くらいまで追いこみ二回りほど小さくする。

当然、花芽を切ることになるが、樹形維持のためこの年は花をあきらめる。このとき、植え替えも同時に行なう。そうすれば2年植え替えをしないで花が観賞できる。完成木はこれをくり返す（本文中では、花後に強く切りつめたものもあるが、最適期は発芽する前の三月である）。

2 畑土は残さない

畑や露地から掘り上げたものは、完全に根洗いして畑土を残さないようにする。おちょこ1杯でも座の下に残すと、樹芯部が枯れるといわれる。

3 消毒はこまめに

新芽が伸びはじめるとたちまちアブラムシが群がり、葉裏にはツツジグンバイが寄生、さらにベニモンアオリンガ、ルリチョウウレンジ、ハダニと、害虫は枚挙にいとまがない。人によっては月3～4回消毒するほどである（殺菌剤も併用）。

4 花に水をかけない

開花中は花に水をかけないようにする。花に水がかかると花傷みはもちろん、花腐れ病や灰色かび病などを引き起こす。

開花中は上面および北側に寒冷紗やヨシズを張り、雨や強い風をさける。

5 花ガラはこまめに摘みとる

花弁がしおれてきたものは、元から指先で摘みとる。しおれて茶色くなったものは見苦しいばかりでなく表土上に落ちたりすると病菌の発生をも促す。

6 花後の剪定は早めに

花が七分通り咲き終わったものは、早めに花後の剪定を済ませる。あまり遅れると二番芽が七～八月の花芽分化期に間に合わず、花芽が少なくなる。また、剪定で葉量が少なくなると乾きが鈍るので、表土の乾きを見ながら適度な灌水を。

7 止め肥は十月で

九～十月は来年の花芽の充実や幹の肥大、越冬力をつけるなどのため、肥料をやや多めに与える。十月はじめに施すと約1カ月効くので、それを今年の止め肥とする。

8 ムロ（保護室）入れ前に越冬消毒

十二月上旬ごろ、石灰硫黄合剤液（30培希釈液）またはマシン油液にひたし、よく日に当てる。これでカイガラムシの駆除と病気の予防ができる。

消毒後十二月中旬ごろまでに強い霜に二～三度あわせてからシートで覆った保護室に入れる。

なお、芽が伸びる前の二月下旬にもう一度消毒すれば万全。

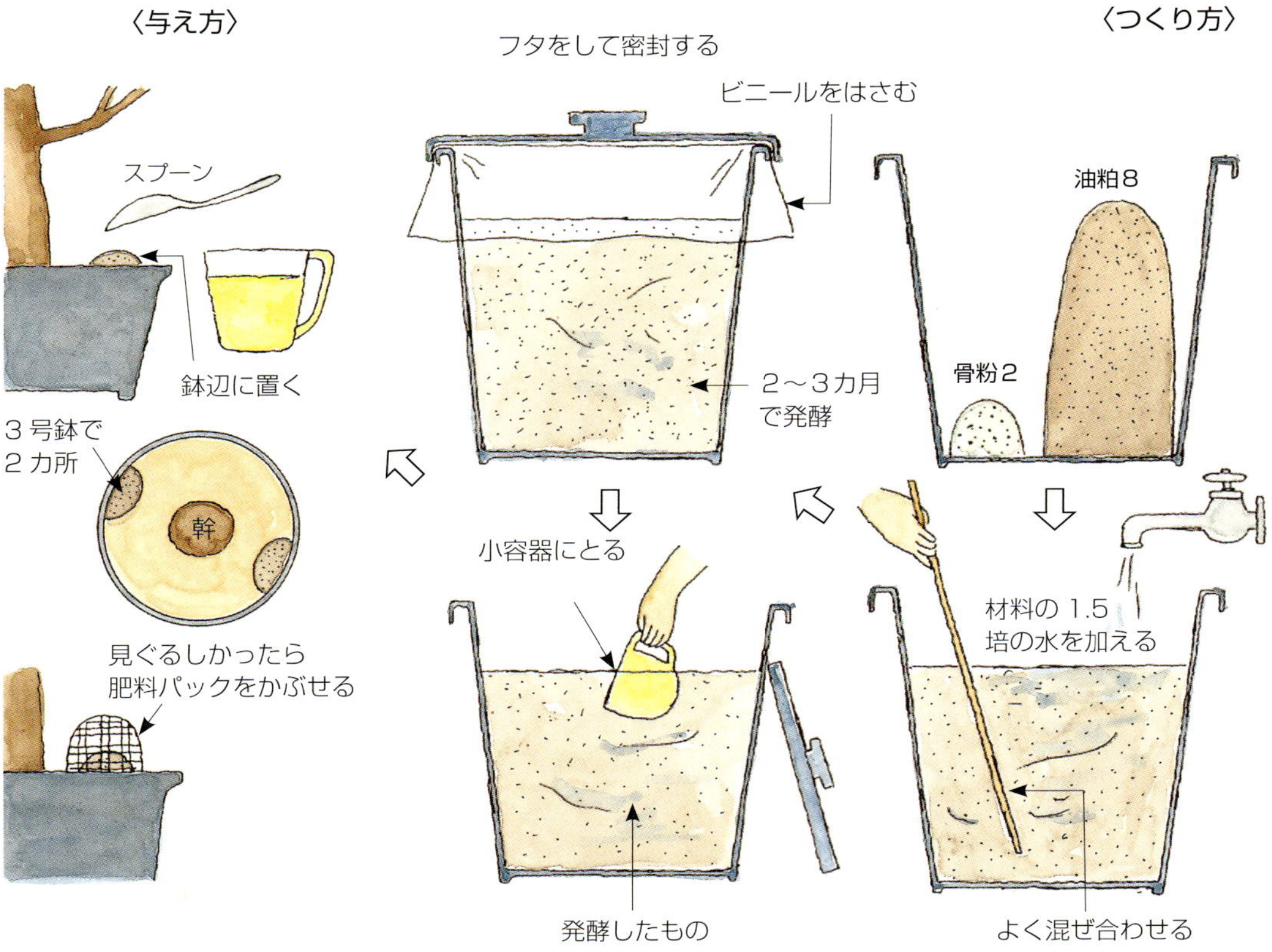
〈つくり方〉
油粕8
骨粉2
材料の 1.5 倍の水を加える
よく混ぜ合わせる
フタをして密封する
ビニールをはさむ
2〜3カ月で発酵
小容器にとる
発酵したもの
〈与え方〉
スプーン
鉢辺に置く
3号鉢で2カ所
幹
見ぐるしかったら肥料パックをかぶせる

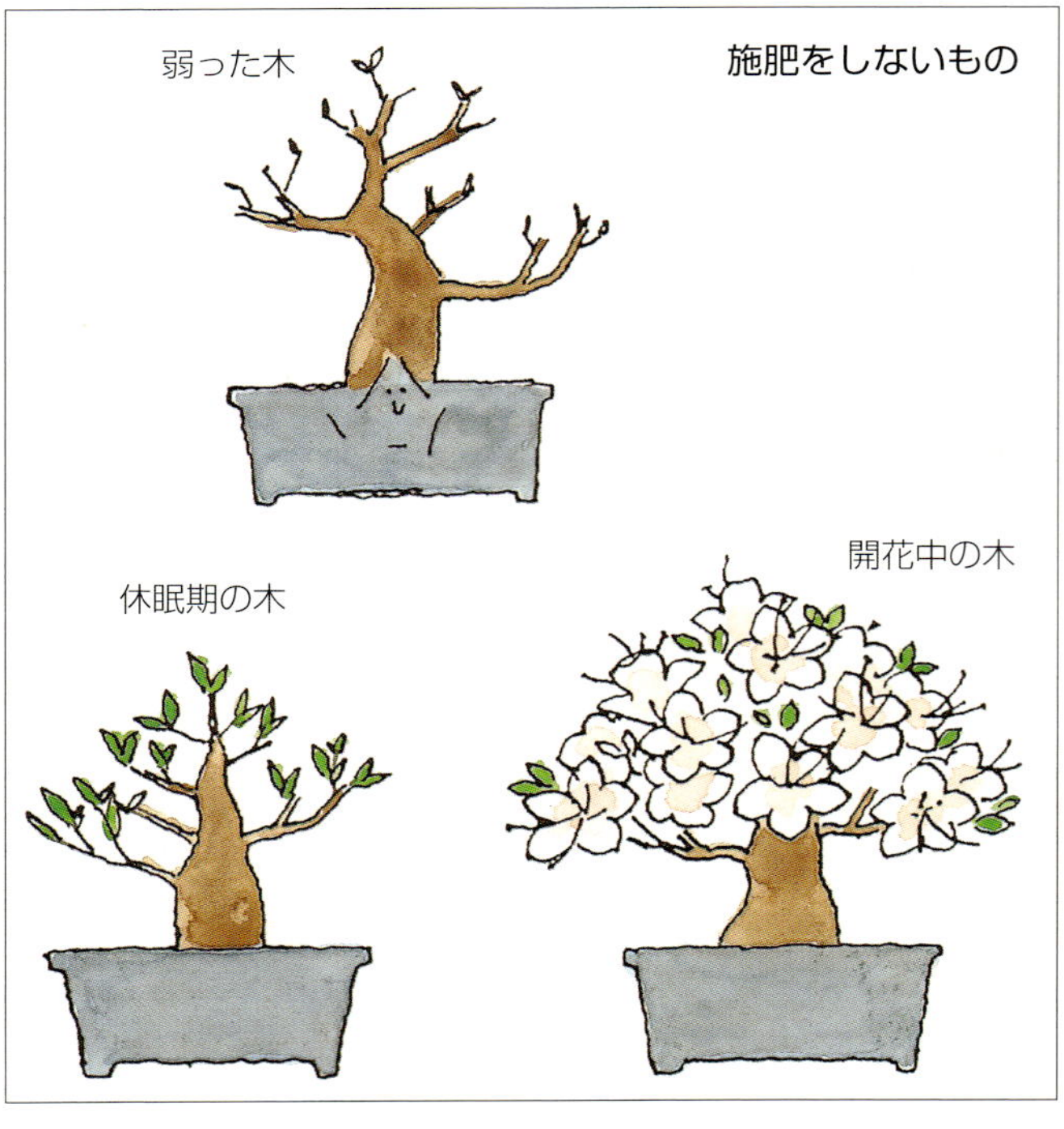
施肥をしないもの
弱った木
休眠期の木
開花中の木

◆肥料

肥料は油粕8割、骨粉2割を水で泥状にしてよく練り合わせる。容器にフタをして密封すれば、冬場なら3カ月、夏なら2カ月で発酵し使用できる。

使い方は、スプーンで鉢辺に置き肥する。半日くらい陽に当てると被膜ができ水に流れない。与える量は、3号鉢で小さじで2カ所くらいを目安に。

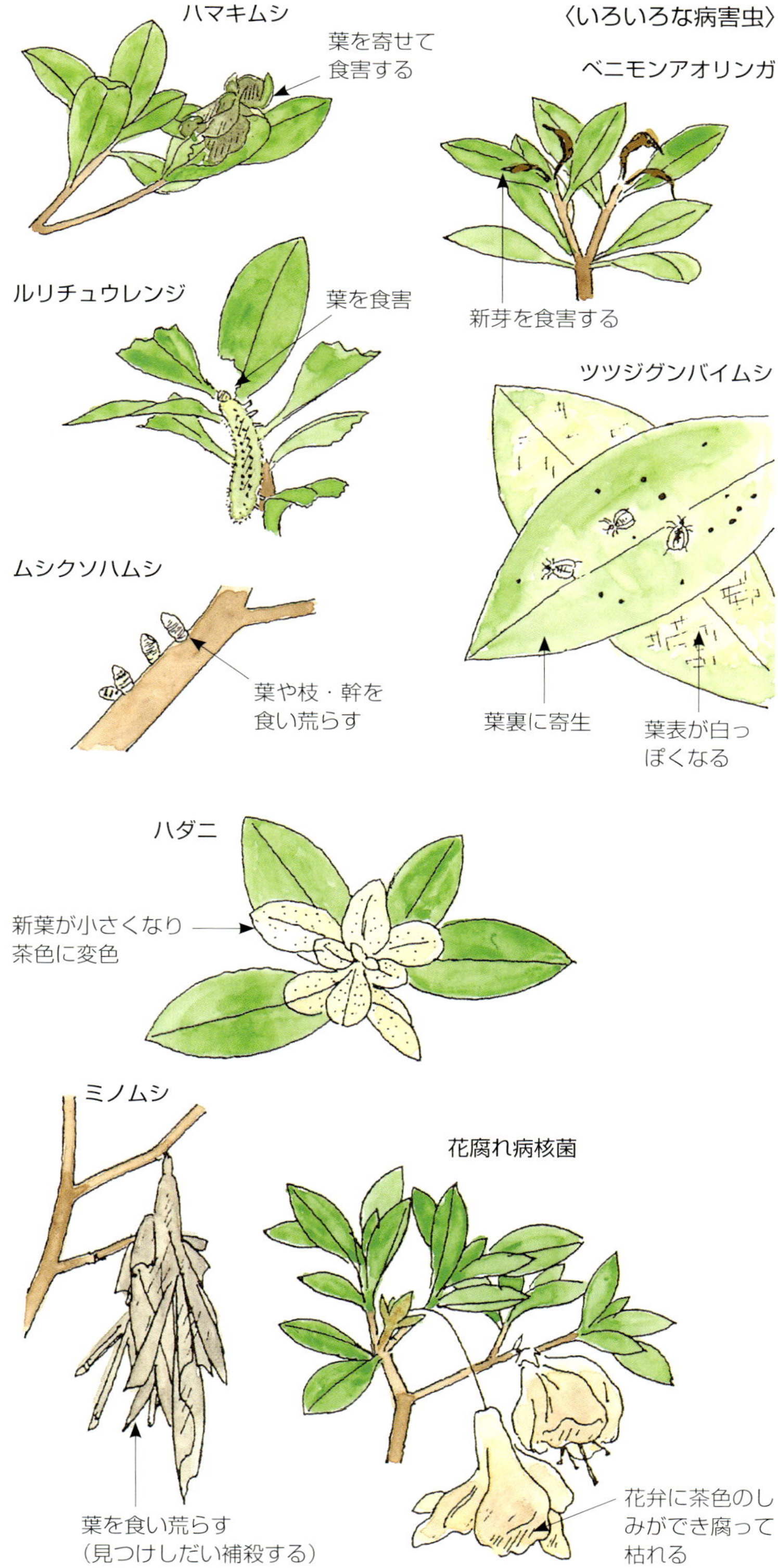
〈いろいろな病害虫〉
ハマキムシ
葉を寄せて食害する
ベニモンアオリンガ
新芽を食害する
ルリチュウレンジ
葉を食害
ツツジグンバイムシ
葉裏に寄生
葉表が白っぽくなる
ムシクソハムシ
葉や枝・幹を食い荒らす
ハダニ
新葉が小さくなり茶色に変色
ミノムシ
葉を食い荒らす（見つけしだい補殺する）
花腐れ病核菌
花弁に茶色のしみができ腐って枯れる

◆病害虫とその防除

ベニモンアオリンガ　五月ごろ、成虫のガが新芽に産卵し、幼虫が新芽を食害する。七月以降被害を受けると、翌年の花芽が少なくなる。二番芽の出る五～六月以降の防除が大切。

ツツジグンバイムシ　四月ごろから被害が見られ、葉表は白いカスリ状となる。虫は葉裏で吸収加害する。発生回数も多いので、薬剤散布（とくに葉裏）は欠かせない。

ハマキムシ　幼虫は葉を寄せて中に住み、葉を食害する。四月ごろから秋まで何回も発生するので、見つけしだい補殺する。

ルリチュウレンジ　五～九月ごろ、幼虫が葉を食害する。とくに若葉を好むので丸坊主にされかねない。補殺するか定期消毒を怠らない。

ムシクソハムシ　葉・枝・幹を食害する甲虫。ピンセットで駆除。

ハダニ　高温・乾燥時に多く発生する。灌水時は頭から水をかける。手におえなければ、殺ダニ剤を散布。

花腐れ菌核病　開花時に雨が多いと、花に茶色のしみができ腐る。開花前にマンゼブ剤で殺菌消毒が効果大。

夏場の管理・冬の保護

夏場の管理

〈夜間〉
夜間は寒冷紗を除く
夜露に当てる
鉢も冷える

〈昼間 / 7月下旬～8月下旬〉
直射日光をさけ寒冷紗などで遮光する

◆夏場の管理

七月下旬から八月下旬の盛夏は、水やりが追いつかなくなるほど乾くので、上面を寒冷紗で遮光し半日陰で越夏させる。ただ、夜間は夜露に当てたいので寒冷紗を除く。

水の通りの悪くなった鉢や水ぎれを起こしたものは、左図のようにすっぽりと水にひたし、表土からの気泡が出なくなったら棚上に戻す。

水の通りの悪くなった鉢

水ぎれを起こしたものも同様にする
鉢ごとすっぽり水につける

冬の保護

〈保護室（ムロ）に入れる/12月中旬〜3月上旬〉

周囲をシートで覆う
中は暗くなるが
さしつかえない

〈消毒〉

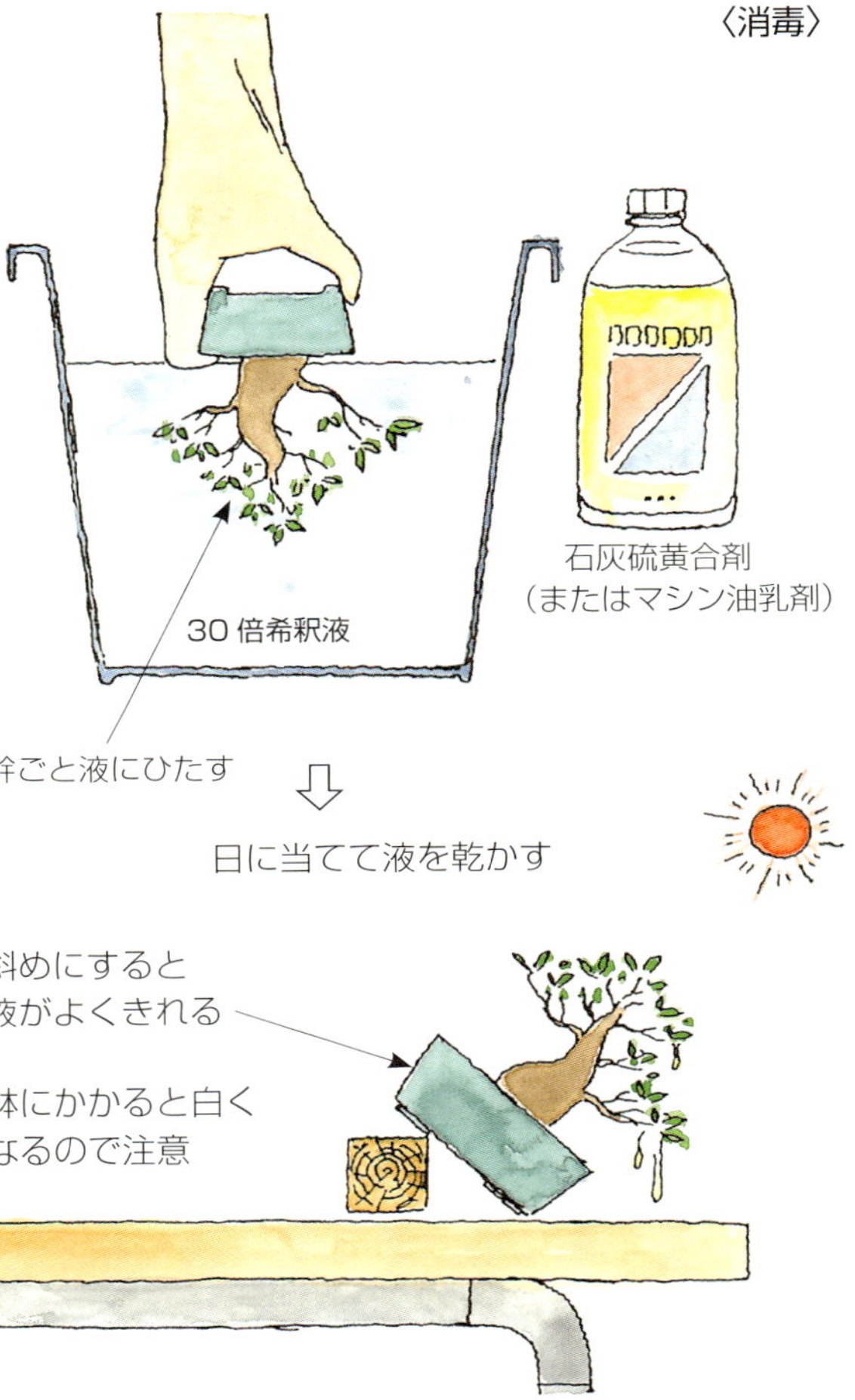
石灰硫黄合剤
（またはマシン油乳剤）
30倍希釈液
幹ごと液にひたす
日に当てて液を乾かす
斜めにすると
液がよくきれる
鉢にかかると白く
なるので注意

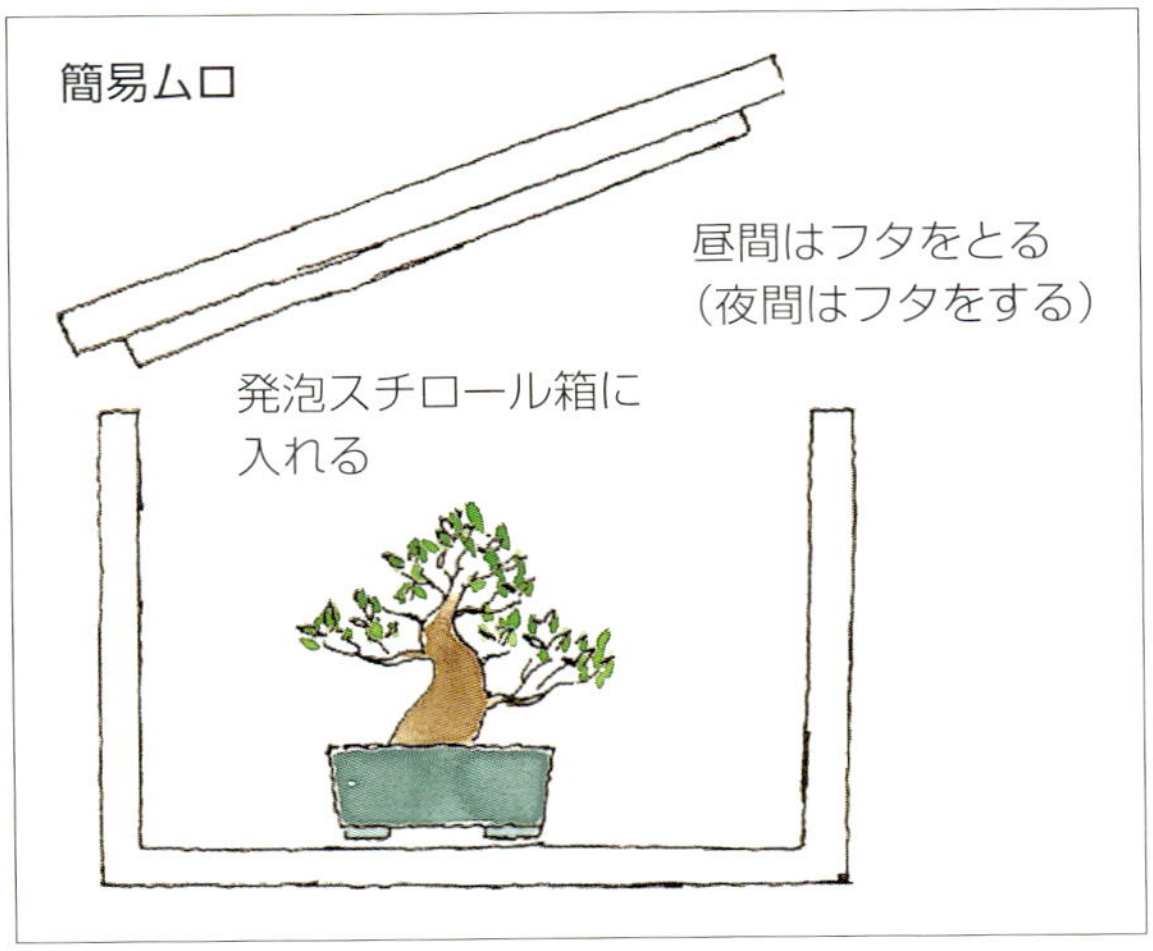
簡易ムロ
昼間はフタをとる
（夜間はフタをする）
発泡スチロール箱に
入れる

◆冬の保護

保護室に入れる前に消毒を済ませる。石灰硫黄合剤30倍希釈液に幹ごとすっぽりひたす。これはカイガラムシ防除と病菌予防のため。ひたした木はよく日に当てて乾かすこと。

強い霜に二〜三度当てたら保護室にとりこむ。保護室は周囲をシートで覆えば十分。中は暗くなるがさしつかえない。

なお、ビニールで周囲を覆った場合は、温度が上昇しすぎるので寒冷紗を間に張るとよい。寒中、表土は凍っても日中溶ければ問題ない。

挿し木のやり方・根上がりのつくり方

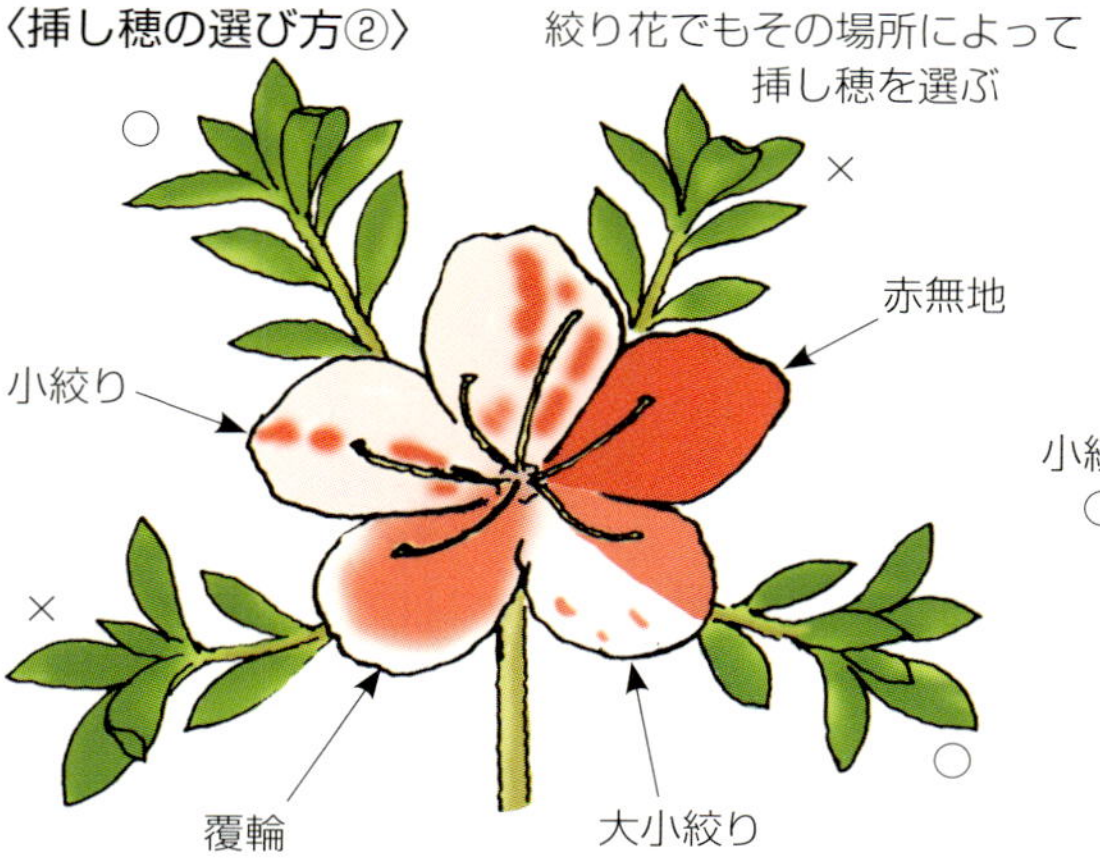
〈挿し穂の選び方②〉
絞り花でもその場所によって
挿し穂を選ぶ
○
×
赤無地
小絞り
×
○
覆輪
大小絞り

挿し木の仕方

〈挿し穂の選び方①〉
大絞り ○
白無地 ○
大小絞り ○
小絞り ○
赤無地 ×
底白 ×
覆輪 ×

◆挿し穂の選び方

穂をとって挿し木すれば、親の性質がそのまま受け継がれる。しかし、交配による複雑な品種の多いサツキでは、挿し穂をとる枝によって親木とは異なることがある。絞り品種の場合、たとえば赤無地や覆輪、底白の花の咲いた枝の穂では絞り花が得られない。また一つの花でも、赤無地や覆輪の花弁の穂からは絞り花が出ない（上図○×参照）。

　無地花品種や底白品種のような一色ものは別に問題はないが、絞り品種では、挿し穂の選び方に注意が必要。

〈挿し穂のとり方〉
右手で逆方向に
もぎとる
左手で枝分かれの
つけ根をおさえる

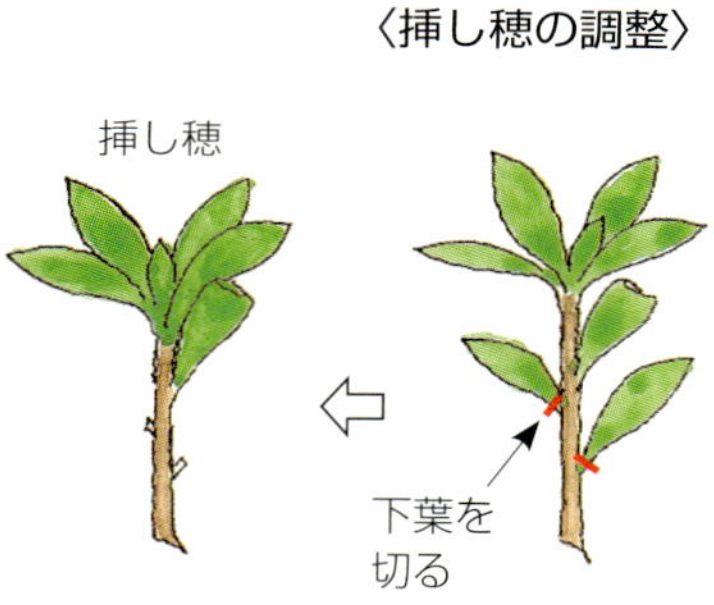
〈挿し穂の調整〉
挿し穂
下葉を
切る

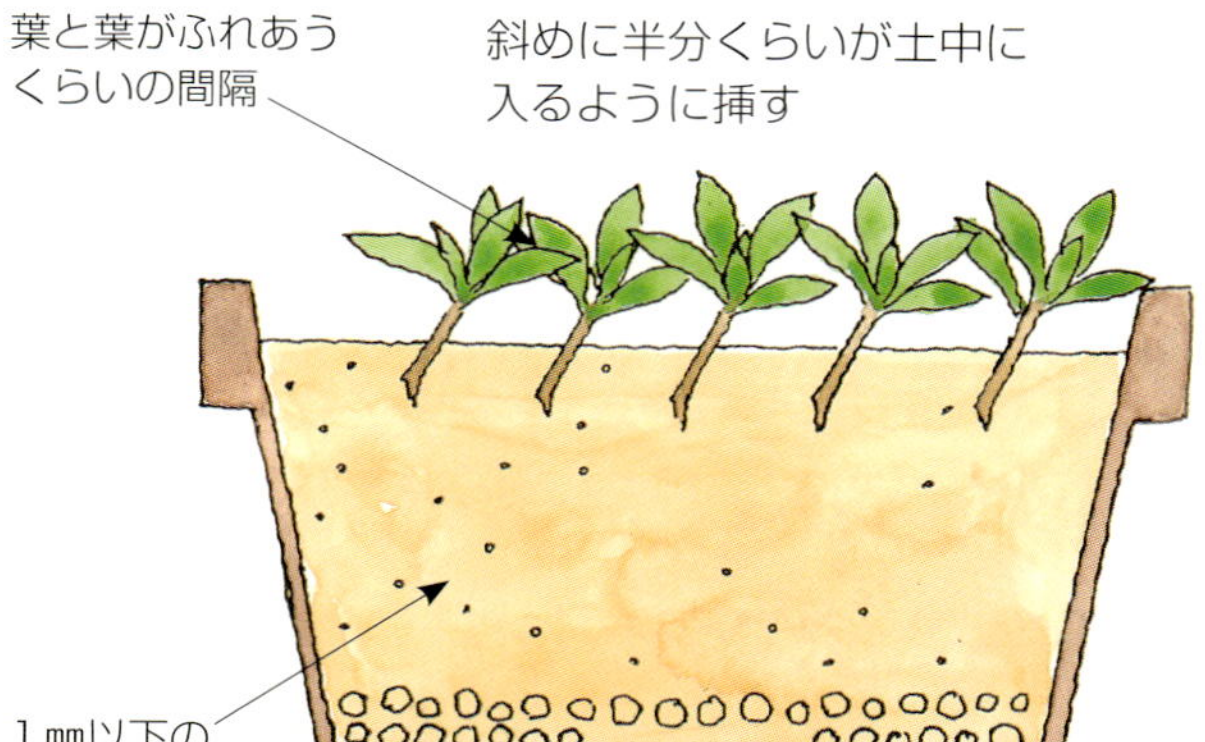
〈挿し方〉
葉と葉がふれあう
くらいの間隔
斜めに半分くらいが土中に
入るように挿す
1㎜以下の
ミジン粉を
抜いた鹿沼土

根上がりのつくり方

〈その1〉

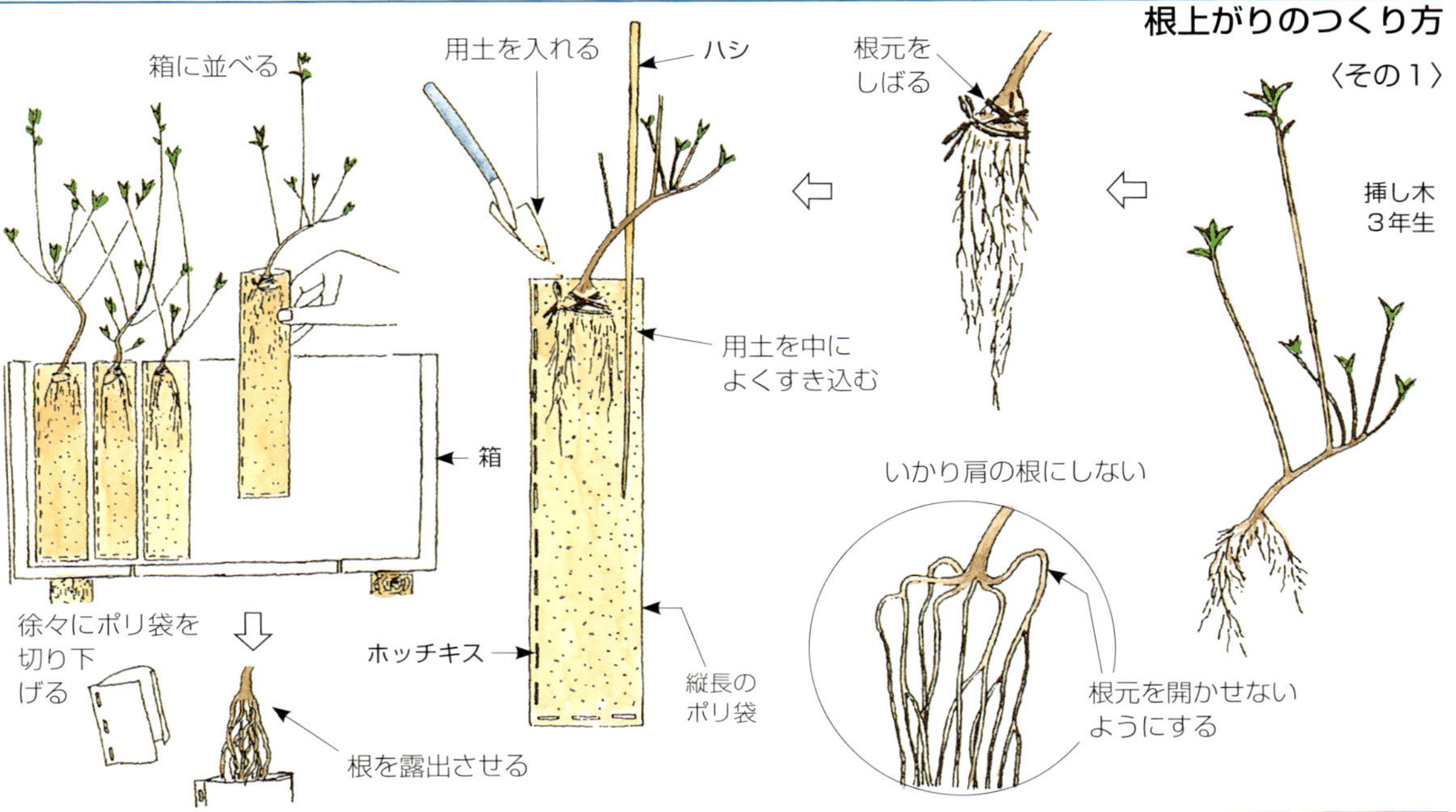
挿し木
3年生
根元を
しばる
用土を入れる
ハシ
用土を中に
よくすき込む
縦長の
ポリ袋
ホッチキス
箱に並べる
箱
徐々にポリ袋を
切り下
げる
根を露出させる
いかり肩の根にしない
根元を開かせない
ようにする

根上がりのつくり方

〈その2〉

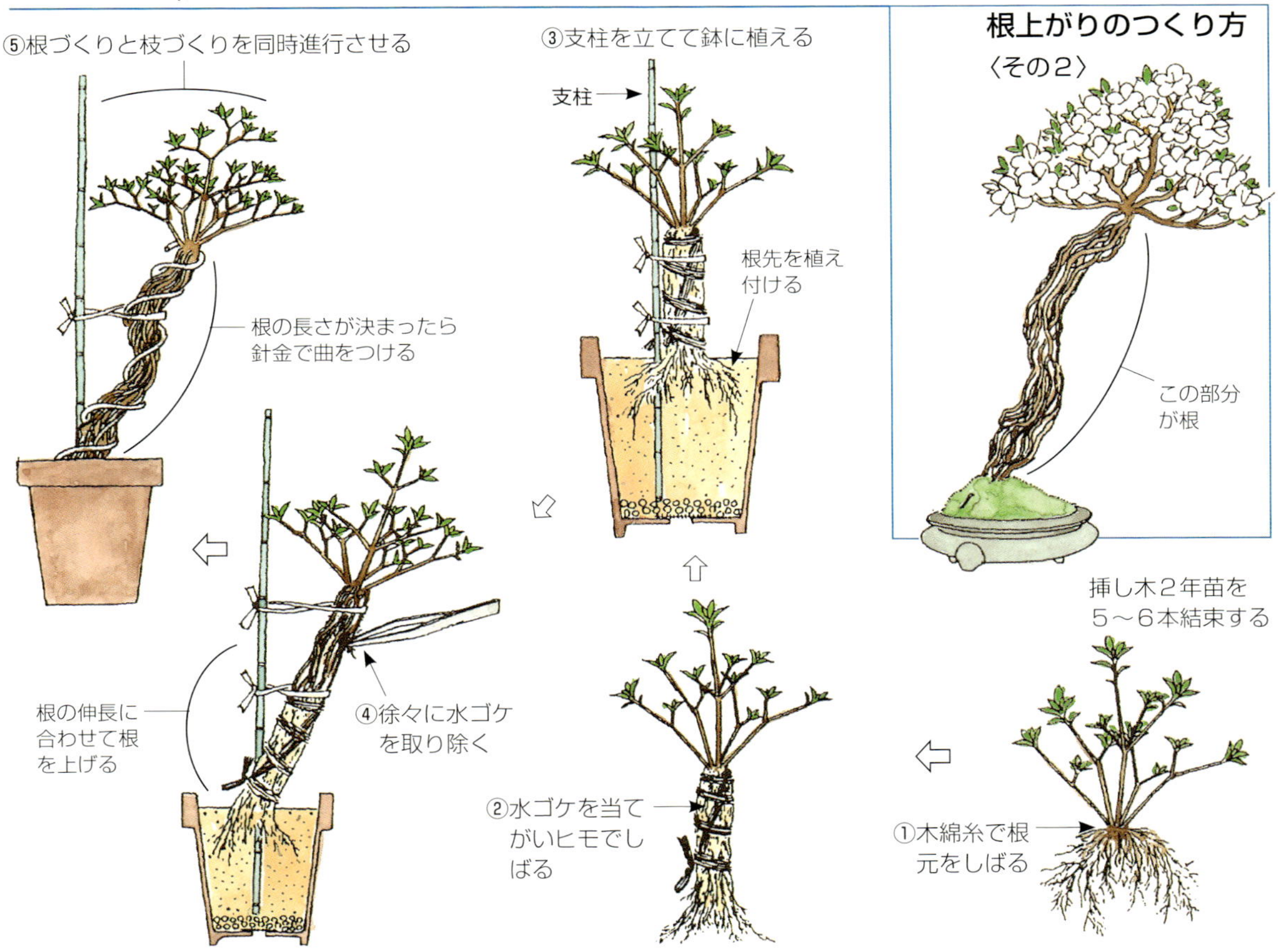
この部分
が根
挿し木2年苗を
5～6本結束する
①木綿糸で根
元をしばる
②水ゴケを当て
がいヒモでし
ばる
③支柱を立てて鉢に植える
支柱
根先を植え
付ける
④徐々に水ゴケ
を取り除く
根の伸長に
合わせて根
を上げる
⑤根づくりと枝づくりを同時進行させる
根の長さが決まったら
針金で曲をつける

大きな鉢植えをミニ盆栽に

◆改作の意図

どこの家でもよく見かけるような鉢植えだが、ミニ盆栽につくりなおすには、

① 枝を切って挿し木
② ○のところで取り木
③ 立ち上がりの曲を生かして根元だけでつくる

の三つが考えられる。

ここでは③の方法を紹介する。

改 作
3月
剪定前
根元まで
47㎝
立ち上がりにある曲を生かして切りつめれば、ミニ盆栽としての素材となる
この辺に取り木をかければ上部も生かせるが…(ただし5～6月)
切る
立ち上がりの1曲を生かしてつくりなおす
表土が固まっている(長く植え替えられていない)

◆用土の落とし方

まず幹をやや長めに切断し、包丁などで三分の一ほど底を切る。

次に周囲をザクザクと八角形に切り落としてから、太いハシなどで固まってほぐしにくい用土を落とす。固まった鹿沼土は水のしみこみが悪いので、根と根の間にV字に切り込みを入れる。落とせないところは、ピンセットなどを突き入れ穴をあける（次の植え替え時に残った用土を同様に落とし、新しい用土に替える）。

さらにていねいな方法としては、強い水圧で用土を完全に落とす左頁の上図のような方

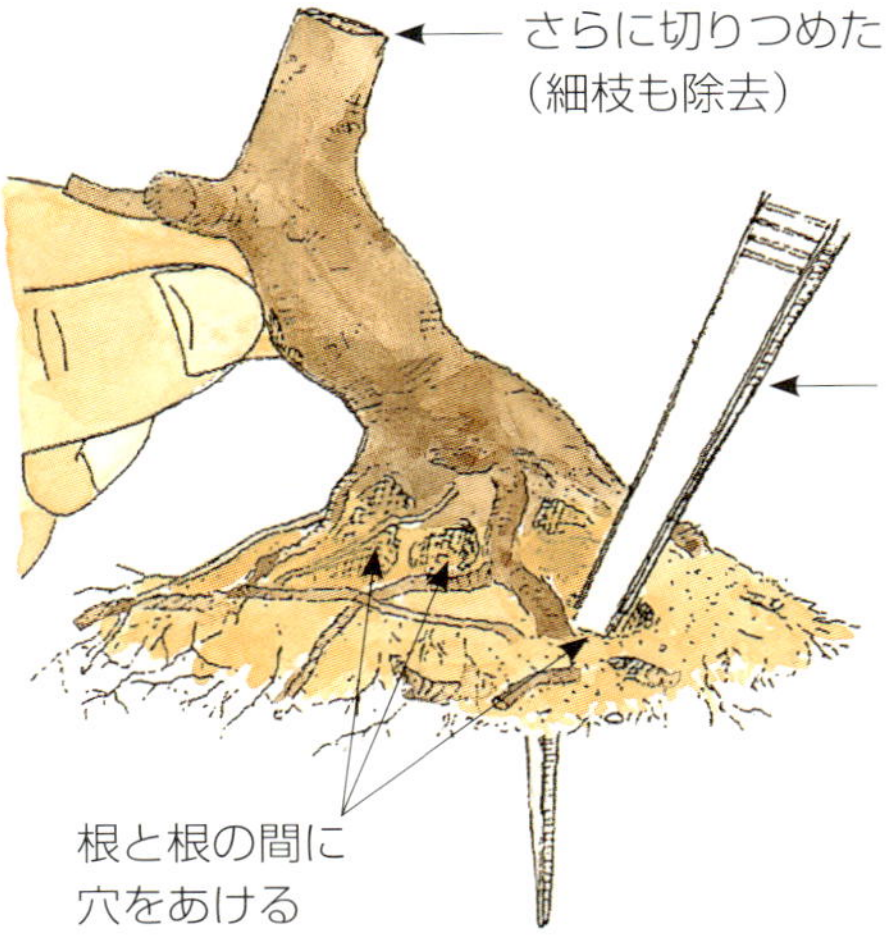
さらに切りつめた
（細枝も除去）
ピンセット
根と根の間に
穴をあける

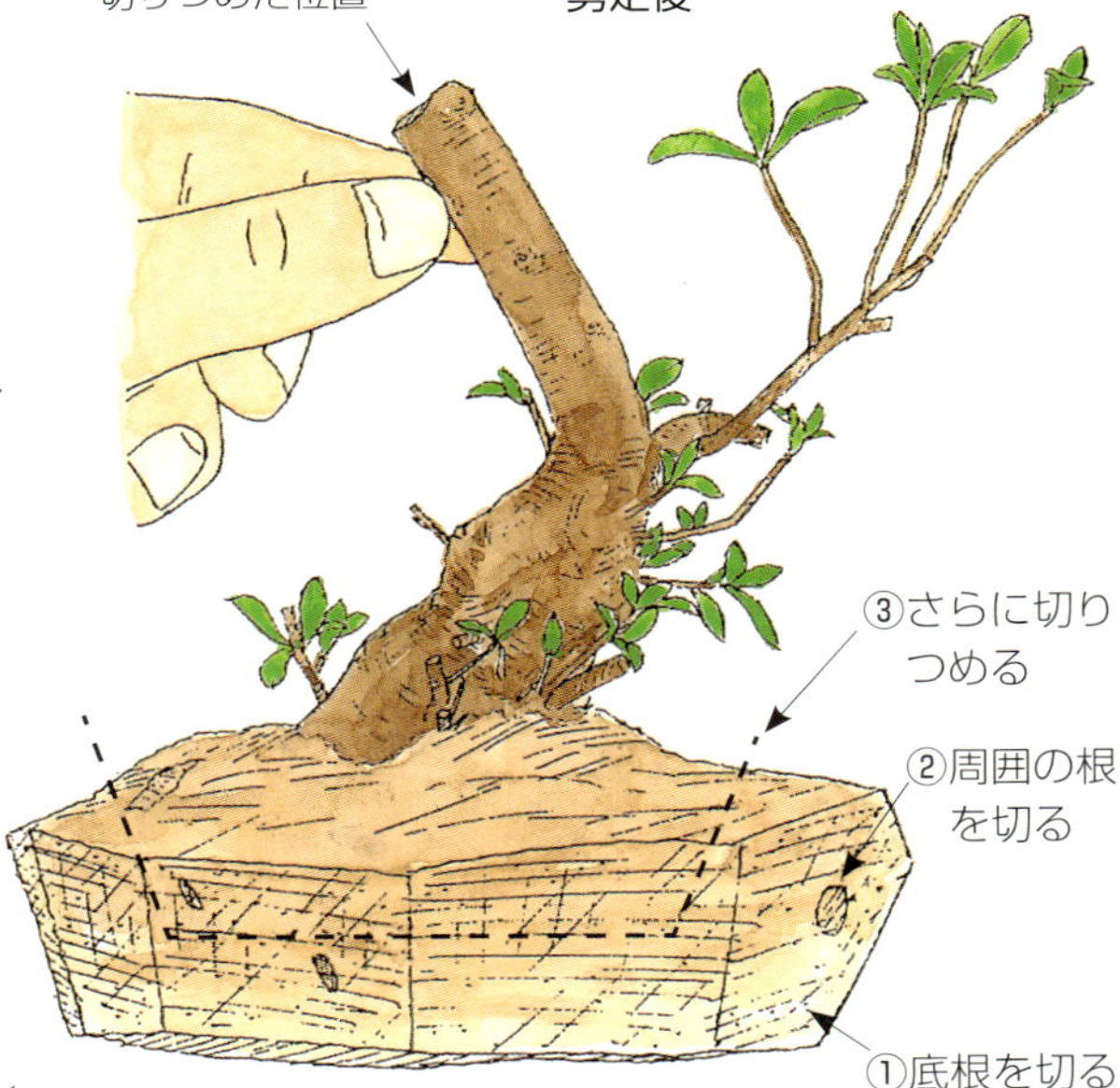
切りつめた位置
剪定後
③さらに切り
つめる
②周囲の根
を切る
①底根を切る

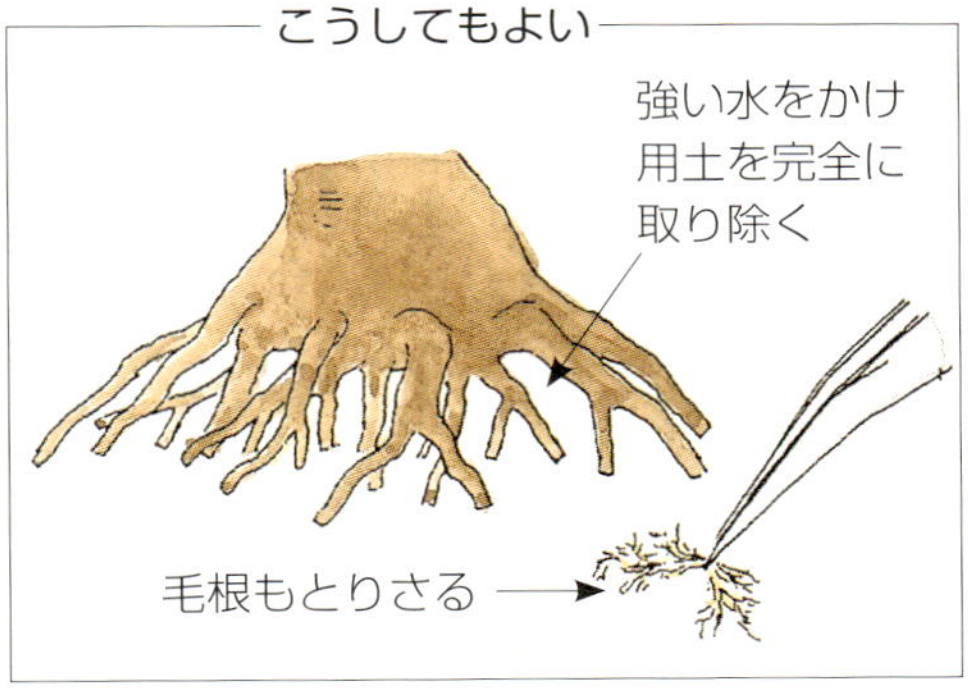
こうしてもよい
強い水をかけ
用土を完全に
取り除く
毛根もとりさる

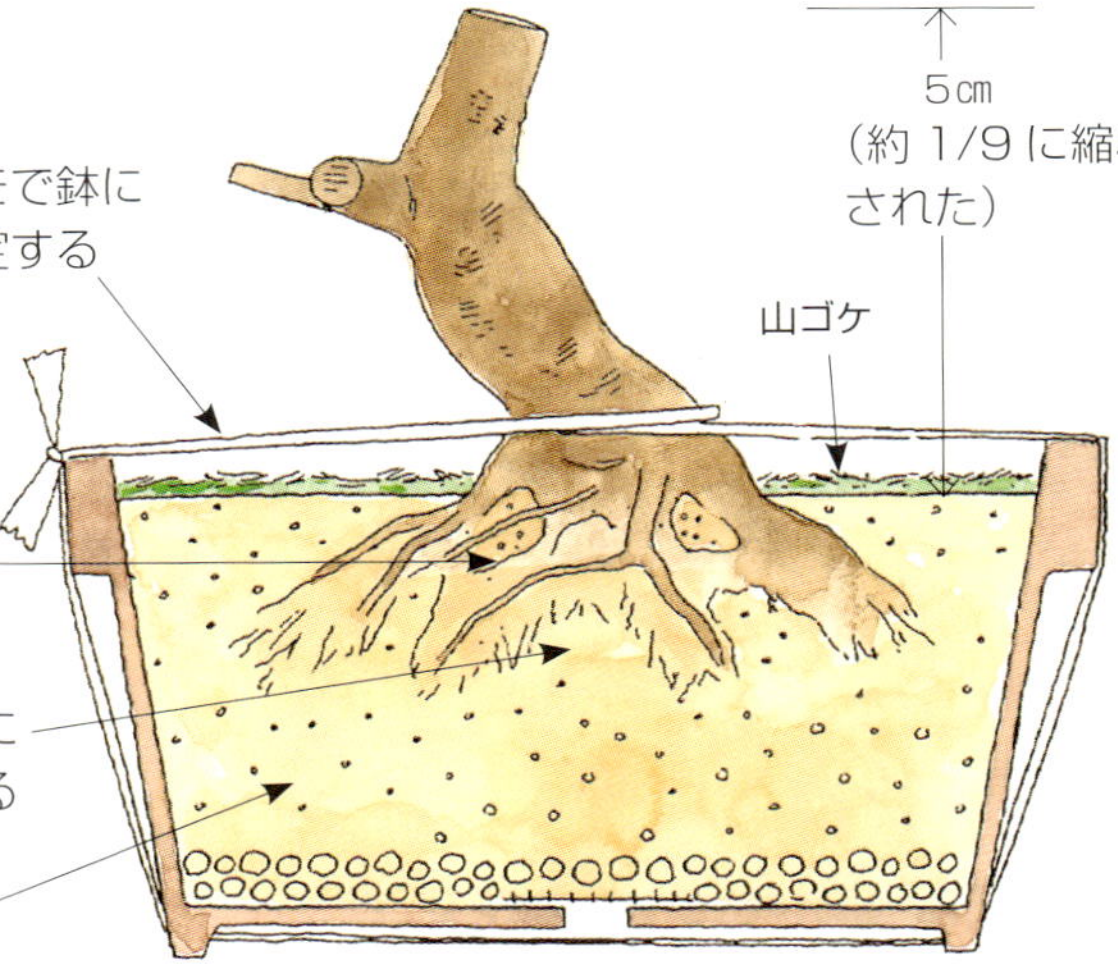
植え付け後
5㎝
（約 1/9 に縮小
された）
ヒモで鉢に
固定する
山ゴケ
穴にも用土を
つめる
根のすきまに
用土をつめる
鹿沼土
（山ゴケを１割混ぜる）

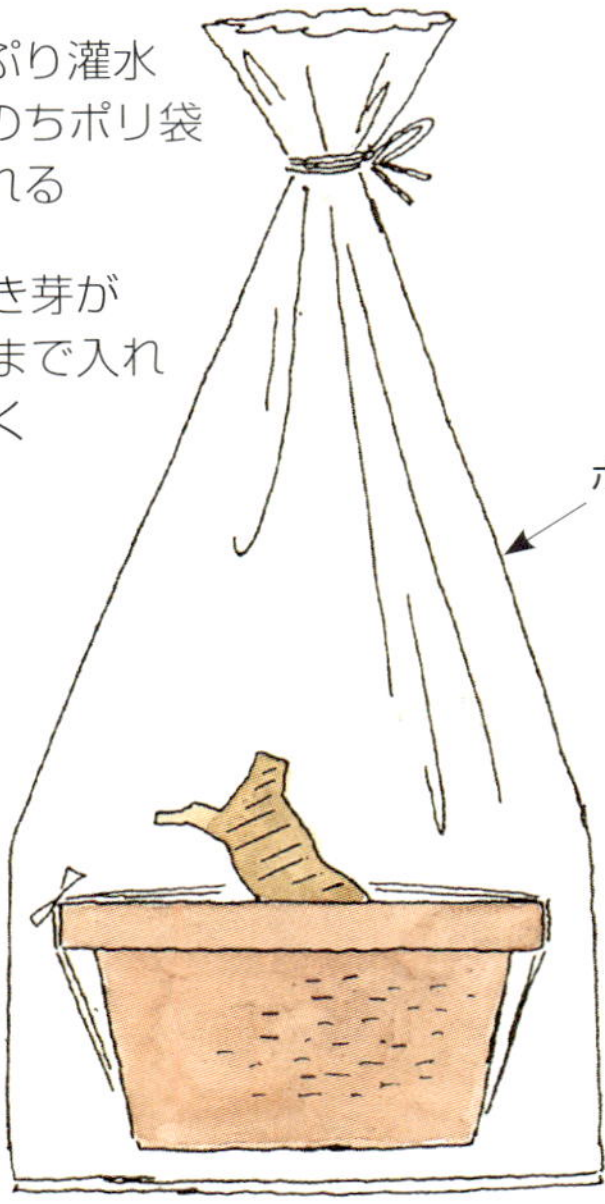
たっぷり灌水
したのちポリ袋
に入れる
胴吹き芽が
出るまで入れ
ておく
ポリ袋

法もある。

◆植え付け方

用土はミジン粉を除いた鹿沼土に山ゴケを１割ほど混ぜたものを使用。

中高にした用土の上に、根の処理が終わった木をのせ、根と根の間によくすきこむ。また、穴をあけたところにも用土をつめる。

植え終わったら、表土に山ゴケ（水ゴケでも可）を敷き、ポリ袋に入れて胴吹きを待つ。

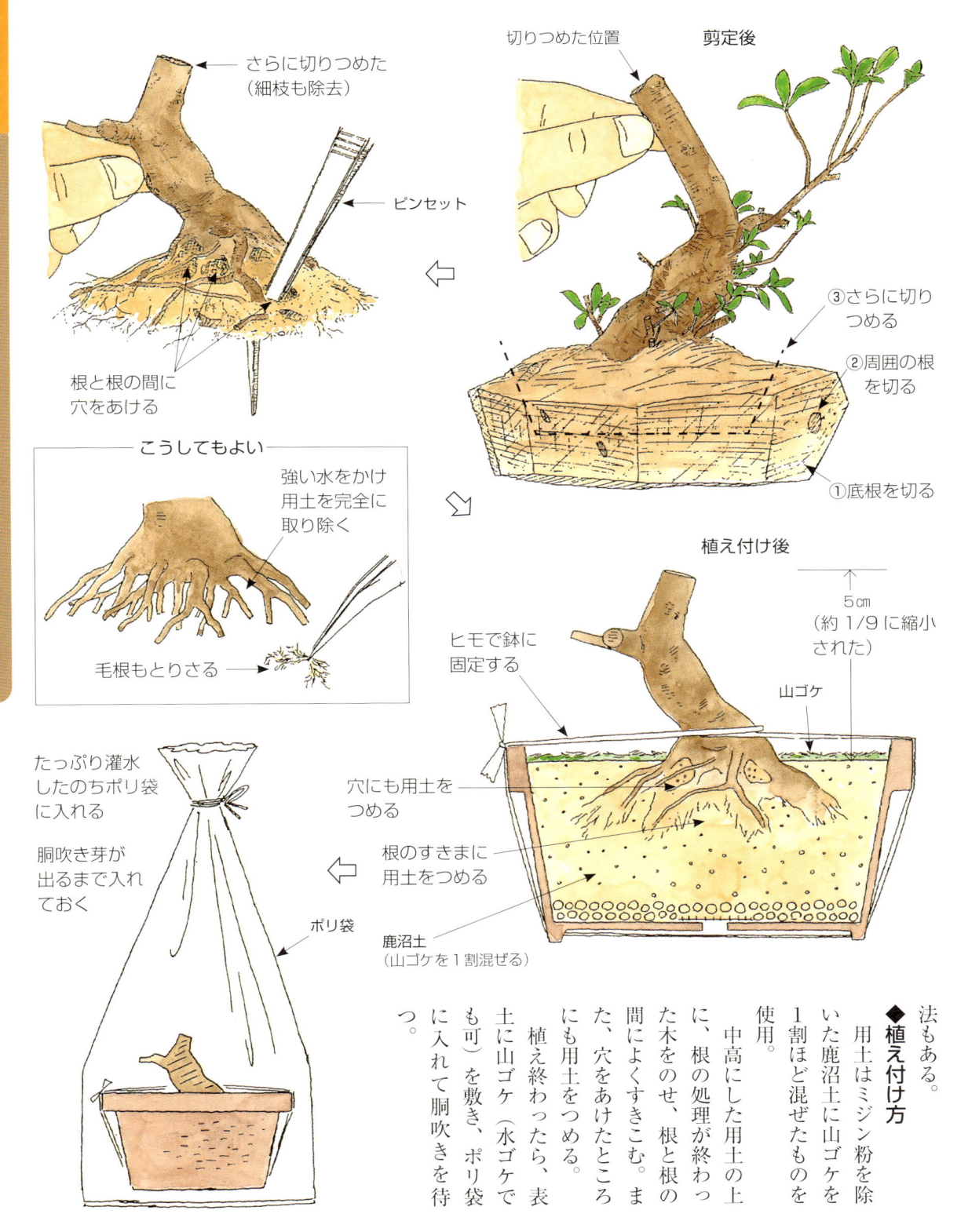

枝分かれを取り木して吹き流しに

6月中旬

取り木の切り離し

五月下旬～六月の花時になると、家々の玄関や縁側にサツキを見かける。

剪定前

鉢植えの頂部を取り木し、１年経過したもの

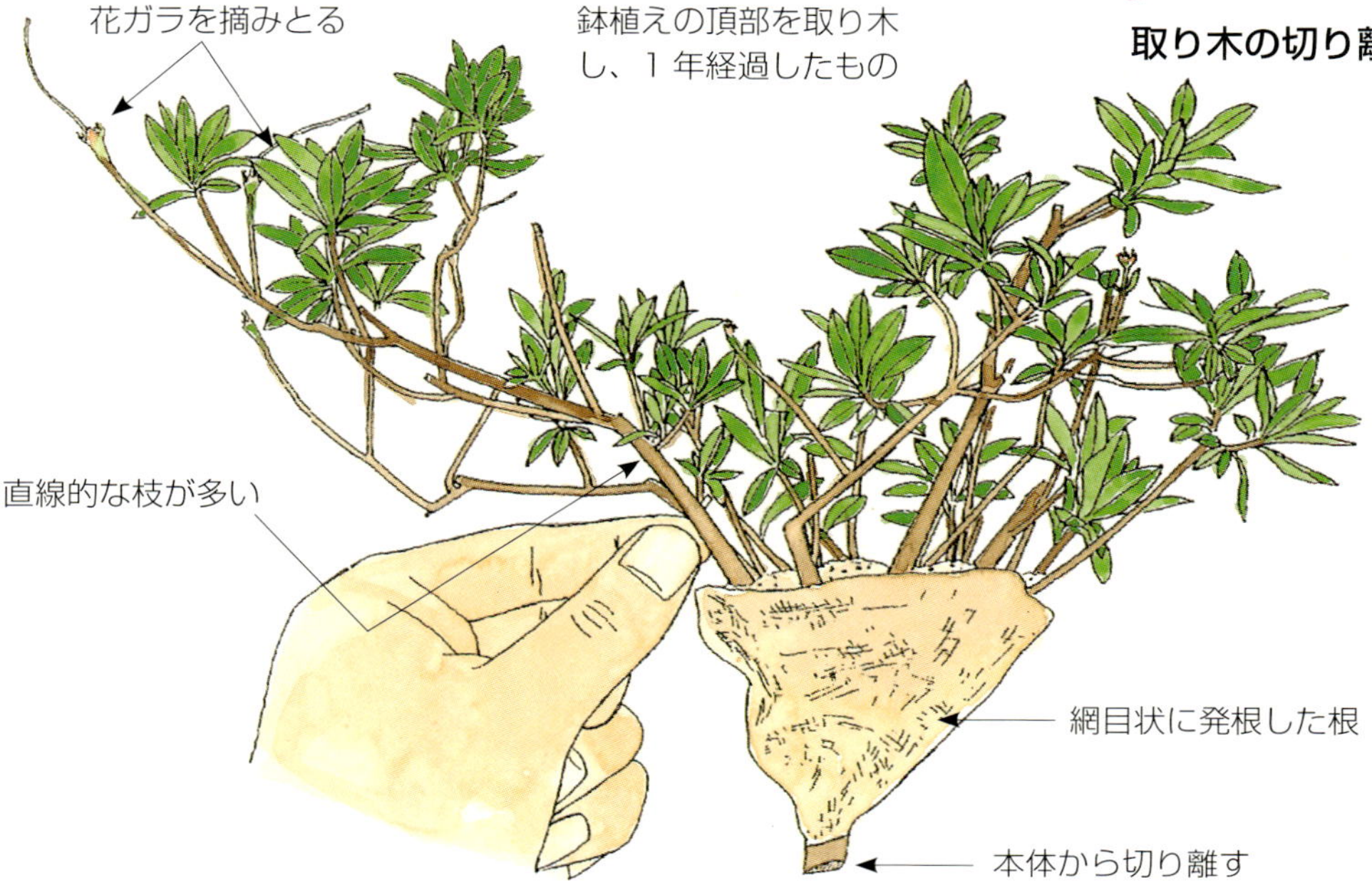

花ガラを摘みとる
直線的な枝が多い
網目状に発根した根
本体から切り離す

剪定後

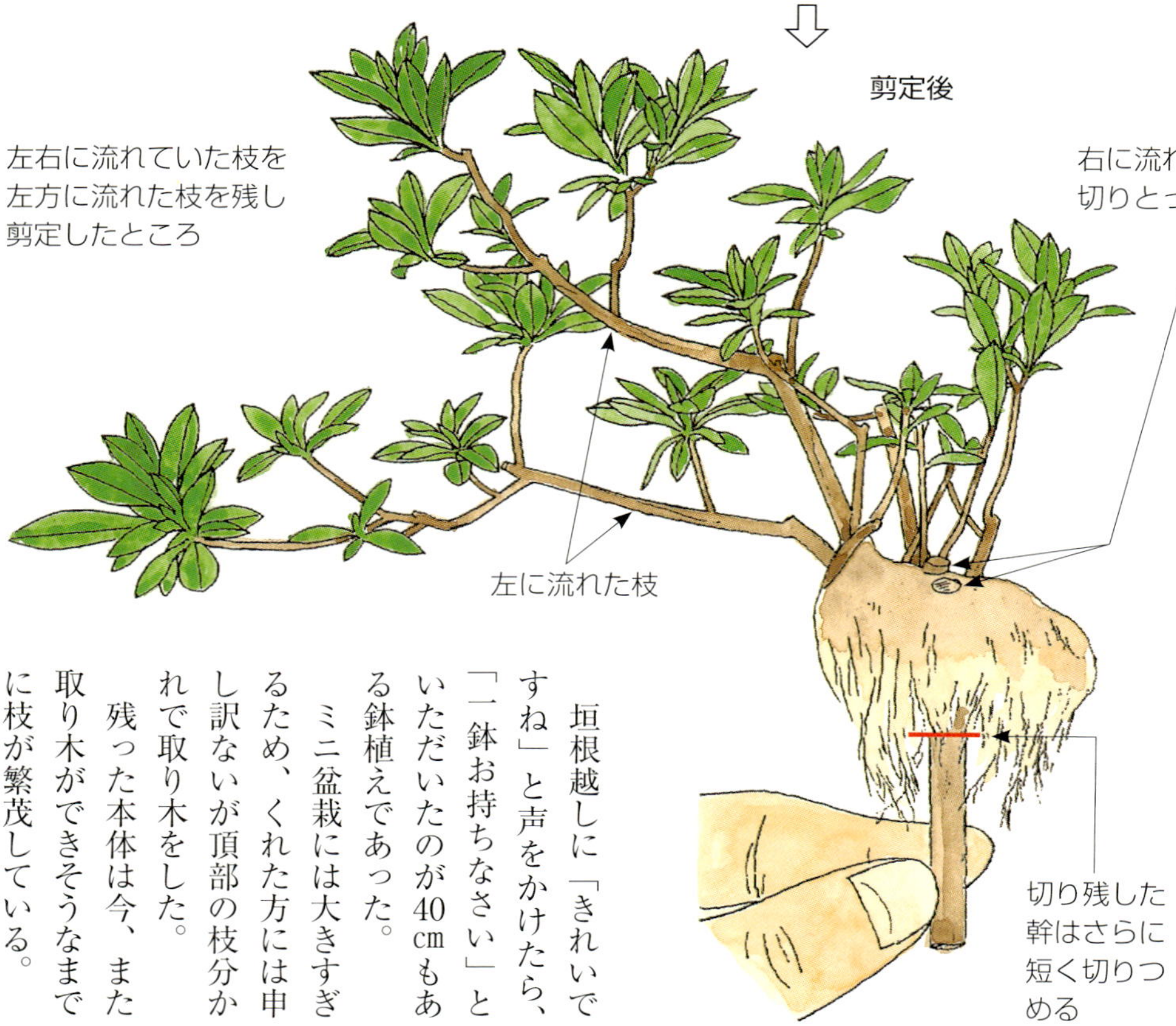

左右に流れていた枝を左方に流れた枝を残し剪定したところ
右に流れる太枝を切りとったあと
左に流れた枝
切り残した幹はさらに短く切りつめる

垣根越しに「きれいですね」と声をかけたら、「一鉢お持ちなさい」といただいたのが40cmもある鉢植えであった。

ミニ盆栽には大きすぎるため、くれた方には申し訳ないが頂部の枝分かれで取り木をした。

残った本体は今、また取り木ができそうなまでに枝が繁茂している。

〈挿し木〉

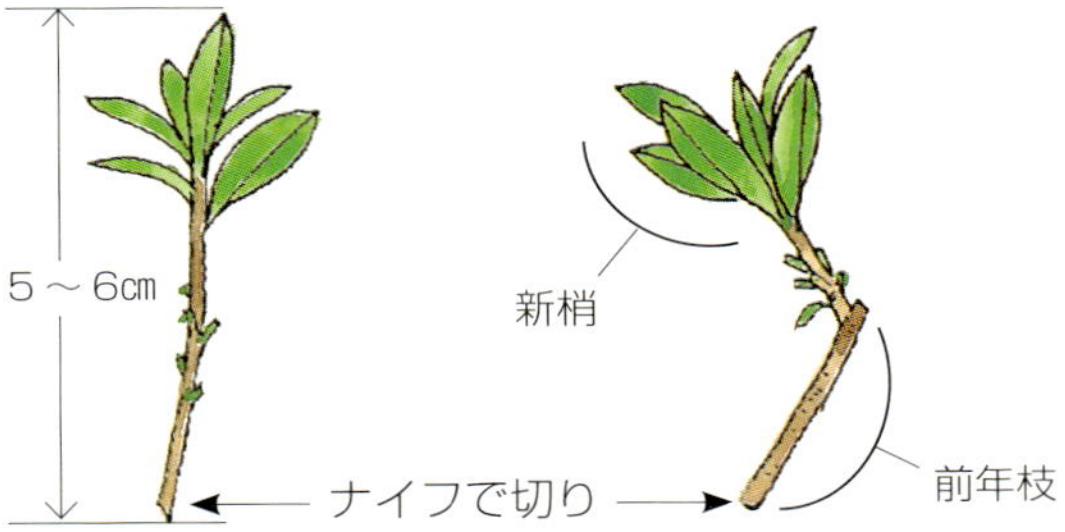
新梢だけの挿し穂
前年枝をつけた挿し穂
5～6㎝
新梢
前年枝
ナイフで切り
なおして挿す

切りとった枝は挿し木をする
前年枝
春から伸びた新梢

〈挿し方〉

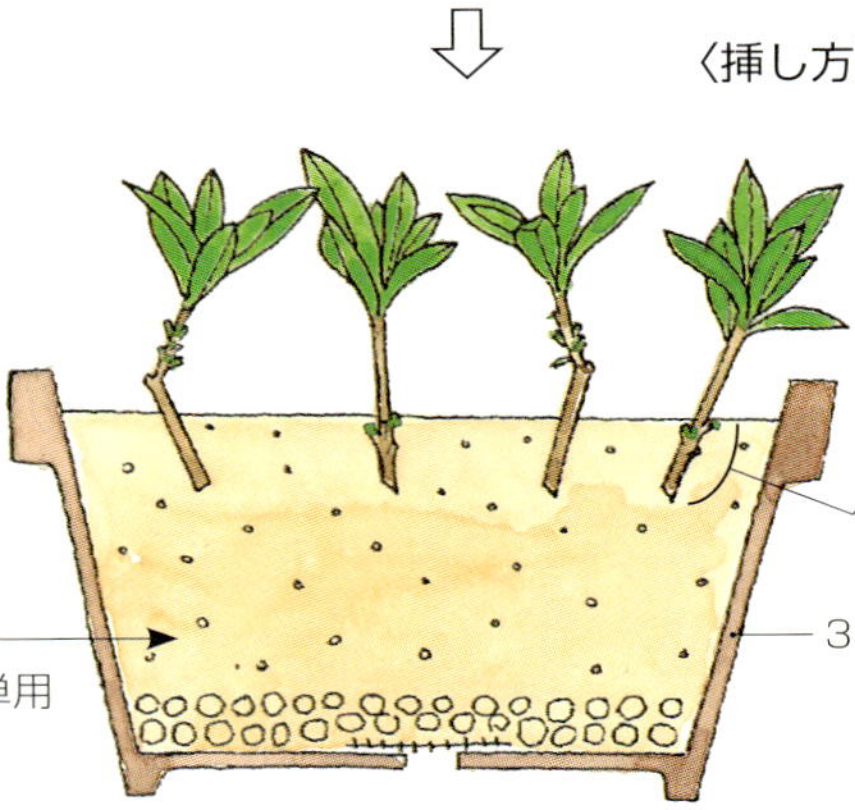
1/3ほど
土中に挿す
用土例
鹿沼土単用
3号鉢

〈鉢の用意〉

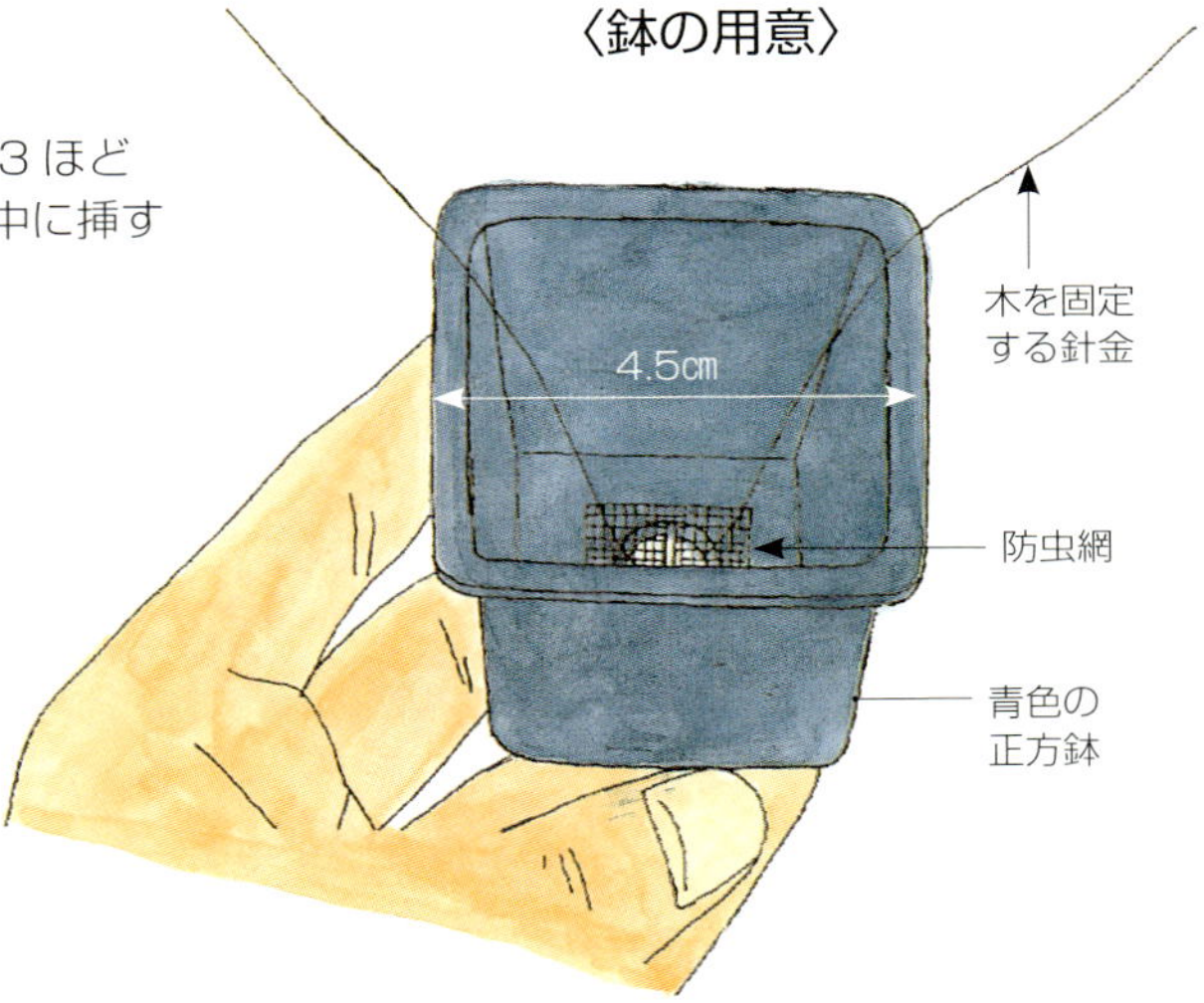
4.5㎝
木を固定
する針金
防虫網
青色の
正方鉢

植え付け後　左に流れる吹き流し風につくりたい

不等辺三角形を
目安につくる
切りつめる
さらに切り
とった枝

〈植え付け方〉

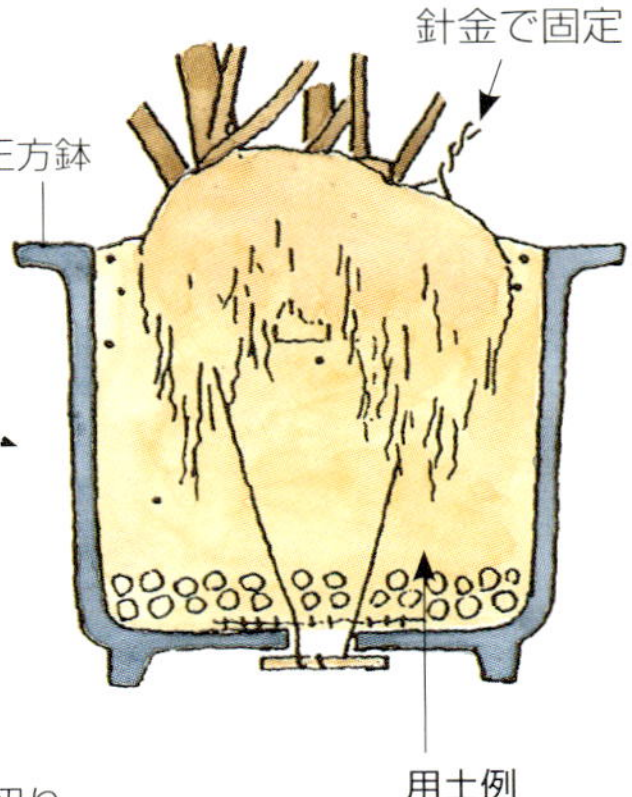
針金で固定
正方鉢
用土例
鹿沼土単用

露地植え素材を切りつめて芽を吹かす

1年目の3月　改作

萌芽まで
棚下に置く

水ゴケをかける
根元近くで
切りつめたもの
3号仕立て鉢

幹を切断し根を切りつめて仕立て鉢に植える

途中の葉は
落葉する

萌芽した状態
秋
胴吹き芽が出てきたら水ゴケをとる
そして、新芽が1㎝ほどになったら棚上に出し、日に当てる

2年目　剪定・植え替え

今までの
植え付け角度
根を上げて
植える
枝も短く切り
つめておく
懸崖鉢

露地に植えられていたものは、根を水洗し、土を取り除いてから植える。幹も根元近くで切り、斜めに植え付けることがポイント。また幹の切り口は、灼け込みしないように癒合剤を塗っておく。

からみ合った根がおもしろいので、表土上に上げて根上がり樹形にした。

◆花後の剪定

4年目ころになると枝もふえてくる。花が咲き終わったら2芽2葉残しの剪定（20頁参照）をする。

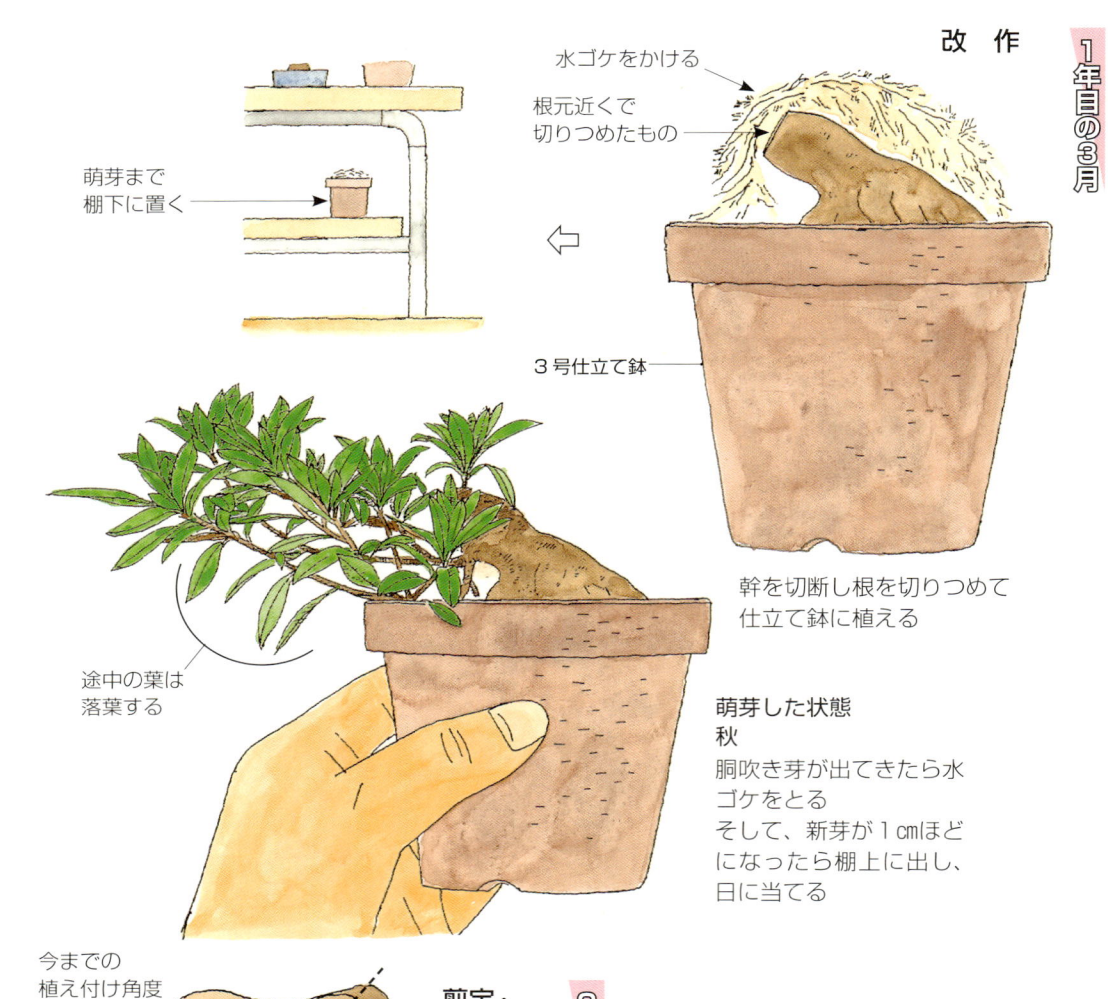

農文協出版案内
盆栽・庭木の本
2018.5

群境介のミニ盆栽コツのコツ　群境介著

農文協 〒107-8668 東京都港区赤坂7-6-1
http://shop.ruralnet.or.jp/
(一社)農山漁村文化協会 TEL03-3585-1142　FAX03-3585-3668

カラー図解
群境介のミニ盆栽コツのコツ
群境介著
978-4-540-15185-9
●2000円

タネ、苗から自分で仕立て、小さな鉢植えの感覚で誰もが楽しめるミニ盆栽。タネや苗の入手法、育て方、樹形のつくり方、改作法など、全ての作業のコツと楽しみ方を、初心者にもわかりやすくオール図解で公開。

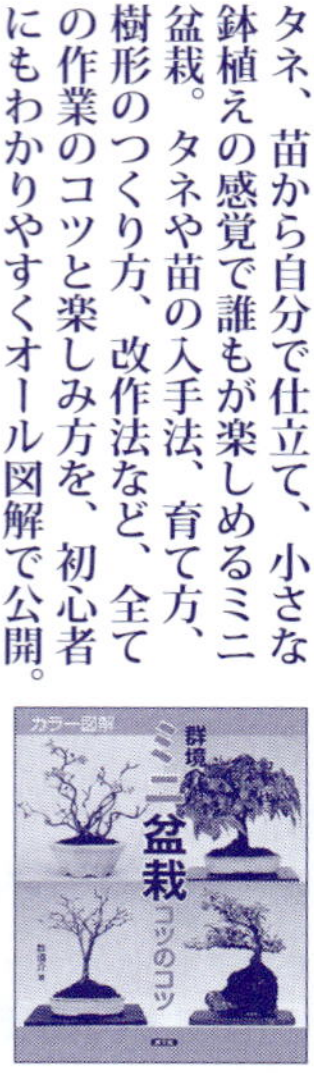

群境介の
マンガミニ盆栽365日
群境介著
978-4-540-05158-6
●1429円

実生、挿し芽、挿し木、取り木、接ぎ木、水やり、施肥、植え替え、針金かけ、芽摘み、葉刈り、剪定法、人工受粉、遮光、ムロ入れ等主な作業を月別に、ミニ盆栽愛好一家が織り成すマンガで詳しく、丁寧に解説。

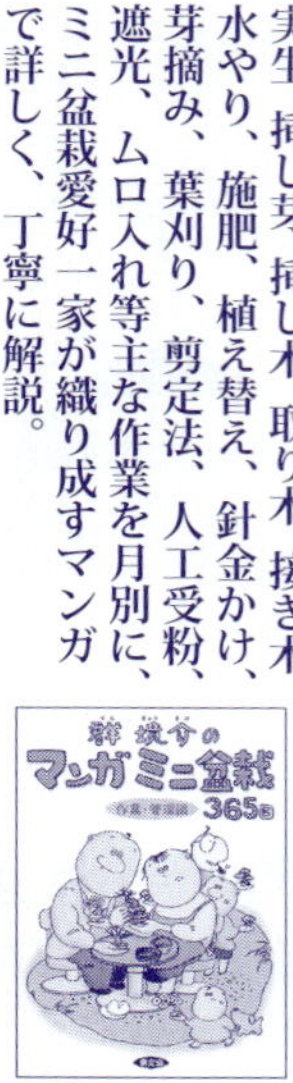

図解
盆栽テクニック101条
進著
0-8
●1333円

24の樹種別に、日常の管理や手入れでよくある失敗、困っていること、特性にあわせた剪定、樹形の作り方、肥培管理等の101の勘所を図解でわかりやすくズバリ紹介。50種の年間作業カレンダー付。

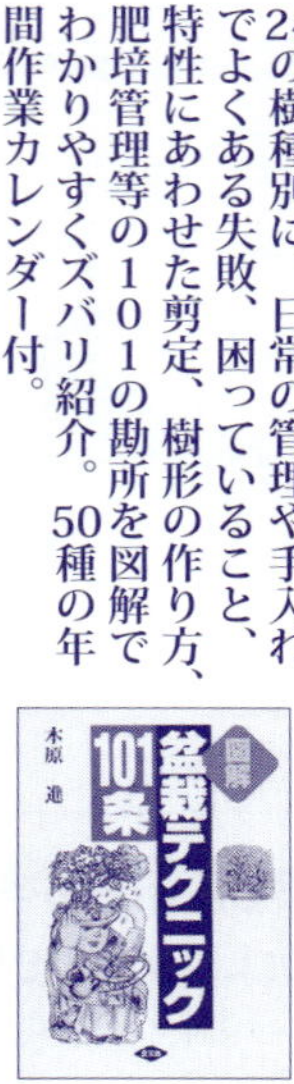

の盆栽入門
を鉢植えに
著
5251-4
●1238円

野末の一隅の野草の景観を鉢に移す草もの盆栽は、長年愛培するほどにコンパクトで味わい深い風情となる。草もの盆栽の巨匠がその極意を紹介。四季別に主な野草の特徴、育て方、デザインの方法等も図解。

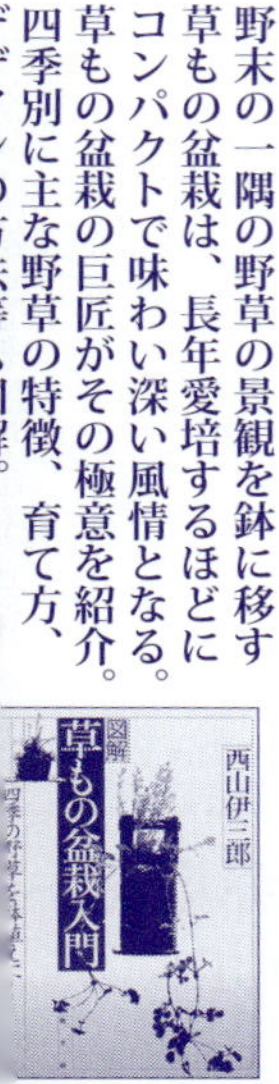

手軽に楽しむ 苔園芸コツのコツ

農文協編

978-4-540-15174-3

●1600円

ベランダや窓辺で楽しむ苔玉、苔鉢、苔盆景、苔のアクアテラリウムや、しっとりとした苔庭まで、苔の身になって育て、枯らすことなくいつまでも楽しむポイントをわかりやすくカラー写真で解説。

カラー図解 詳解 庭木の仕立て方

石田宵三著

978-4-540-14256-7

●1800円

木の性質と樹形、観賞のポイント、仕立て方の実際、各種仕立て方に加え、枝間隔が飛んだとき、車枝の扱い、徒長枝の扱い、花つきが悪い場合等の応用問題への対応も豊富に詳解。病害虫防除も詳しい。（農薬一覧付）

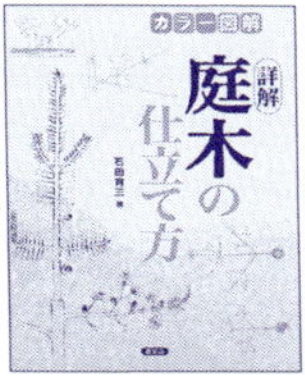

カラー図解 庭木の手入れコツのコツ

船越亮二著

978-4-540-10167-0

●1500円

庭木は毎年枝が伸びて大きくなるので、毎年の切り詰め・手入れが必要になる。35種の庭木の性質と、それにあわせた仕立て方・切り方を初心者にもわかりやすく図解。

庭木の自然風剪定

峰岸正樹著

978-4-540-00192-5

●1400円

樹種別の自然樹形の見方や生長の仕方をわかりやすく説き、枝先を切らず絶えずふところの枝で更新していく「透かし剪定」で、自然樹形をつくり維持していく「自然風剪定」のやり方を図解で丁寧に紹介。

雑誌

自然な暮らしを村に町に

現代農業

作物や土、地域自然の力を活かした栽培技術、農家の加工・直売・産直、むらづくりなど、農業・農村、食の今を伝える総合実用誌。3月号には「庭木・生垣を楽しむ、引き継ぐ」という特集も。

A5 判平均 380 頁 定価 823 円（税込）
送料 120 円

≪現代農業バックナンバー≫

2018 年 5 月号　モグラ＆ネズミ＆カラスと対決
2018 年 4 月号　密播・密植に動きあり
2018 年 3 月号　耕耘新時代　ロータリ＆スピード作業機
2018 年 2 月号　品種特集：タネと品種の話 きほんのき
2018 年 1 月号　モミガラくん炭　最前線
2017 年 12 月号　落ち葉＆せん定枝　ラクに集めて、どっさりまく
2017 年 11 月号　洗うをラクに、おもしろく

＊在庫僅少のものもあります。お早目にお求めください。

ためしに読んでみませんか？

★見本誌 1 冊 進呈★
ハガキ、FAX でお申込み下さい。
※号数指定はできません

★農文協新刊案内
「編集室からとれたて便」
QR コード

◎当会出版物は書店でお求めになれます。
直営書店「農文協・農業書センター」もご利用ください。
東京都千代田区神田神保町 2-15-2 第 1 冨士ビル 3 階
TEL03-6261-4760 FAX03-6261-4761
・地下鉄 神保町駅 A6 出口から徒歩 30 秒
・平日 10:00 ～ 19:00　土曜 11:00 ～ 17:00 日祝日休業

剪定
4年目の6月上旬
花が咲き終わったら花後の剪定をする
上の枝の剪定線
下の枝の剪定線
植え替えは2年に1度

剪定
5年目の6月上旬
全体として不等辺三角形を目安に剪定する
春に切りつめた枝に胴吹き芽が見られる
花が終わったら点線くらいに切りつめる

7年目の3月
流れの反対側の枝は長くしない
年数を経るにつれ枝は自然に持ち上がり、全体に丸みを帯びてくる
一の枝、二の枝と決める木ではないので、このまま長く持ち込む

◆5年目以降の木姿

上の枝、下の枝と二段構成の木も、枝が持ち上がってくるにつれ、全体で見ていくようにする。ただし、右に枝が張ると根を隠すので注意。

長尺苗を切りつめて小さく仕立てる（紅梅）

1年目の6月上旬

剪定・植え替え

点線のような40㎝ほどの長尺苗を1～2本の枝を残し、前年に切りつめておいた素材
よい枝を残し、小鉢に植え替える

以前は長尺苗であった
曲のよいところで切りつめておいた
切る
この枝を利用する
小鉢に入るように根を切りつめる

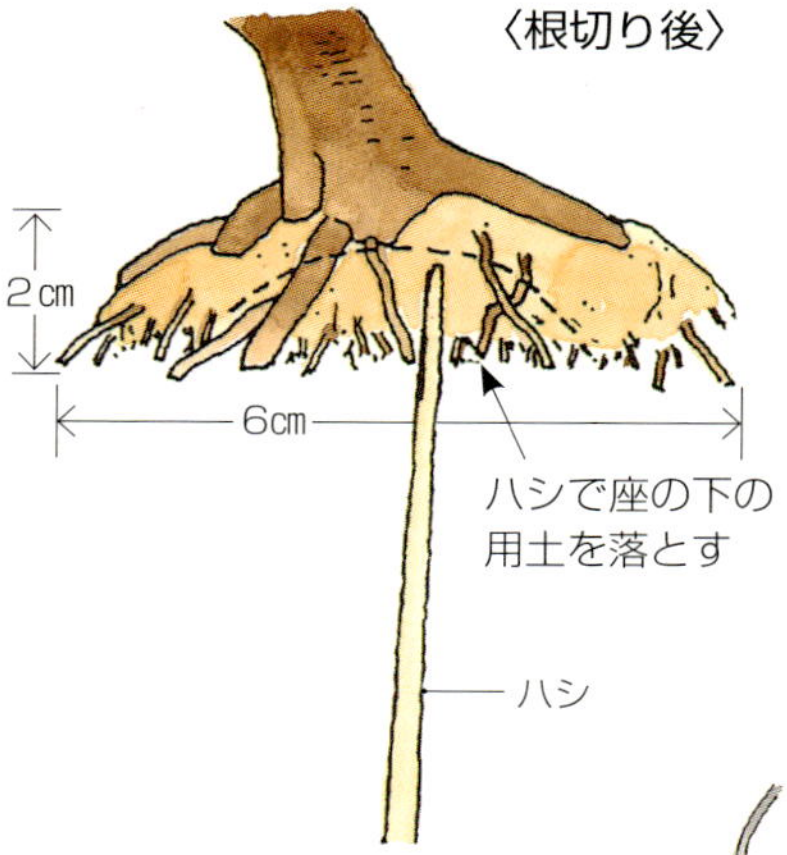
〈根切り後〉
2㎝
6㎝
ハシで座の下の用土を落とす
ハシ

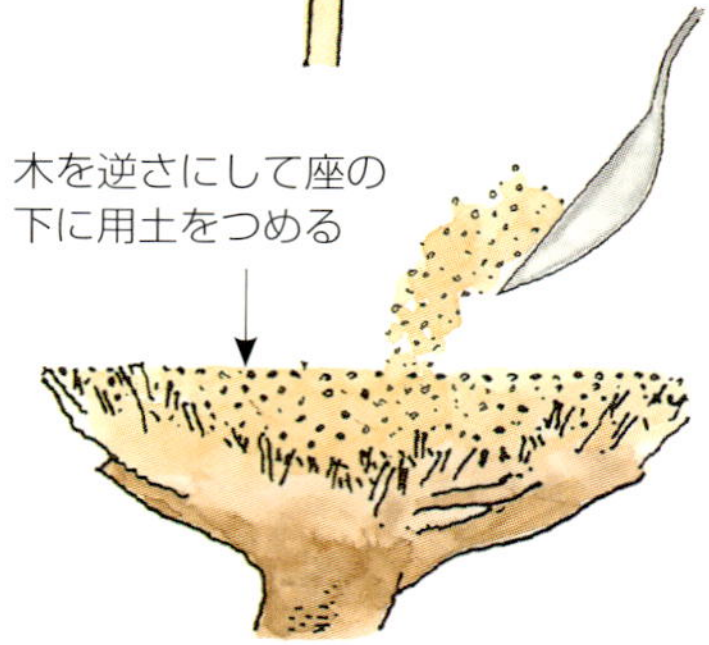
木を逆さにして座の下に用土をつめる

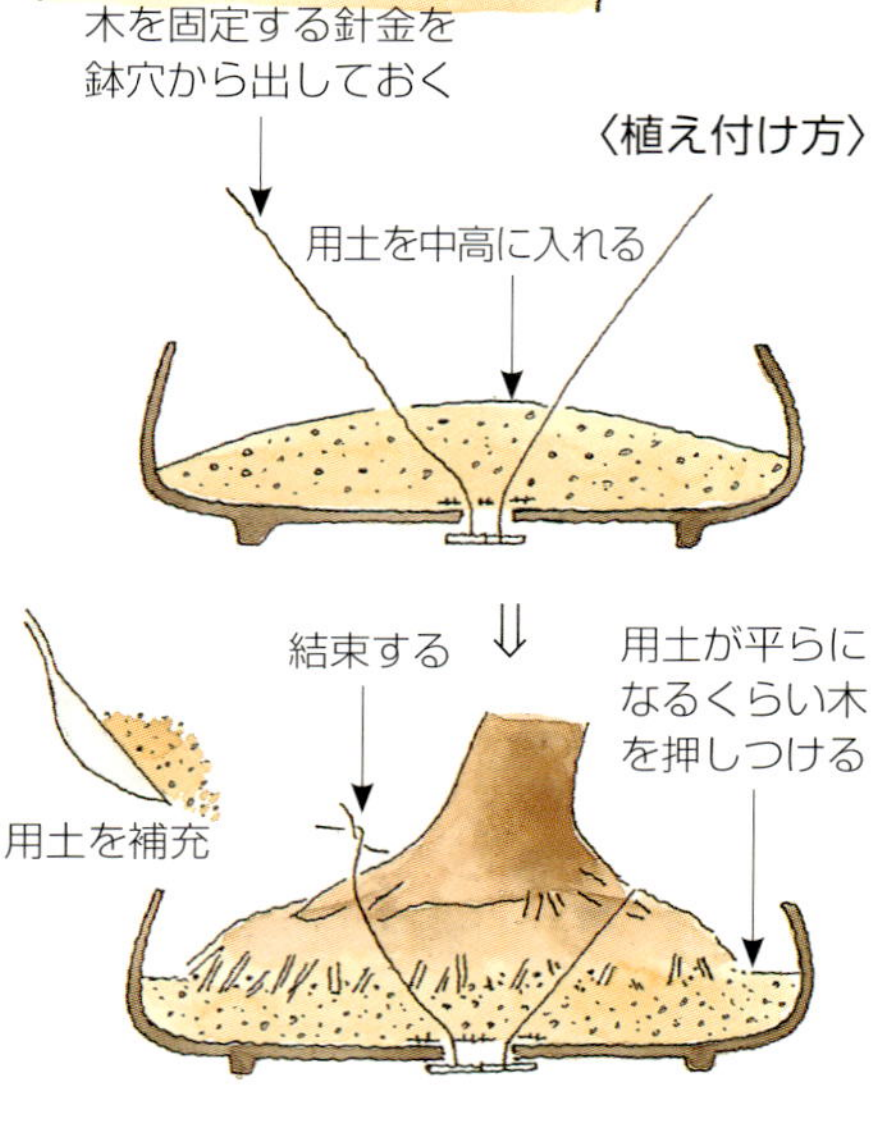
木を固定する針金を鉢穴から出しておく
〈植え付け方〉
用土を中高に入れる
⇓
結束する
用土が平らになるくらい木を押しつける
用土を補充

◆1年目、剪定・植え替え

40㎝ほどの長尺苗を前年に曲のよいところで切りつめたもの。

下からの幹模様につながる枝を1本残して切りつめる。小鉢に植えるので根を小さくするが、座の下の用土は固まりやすいのでとくに多く取り除いておく。

根張りをよく吟味すると裏面のほうがよいので正面に変える。

◆2年目、剪定・針金かけ

前年に残した枝の枝元から3本枝が伸びているが、流れと逆方向なので元から切りとる。残した枝は幹の模様に合わせて曲づけし左側に流す。

2年目の6月中旬

剪定・針金かけ

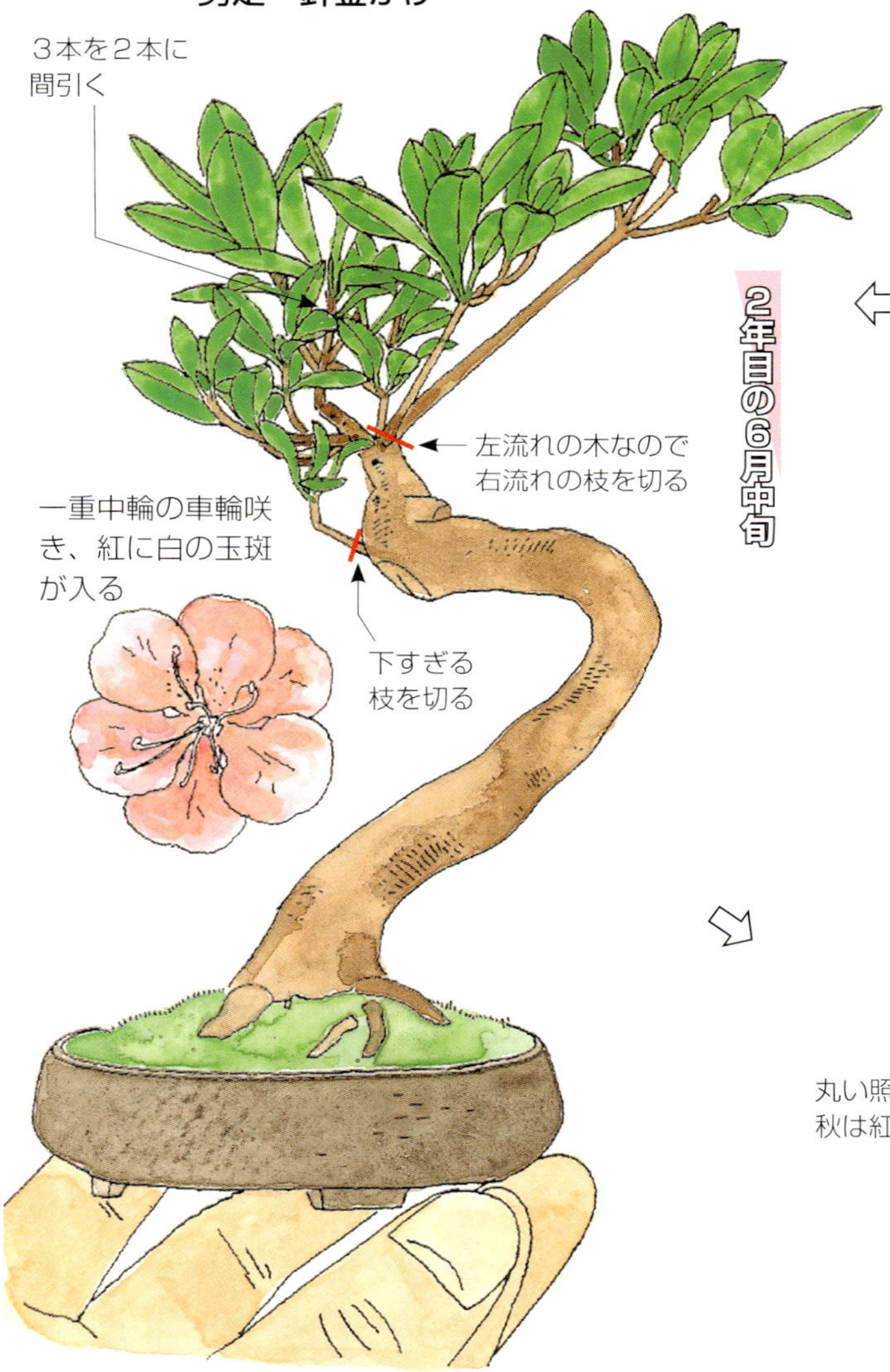
３本を２本に
間引く
左流れの木なので
右流れの枝を切る
一重中輪の車輪咲
き、紅に白の玉斑
が入る
下すぎる
枝を切る

植え替え後

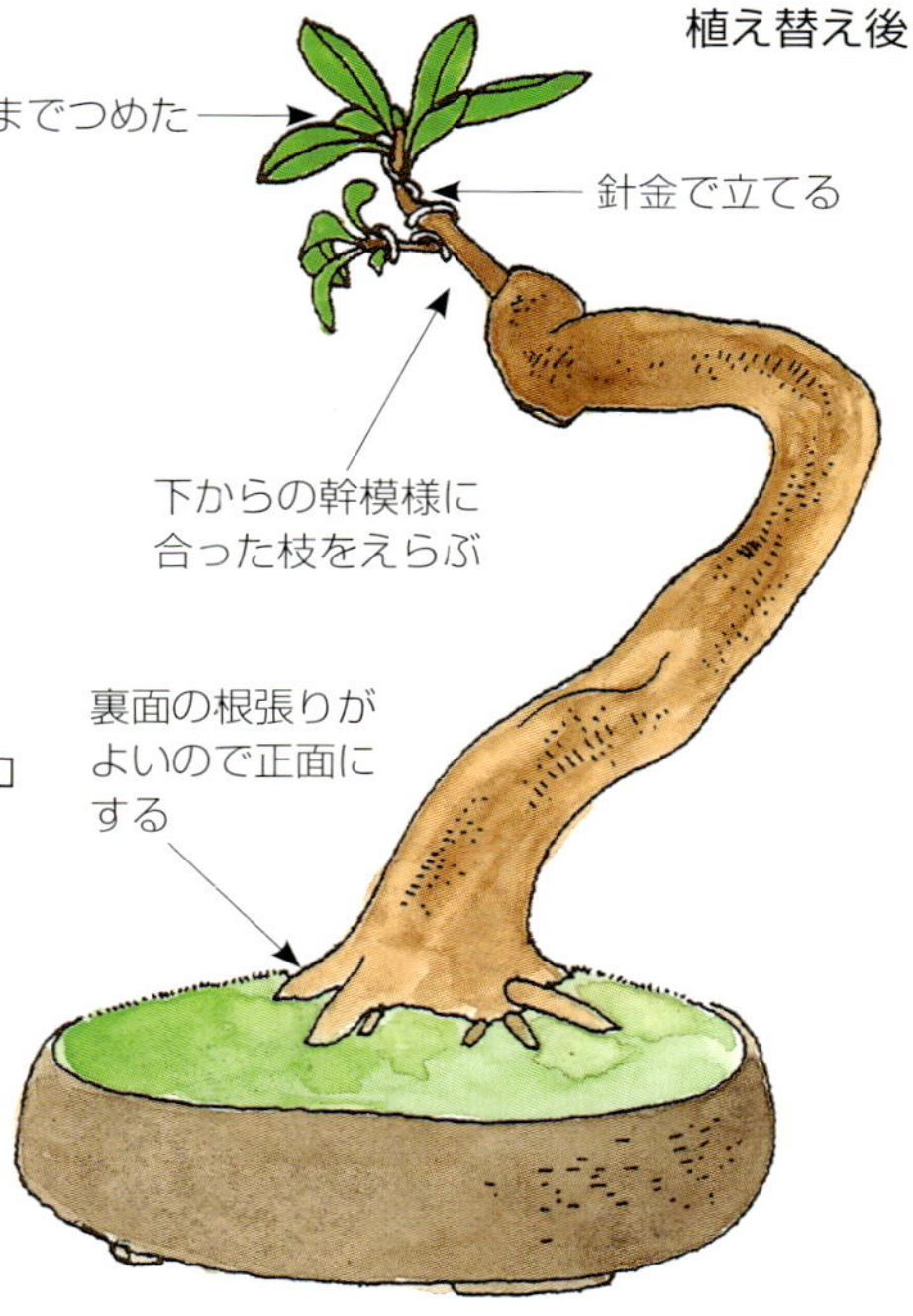
古葉までつめた
針金で立てる
下からの幹模様に
合った枝をえらぶ
裏面の根張りが
よいので正面に
する

針金かけ後

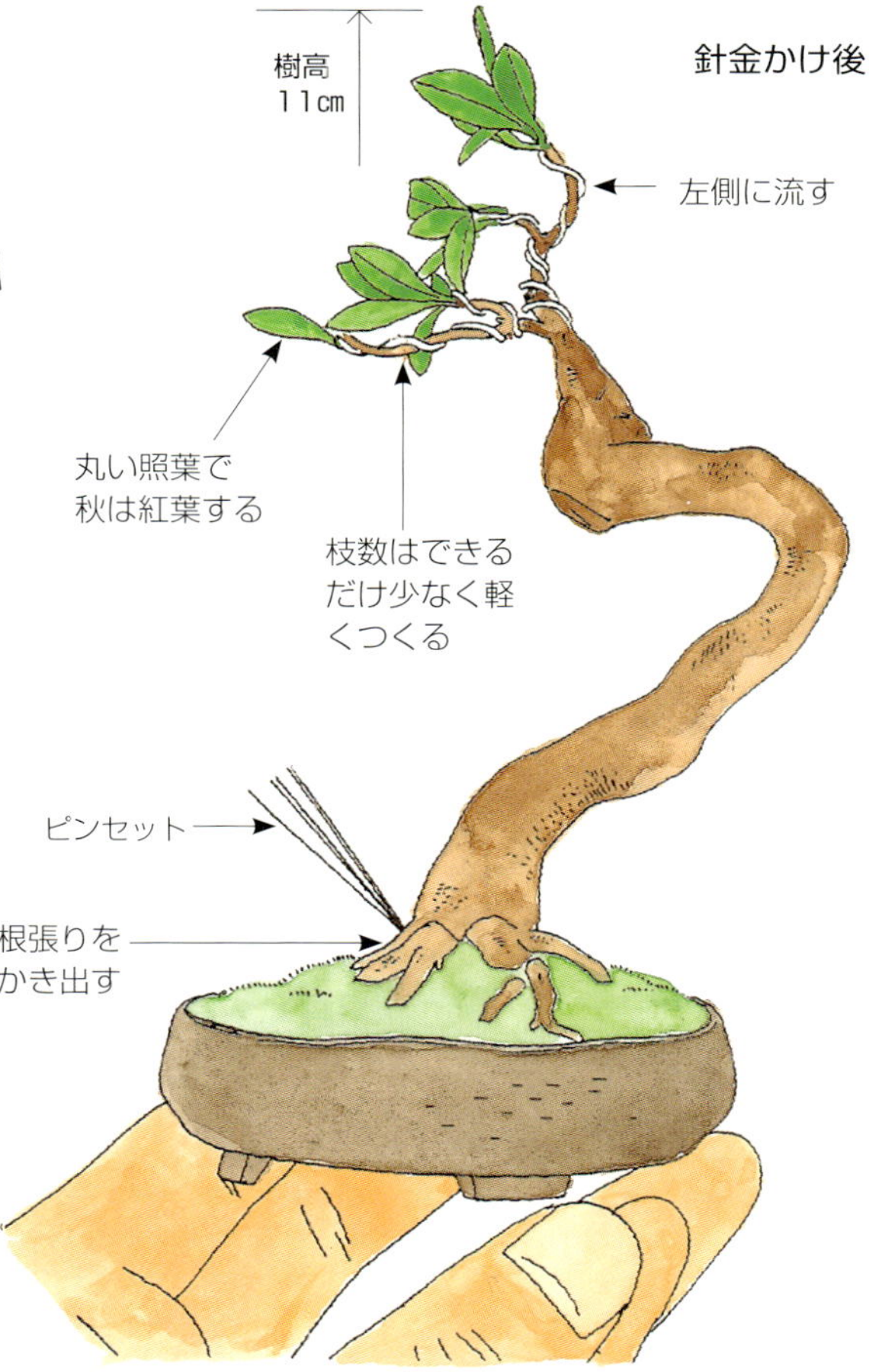
樹高
11cm
左側に流す
丸い照葉で
秋は紅葉する
枝数はできる
だけ少なく軽
くつくる
ピンセット
根張りを
かき出す

晃山の模様木をつくる

1年目の6月上旬

花後の剪定

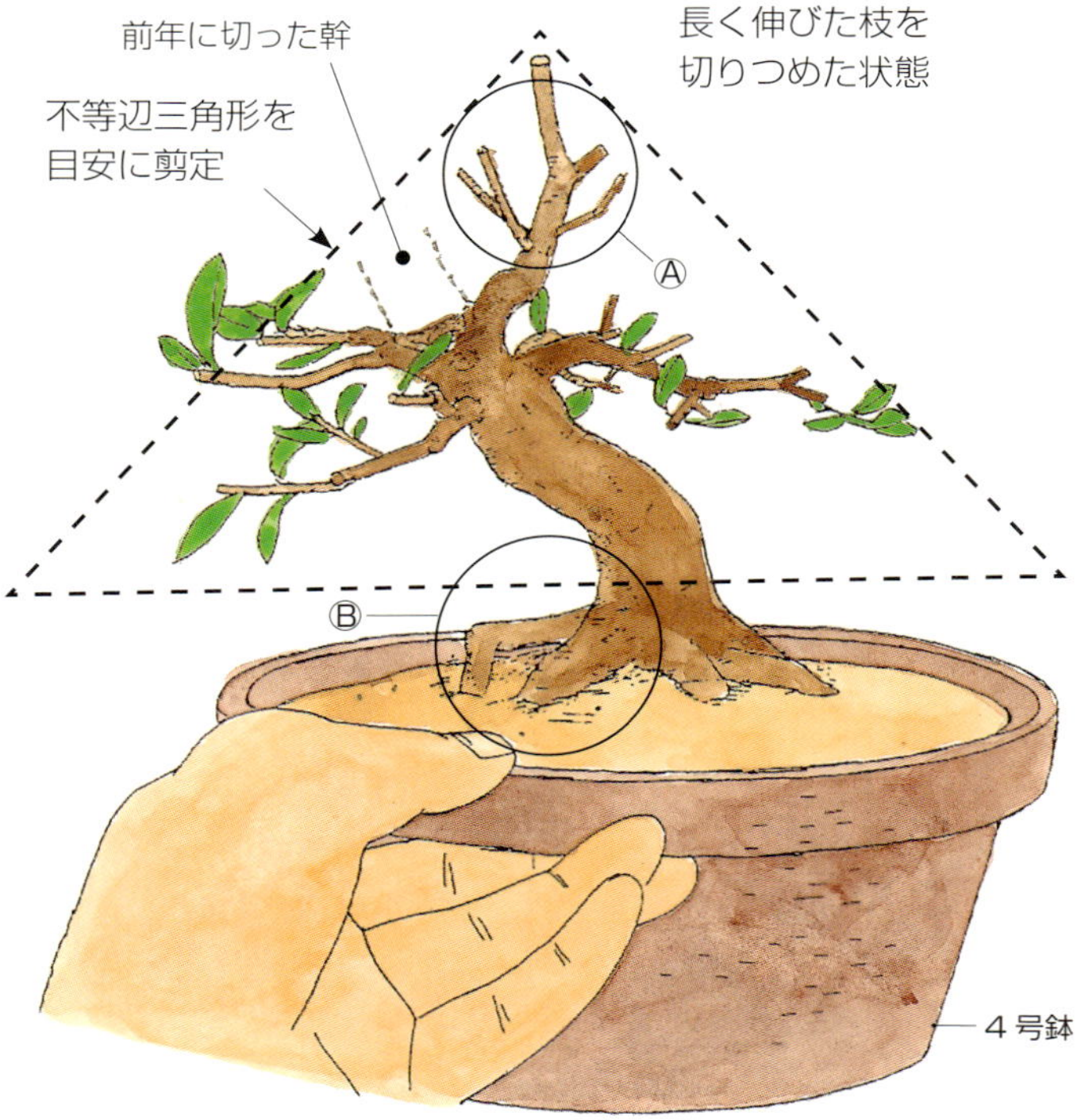
前年に切った幹
長く伸びた枝を
切りつめた状態
不等辺三角形を
目安に剪定
Ⓐ
Ⓑ
4号鉢

〈Ⓐ部の剪定〉

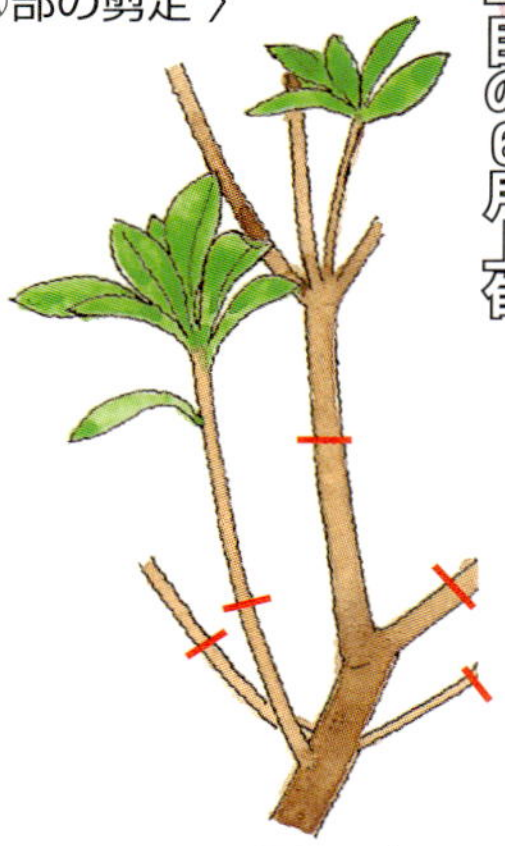
ーで切りつめる

〈Ⓑ部の剪定〉

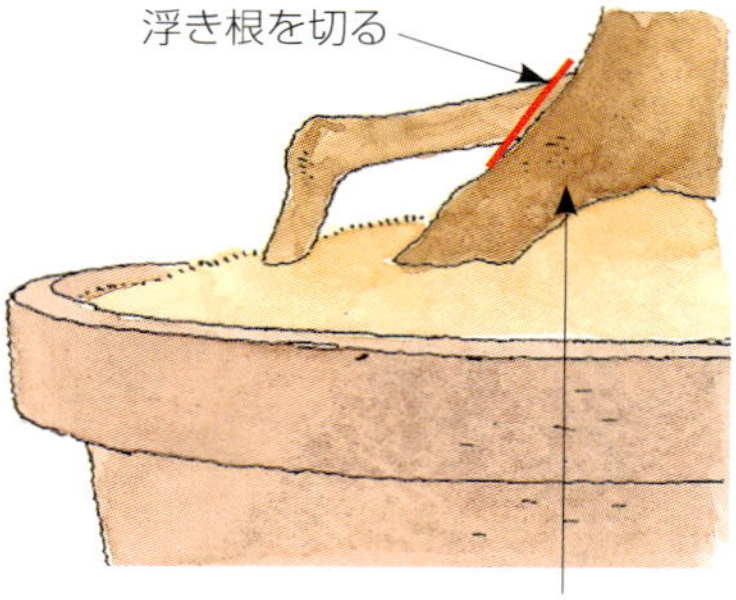
浮き根を切る
すぐ下によい根張りがある

7月中旬

2番芽の剪定

花後の剪定後に
伸びた2番芽を
整理する
長い枝を
切りつめる
下向き芽は
切りとる

◆剪定

長く伸びた枝は、不等辺三角形を目安に剪定する。ただし、樹芯部は弱いので、やや長めに残しておくと二番芽の伸長がよい。

1週間もすると各枝にプツプツと胴吹き芽を生じ、1カ月半もすると長いものは5～6㎝になる。不要な枝はこのとき整理しておく。

2年目の3月

剪定・植え替え

伸長した枝を切りつめ
植え替える

前年に
伸びた
2番芽
この枝を芯に
立て替える

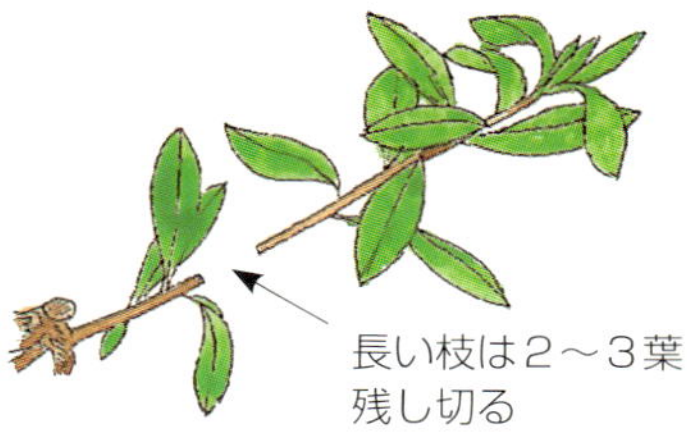
長い枝は2～3葉
残し切る

混み入った
枝は間引く
点線は切った枝

立ち芽は元から
切るか、わずか
に残して切る

下向き芽は
切りとる

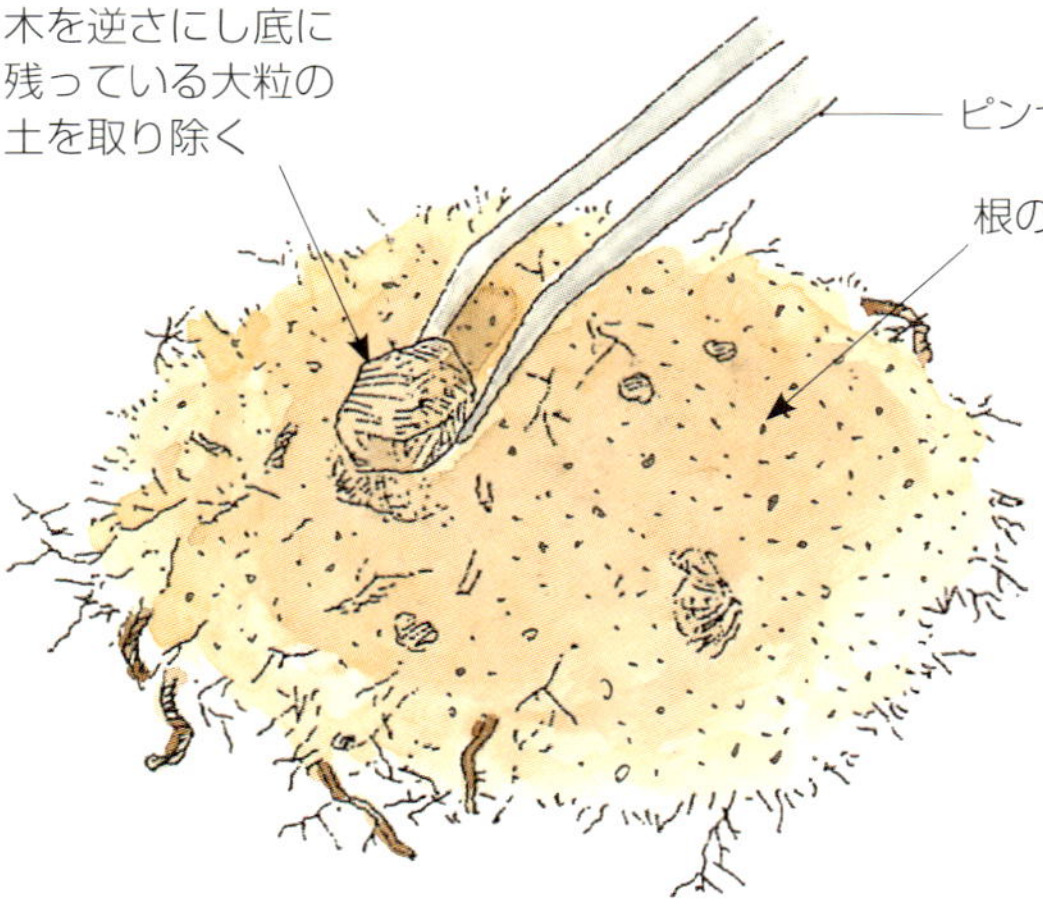
木を逆さにし底に
残っている大粒の
土を取り除く
ピンセット
根の底

根切り後

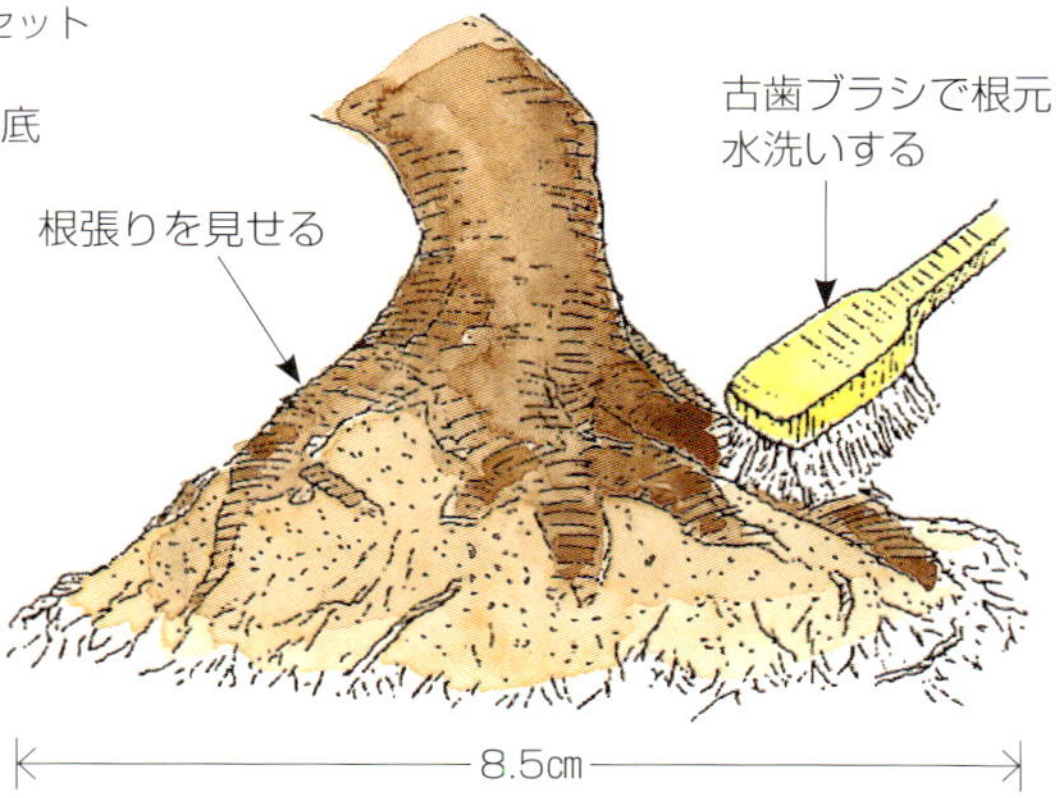
古歯ブラシで根元を
水洗いする
根張りを見せる
8.5㎝

伸ばして枝元
を太らせる
長めに残してあった
ので一段下の枝まで
切りつめる
立ちぎみの枝は
針金で伏せる
表土上に山ゴケまたは
刻んだ水ゴケを敷く
長方鉢

〈植え付け方〉

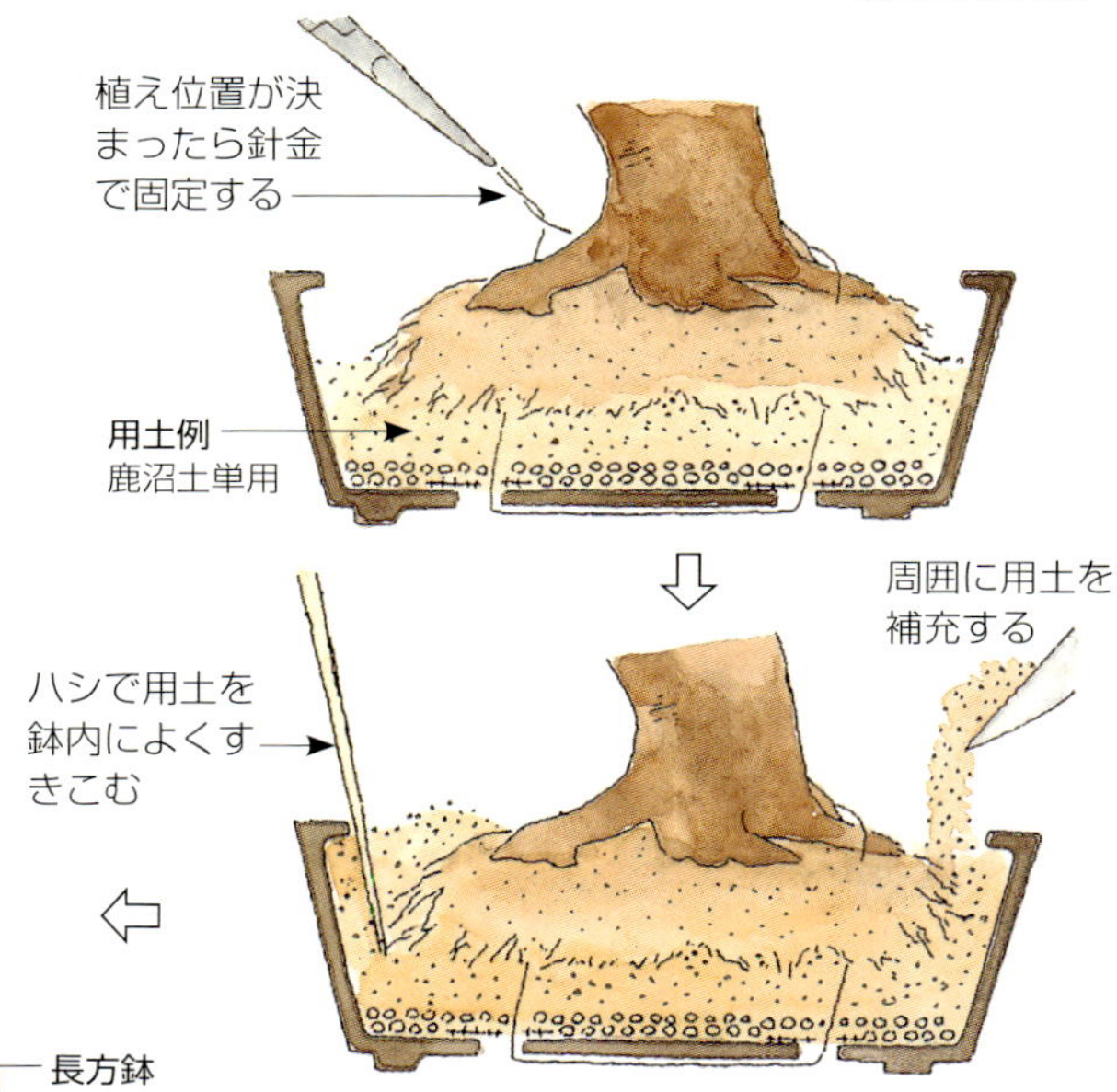

植え位置が決
まったら針金
で固定する
用土例
鹿沼土単用
周囲に用土を
補充する
ハシで用土を
鉢内によくす
きこむ

トキ色の
一重小輪

開　花

3年目の6月上旬

樹高
13.5㎝
蕾
枝と枝の間隔
をとる
樹芯部を根元側に戻して
いる（点線）
撫角の
ナマコ釉鉢

◆模様木づくりのポイント

サツキは下枝が強く樹芯部が弱い。他の多くの樹種は下枝が弱りやすい。したがって、サツキは樹芯部さえ強めにつくれば模様木がいちばん適する樹形といえる。模様木で大切なポイントは、樹芯の位置である。根元の中心あるいはわずかに左右にふれたところに戻したい。

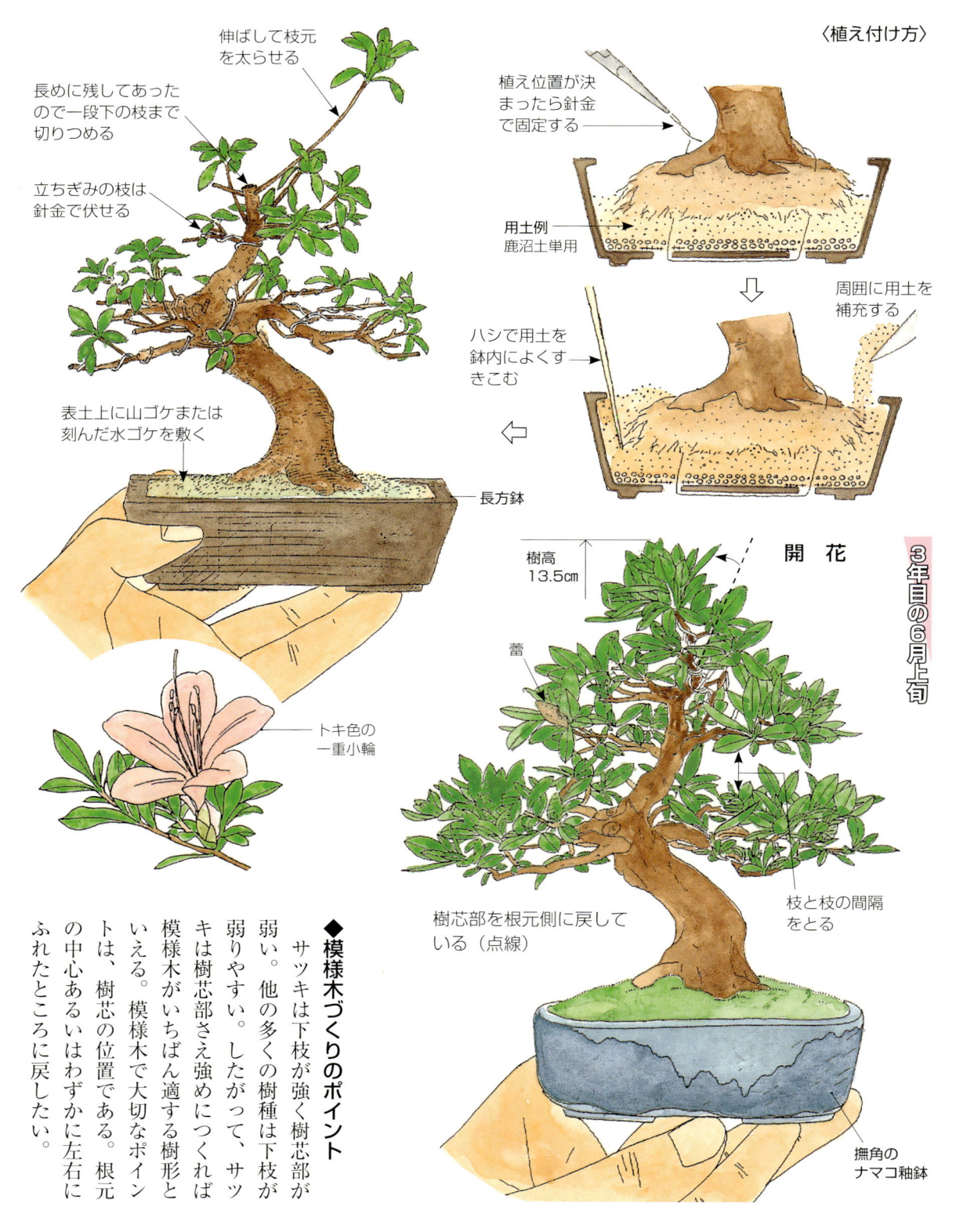

如峰山の模様木をつくる

剪定・針金かけ

植え替え

1カ所から何本も出た枝を整理し、枝位置を決める

どれが芯だか
わからないので
1本立てる
切りとった以前の
一方の幹の位置
切る
下向き枝だが他によい
枝がないので持ち上げ
て利用する
この枝を
伏せる
低すぎる技は
切りとる
4号鉢
切りとる

以前の状態

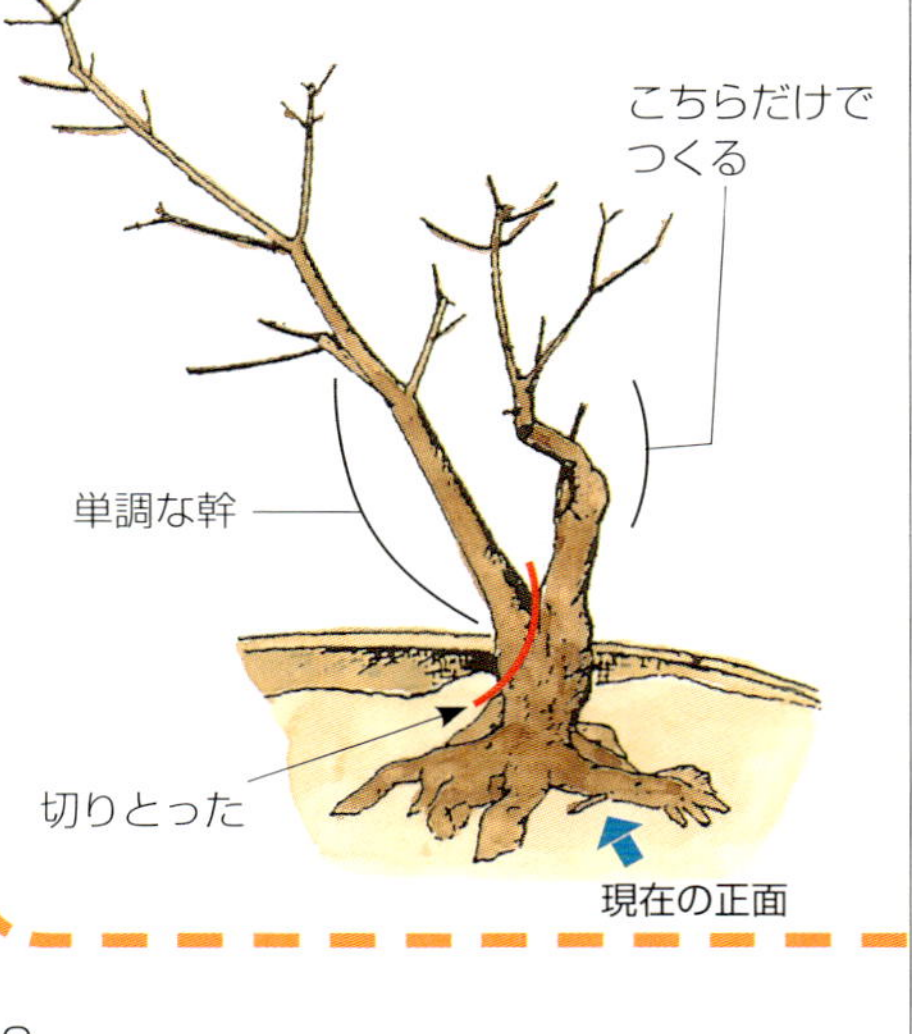
こちらだけで
つくる
単調な幹
切りとった
現在の正面

植え替え後

樹高 11㎝
下からの幹模様に
合わせて曲をつける
裏枝
根張りがよい
3号
仮鉢
（丸の釉薬鉢）

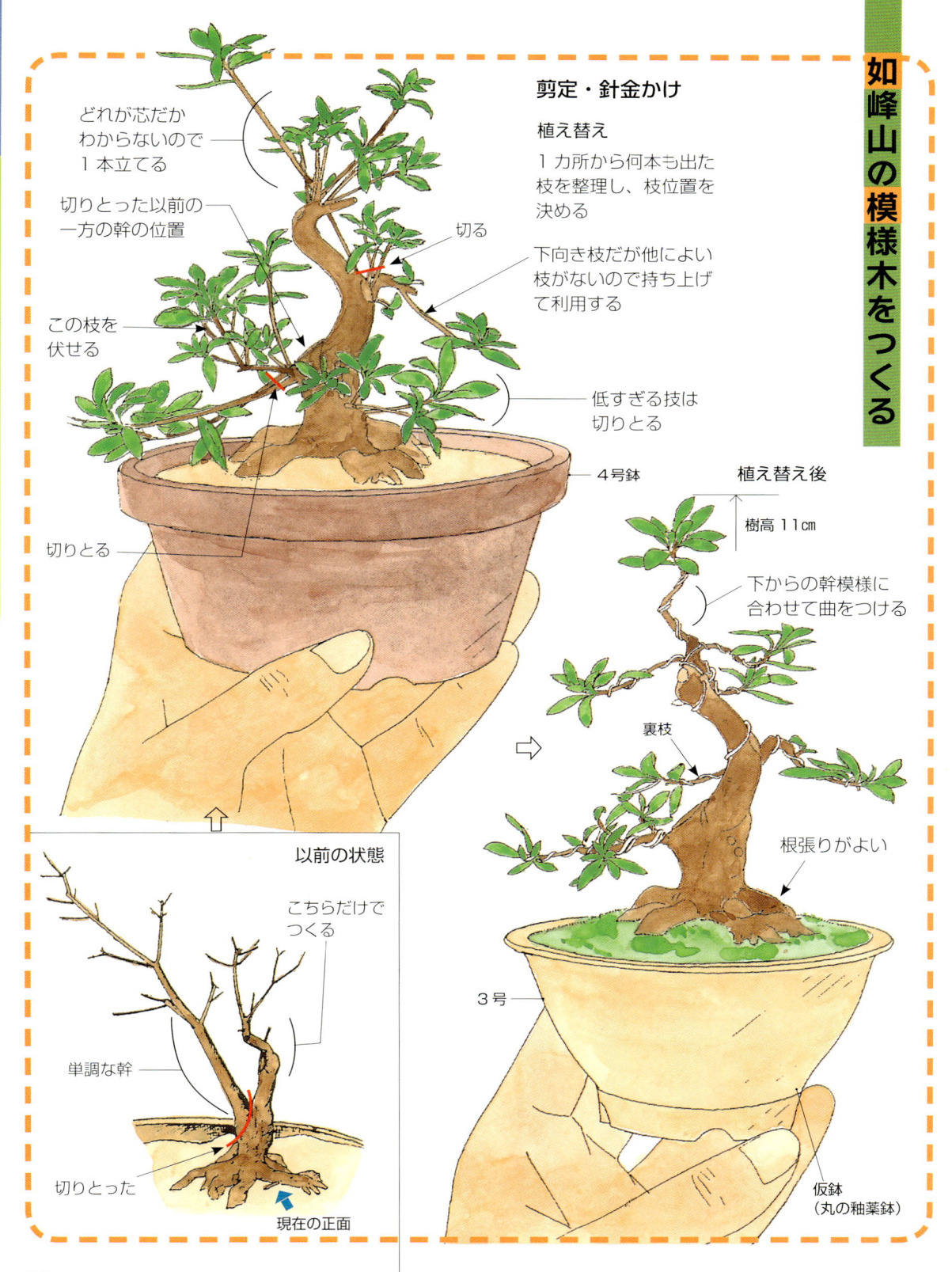

日光の太幹模様木を仕立てる

1年目の3月

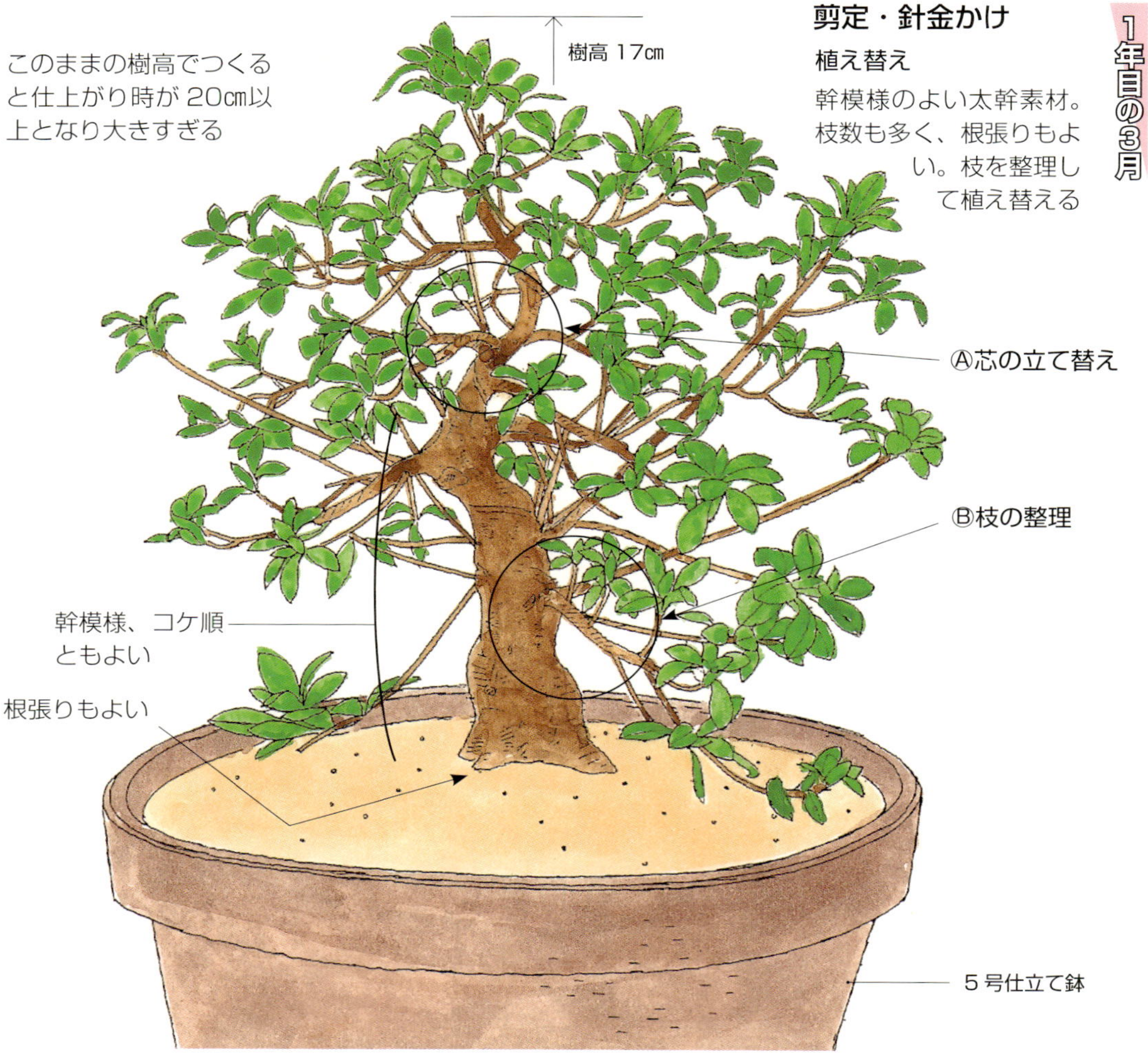
剪定・針金かけ
植え替え
幹模様のよい太幹素材。枝数も多く、根張りもよい。枝を整理して植え替える
樹高 17㎝
このままの樹高でつくると仕上がり時が 20㎝以上となり大きすぎる
Ⓐ芯の立て替え
Ⓑ枝の整理
幹模様、コケ順ともよい
根張りもよい
5号仕立て鉢

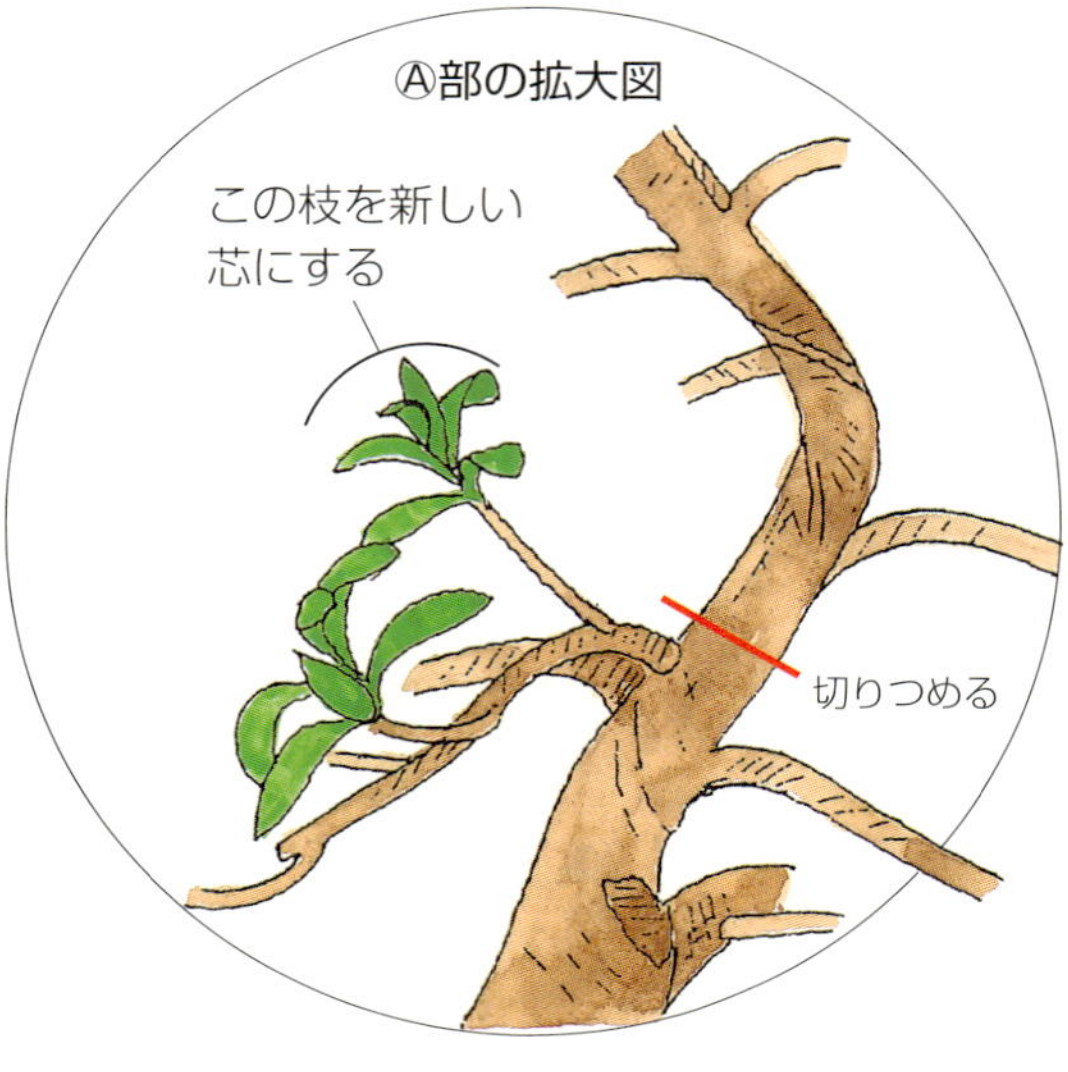
Ⓐ部の拡大図
この枝を新しい芯にする
切りつめる

◆芯の立て替え

立ち上がりから途中まで、幹に微妙なゆすりがある。細いうち、前後左右に曲づけされたものと思える。途中から細くなっているのは枝を芯に立て替えたためであろう。

このまま仕立てると、完成時には20数cmの木になってしまうので、再度途中の枝で芯を立て替えなければならない。下からの幹模様につながる枝を選ぶことがポイント。

現在の芯は大きくUの字に曲がりす

剪定・針金かけ後

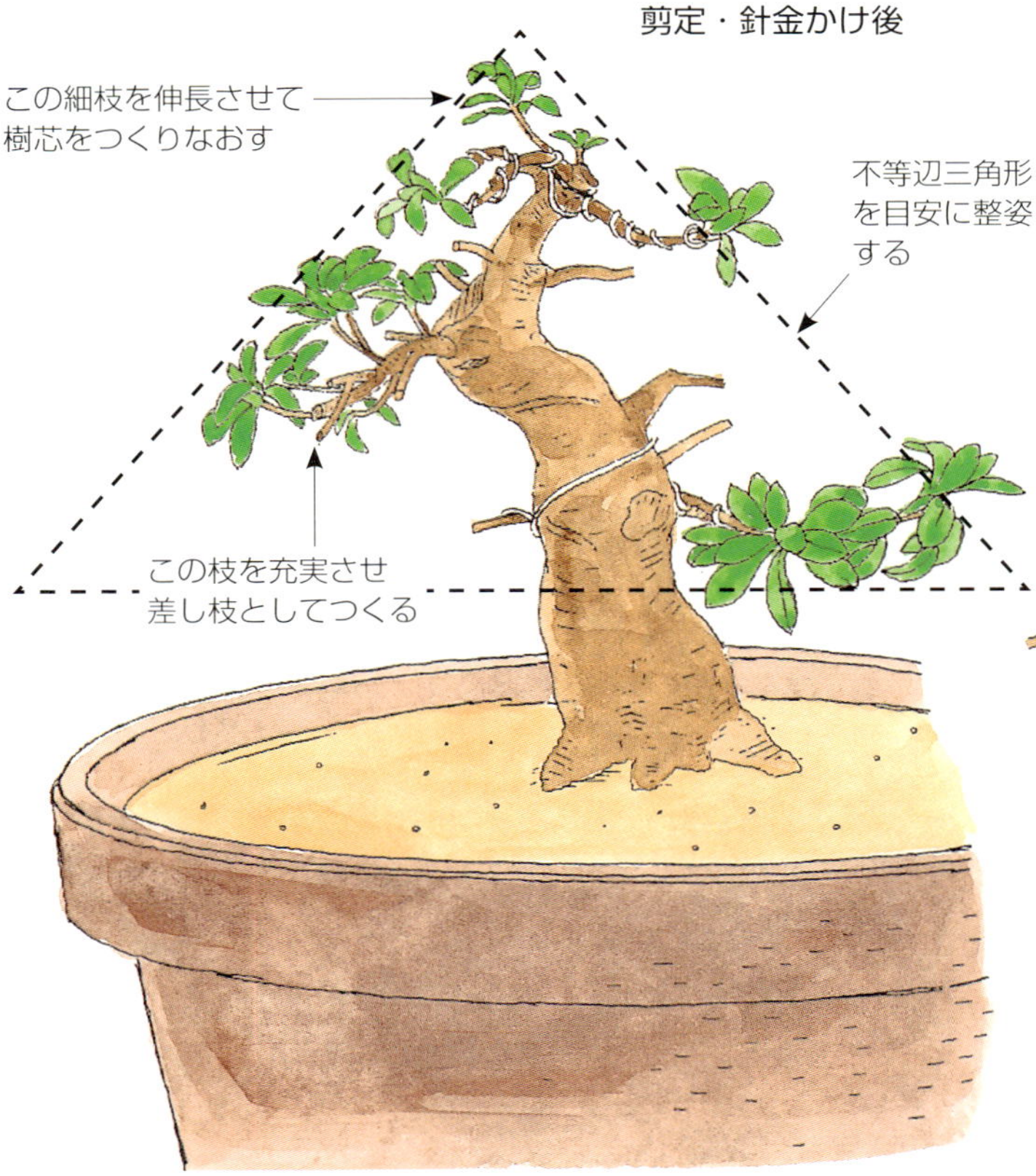
この細枝を伸長させて
樹芯をつくりなおす
不等辺三角形
を目安に整姿
する
この枝を充実させ
差し枝としてつくる

Ⓑ部の拡大図
（右側から見たところ）

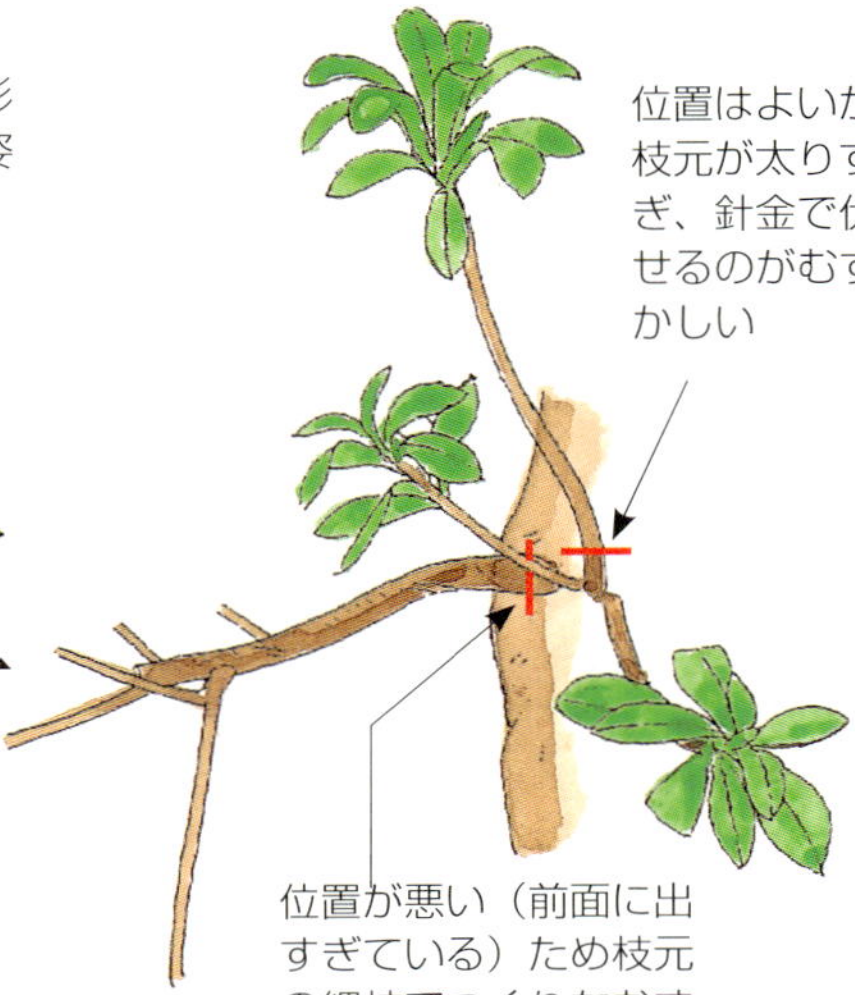
位置はよいが
枝元が太りす
ぎ、針金で伏
せるのがむず
かしい
位置が悪い（前面に出
すぎている）ため枝元
の細枝でつくりなおす

剪定後

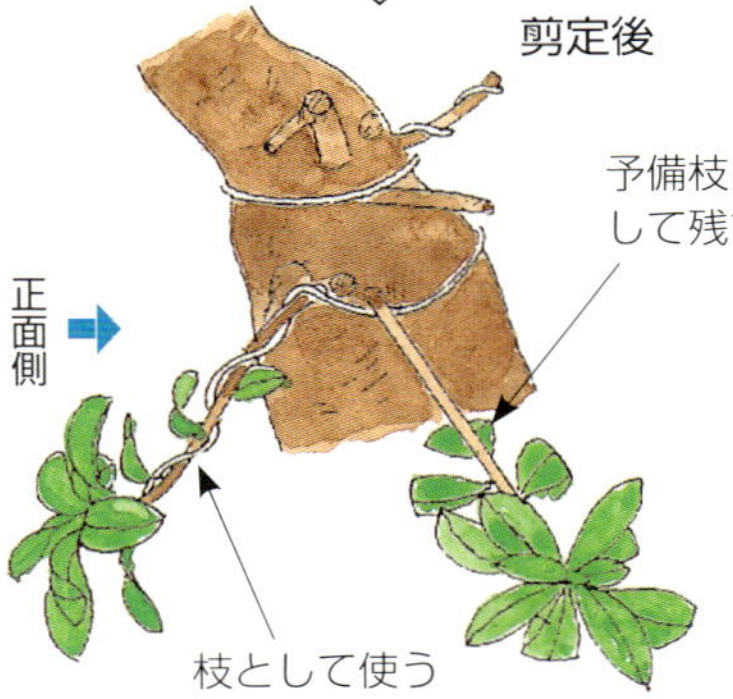
予備枝と
して残す
正面側
枝として使う

根の切り方

①包丁で根元の周囲を（点線のように）長方形に切る

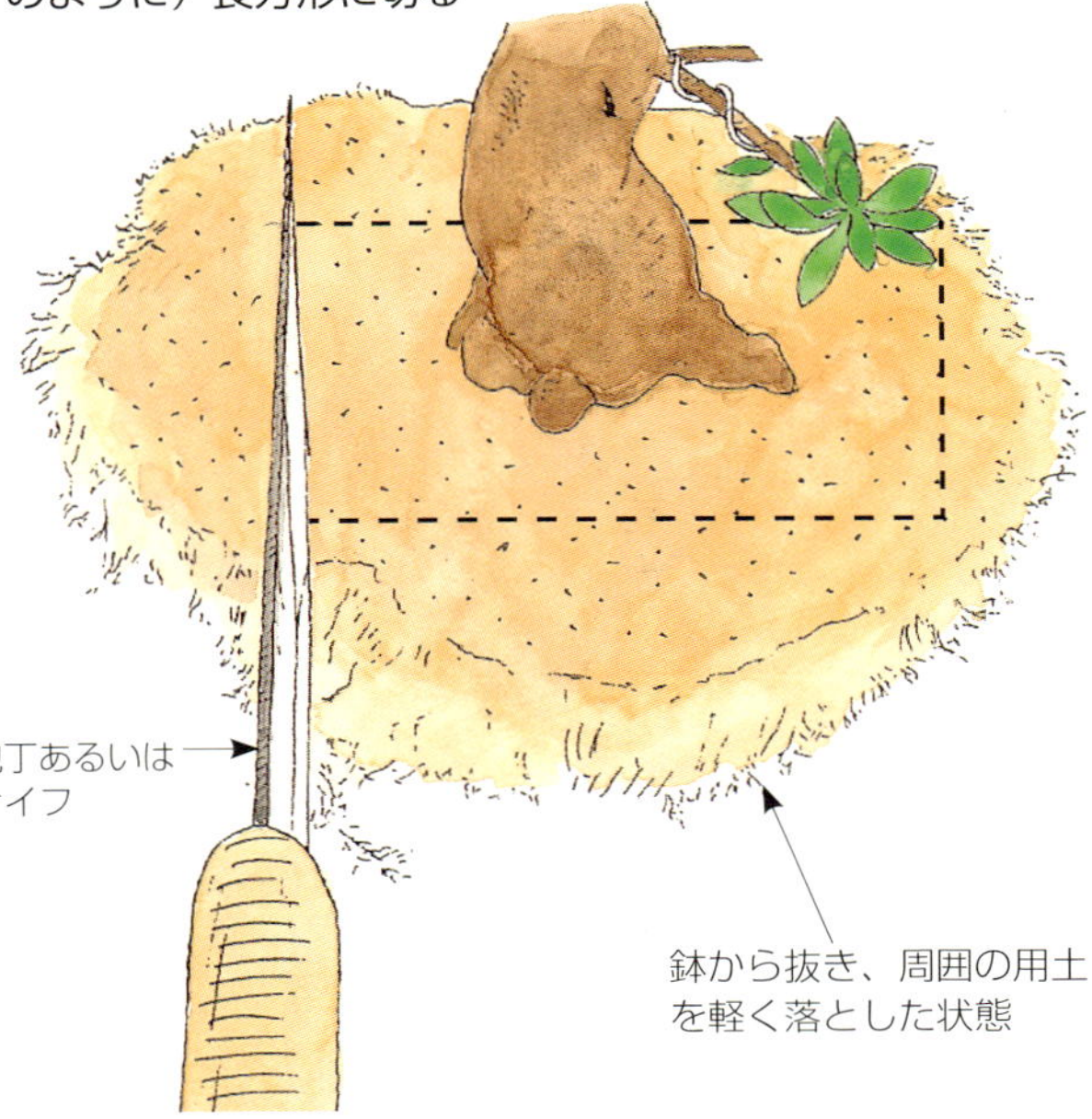
包丁あるいは
ナイフ
鉢から抜き、周囲の用土
を軽く落とした状態

ぎ。もっと小さな曲でつくりたい。

◆**枝の立て替え**

Ⓑ部の枝は太さはよいがやや前面につきすぎている。幸い枝元から3本の脇枝が伸びているので、これらを利用して枝を変える。

◆**全体の剪定**

全体としては不等辺三角形を目安に剪定する。

長すぎる枝は、途中で切りつめておけば容易に胴吹きするので心配ない。

次頁

②底を切る

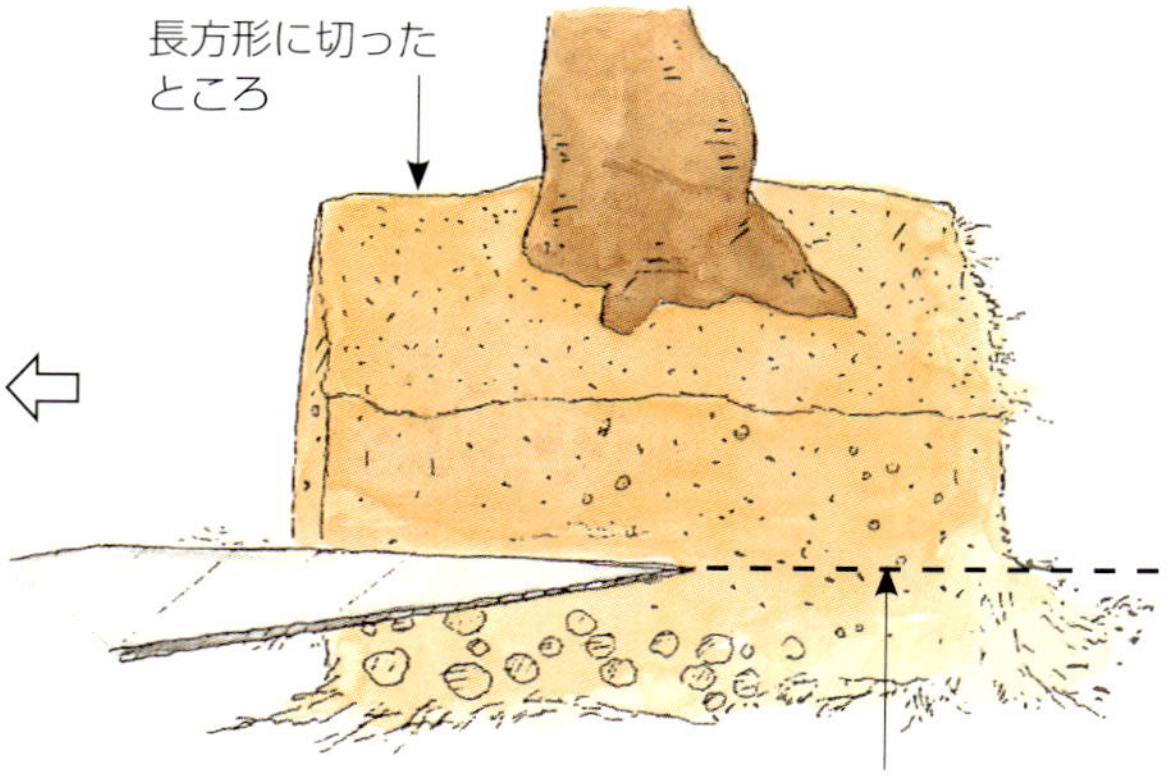
長方形に切った
ところ
底を半分ほど水平に
ザクザクと切る

③周囲をクマデ状のもの
でかき出す

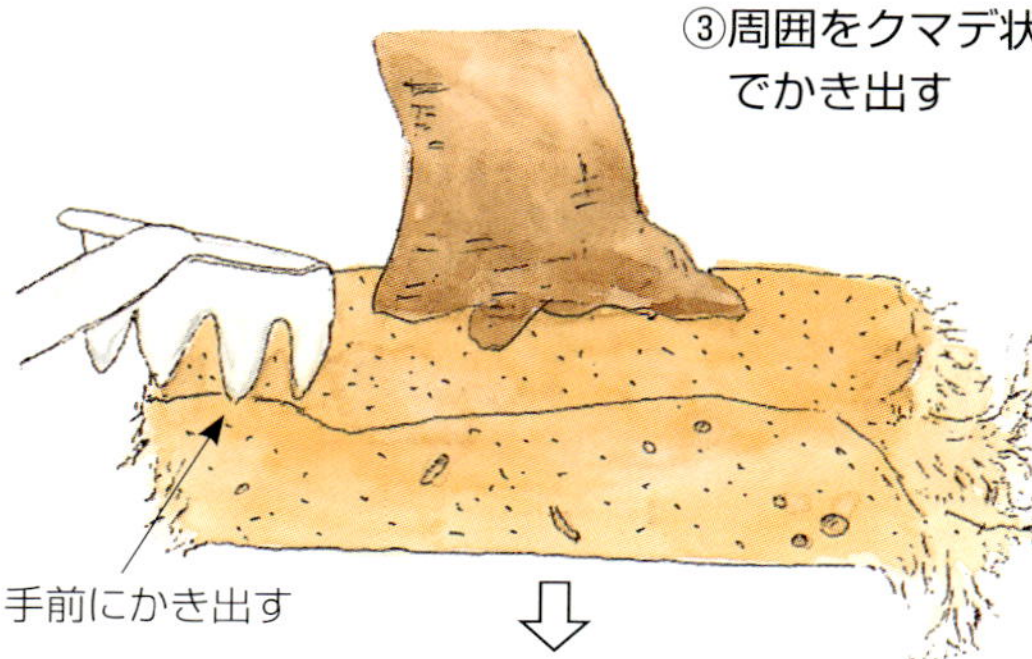
手前にかき出す

④太根を切り根張りを出す

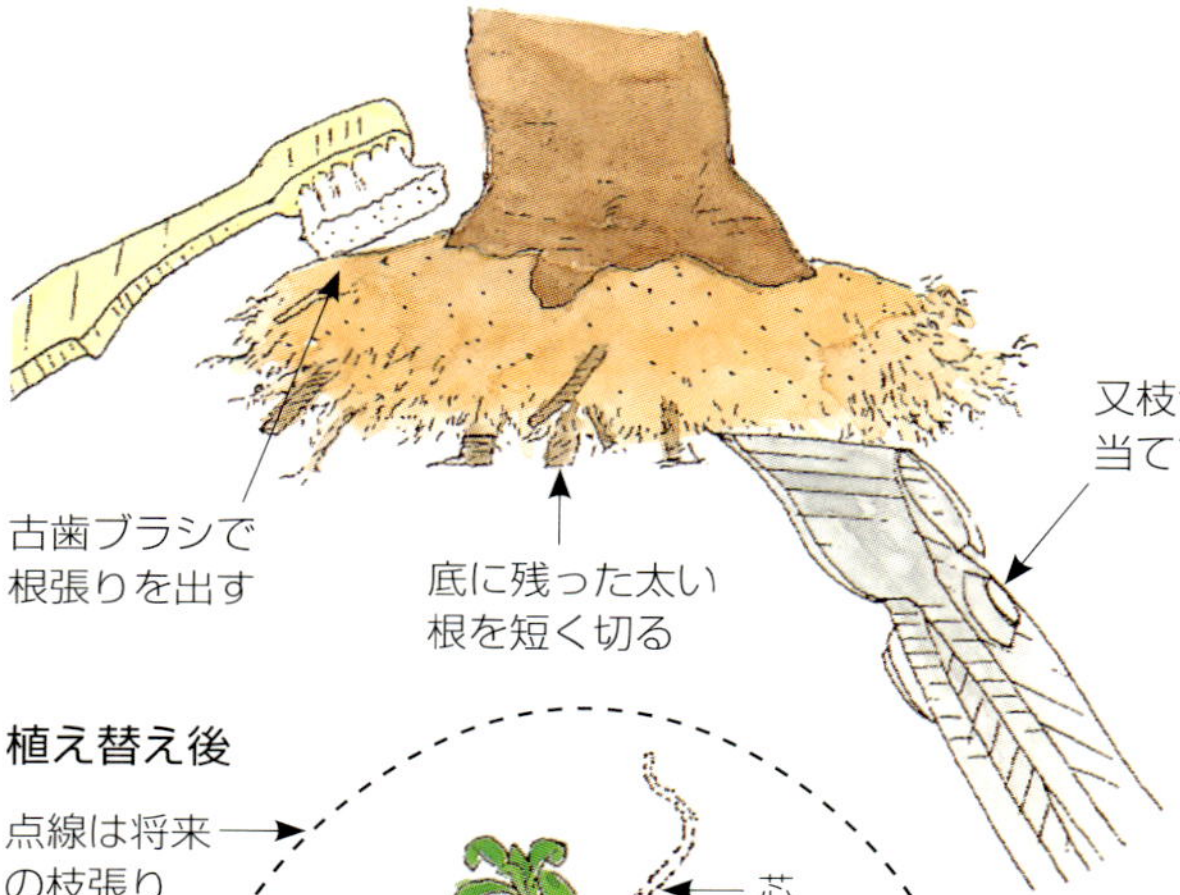
古歯ブラシで
根張りを出す
底に残った太い
根を短く切る
又枝切りを横に
当てて切る

鉢の用意

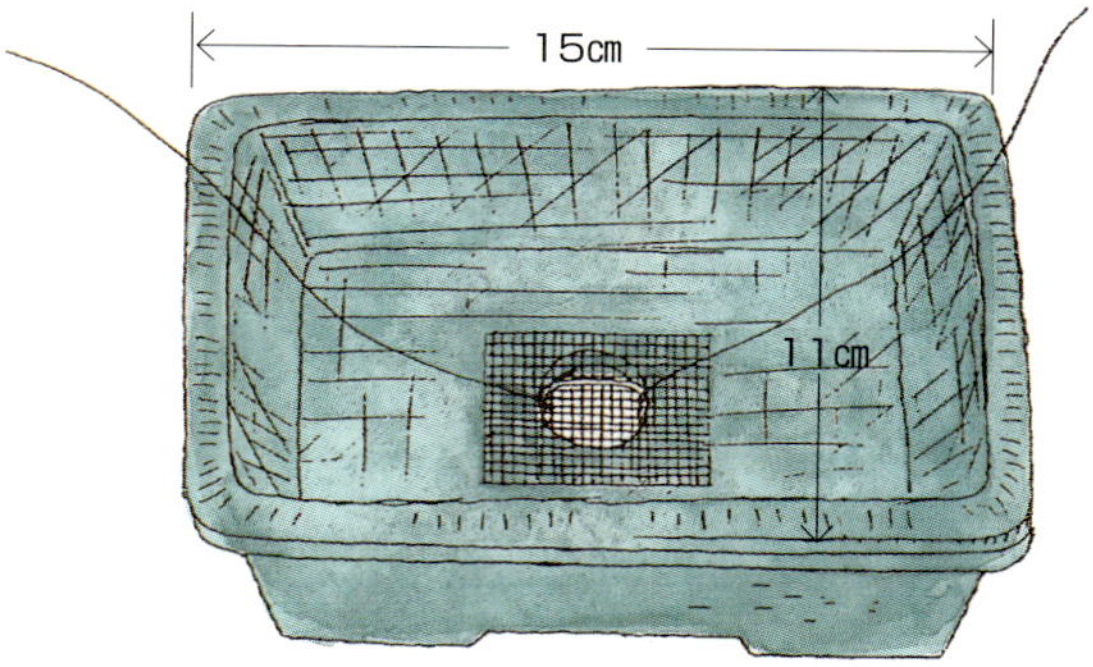
15㎝
11㎝

植え替え後

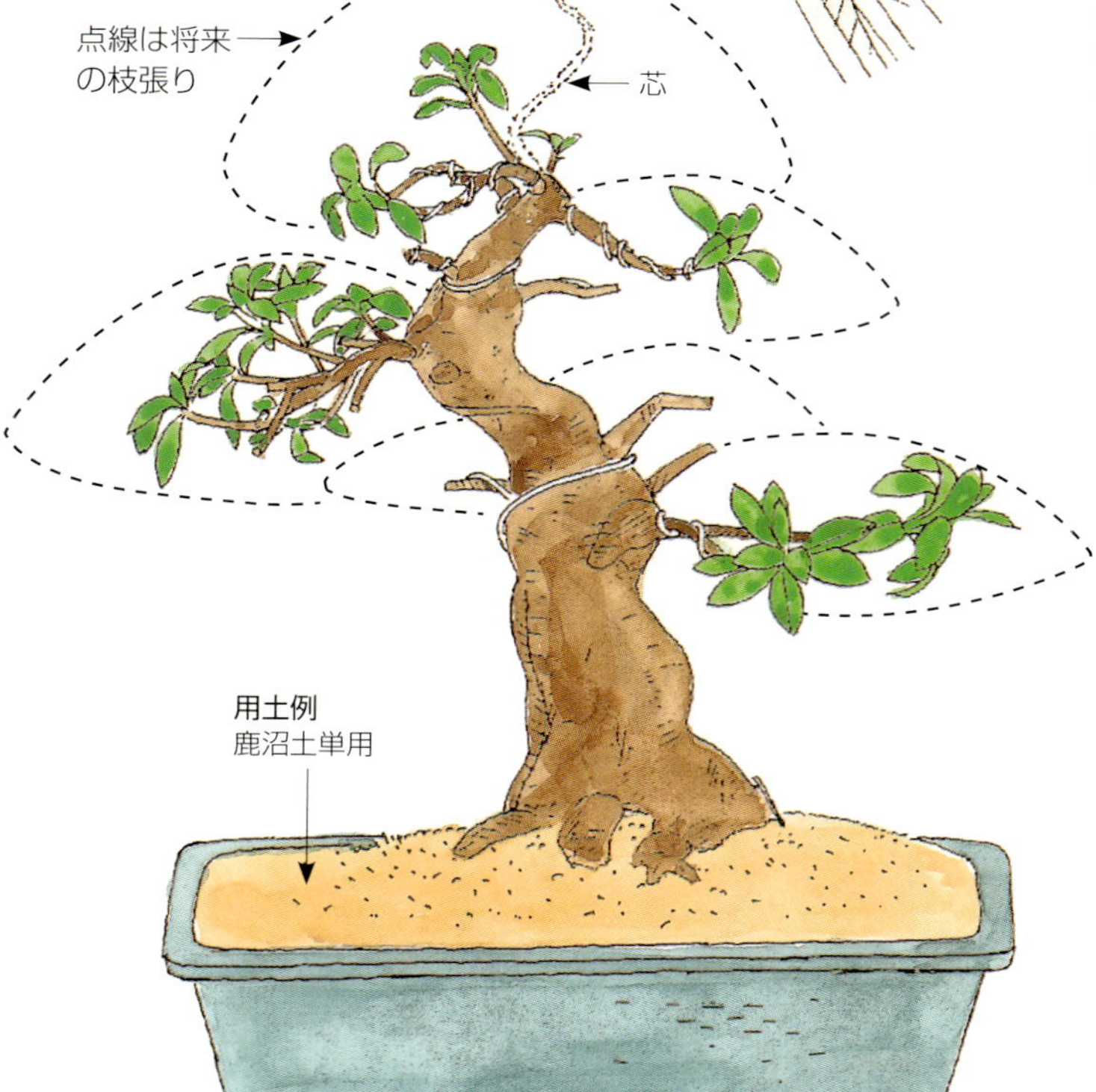
点線は将来
の枝張り
芯
用土例
鹿沼土単用

◆植え替え

用土が固まってほぐしにくければ、包丁やナイフで根元の周囲を長方形に切り、さらに底を半分にしてから周囲の土を落とすと作業が容易。

古歯ブラシで根元から根先に向かって根張りをかき出し、底に残っている太根は短く切りつめ、いつでも浅鉢にとれるよう薄くする。

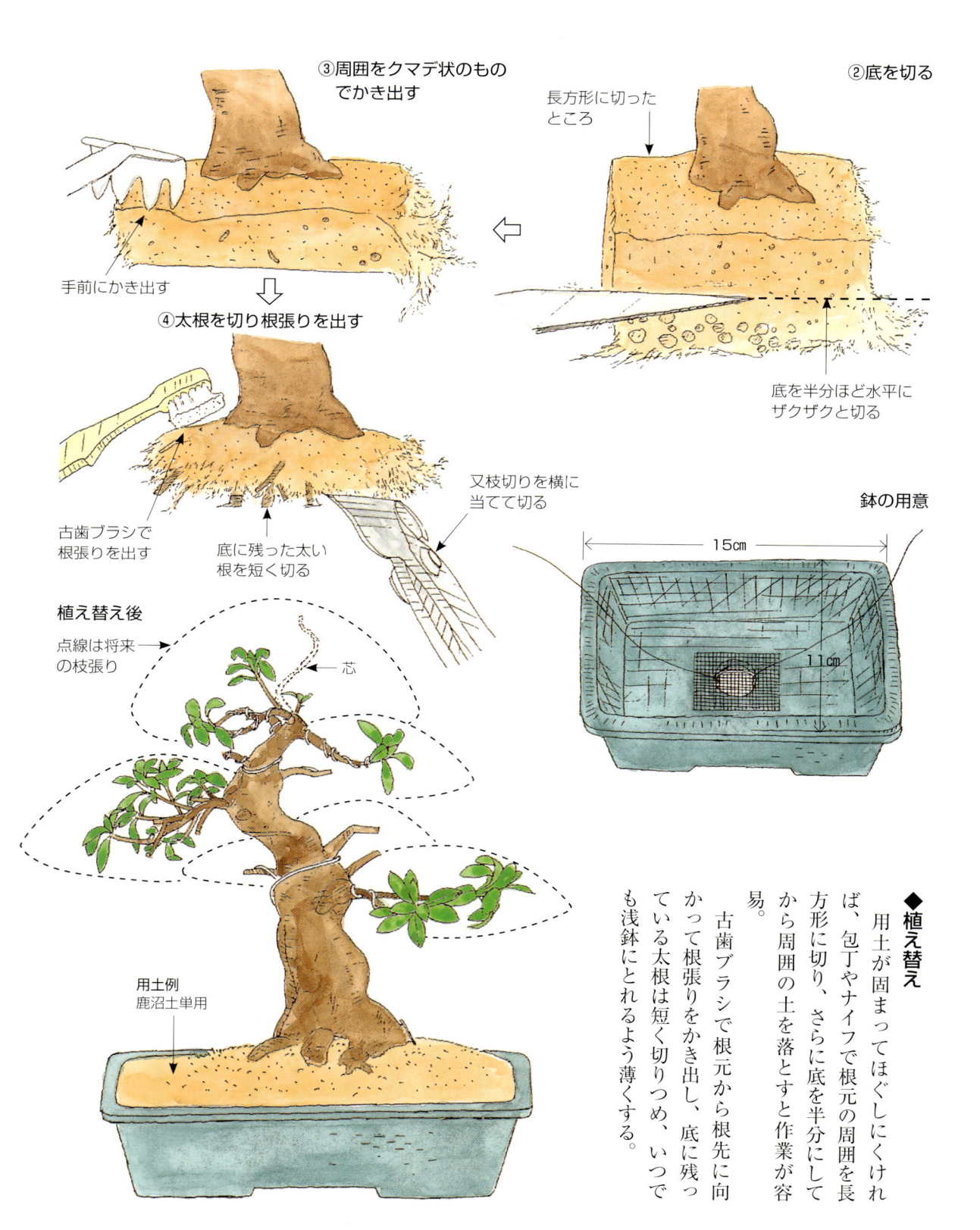

花に水をかけると早く傷むので頭から水をかけない

花後の剪定と植え替え

花が7分くらい咲き終わったら
花後の剪定をする

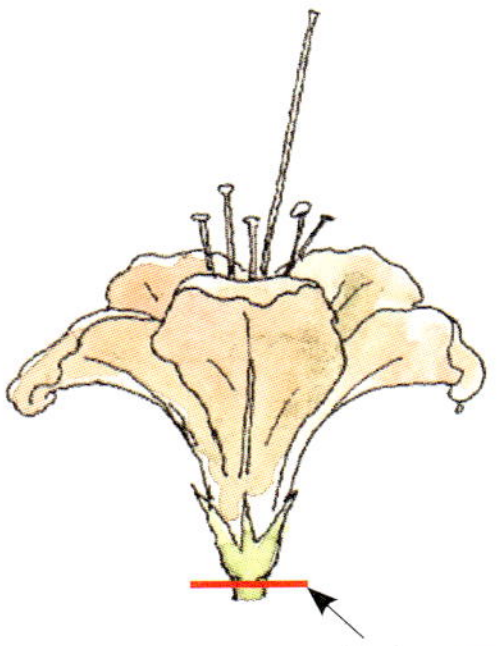
しおれてきたものは
順次摘みとる
指先で元から
摘みとる

長雨のときは
軒下にとりこむ

●切りたい枝

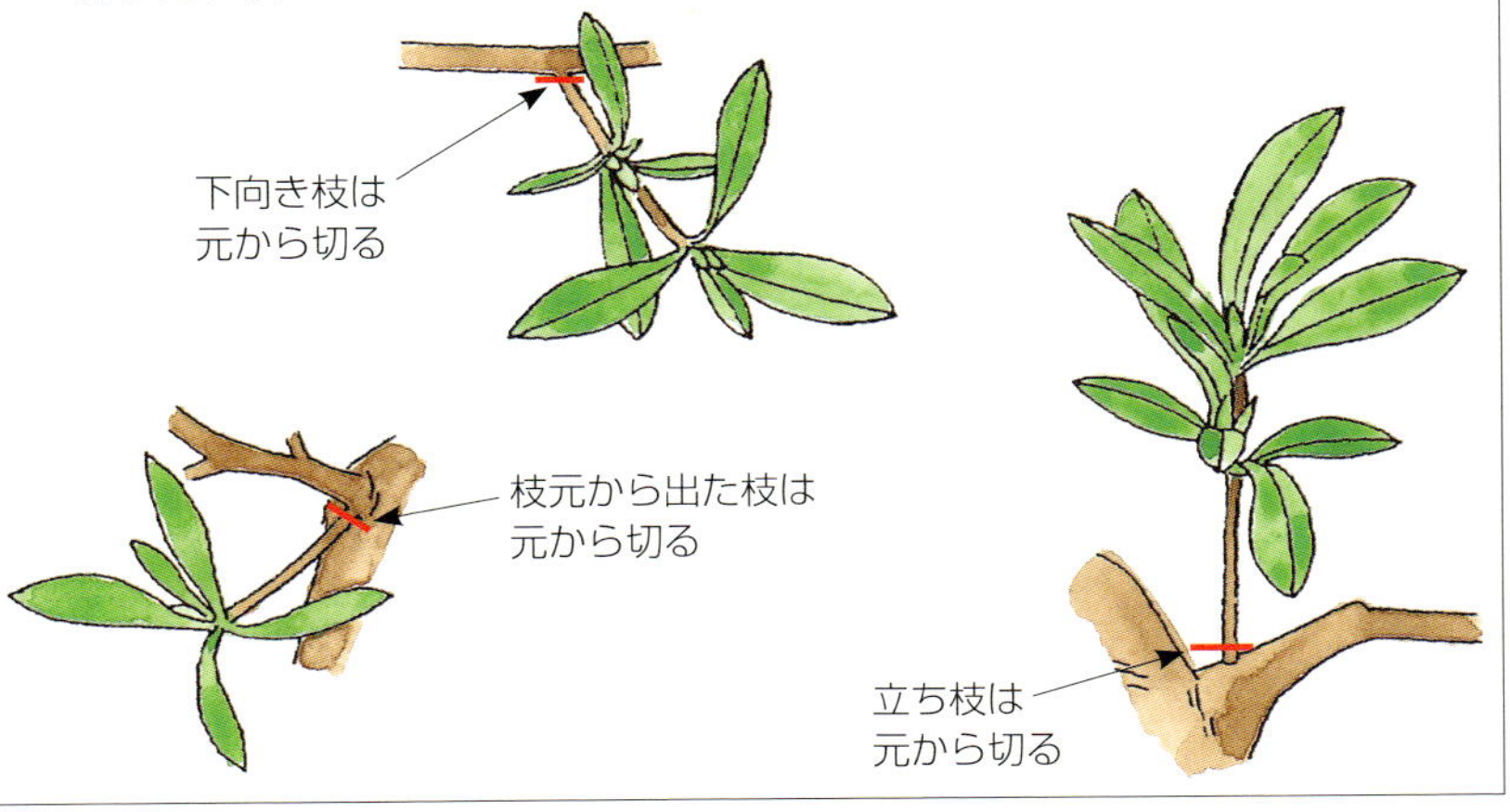
下向き枝は
元から切る
枝元から出た枝は
元から切る
立ち枝は
元から切る

◆花時の管理

花が咲きはじめたら頭からの水やりはさけ、根元に灌水する。一日中雨が降りそうなときは一時、雨のかからないところにとりこむ。

花は花弁のしおれてきたものから順次、元から指先で摘みとる。

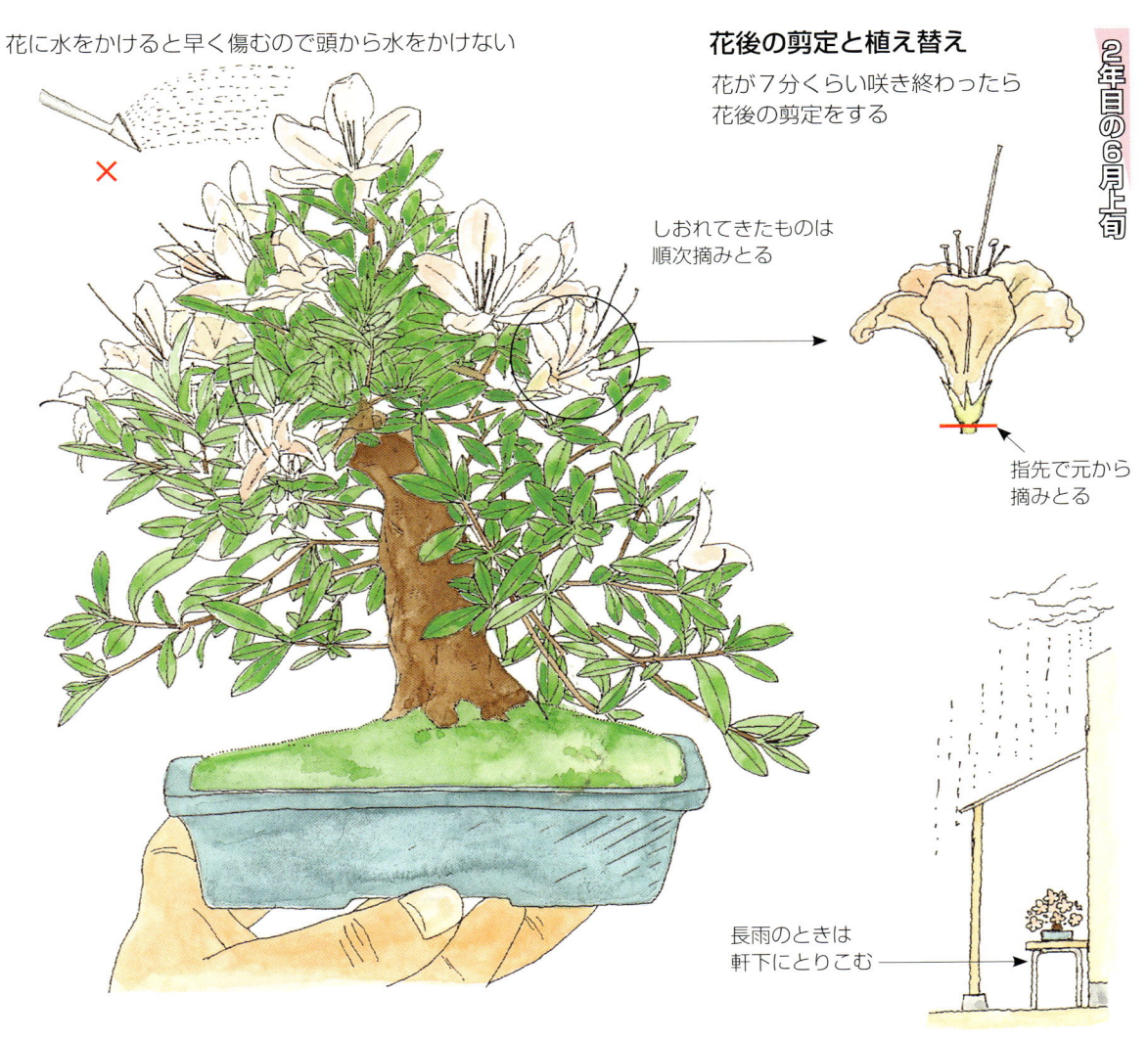

〈鉢の用意〉

幹が太いので
中深がよい

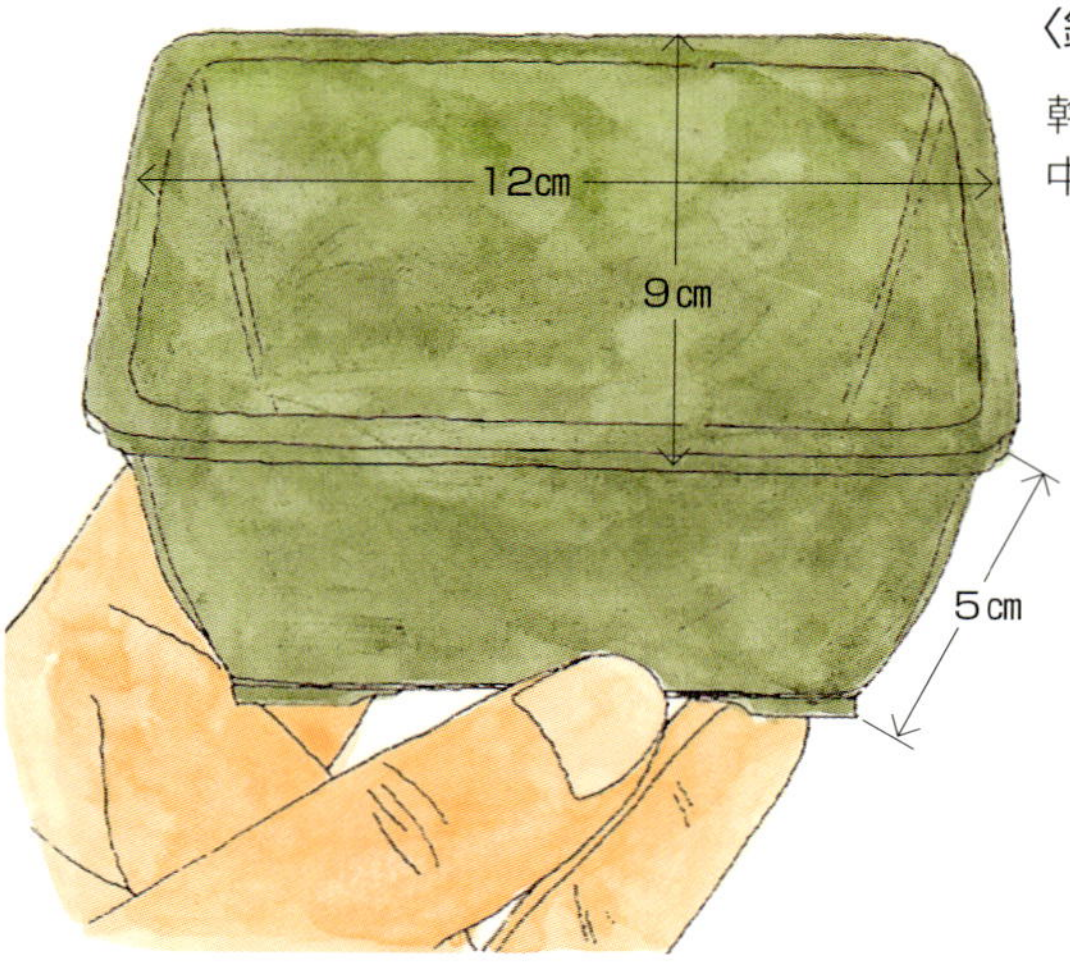
12㎝
9㎝
5㎝

植え替え後

樹高 14㎝
芯の枝に針金
をかけて模様
をとる
よい位置に出た
胴吹き芽
手前にきすぎる
ので針金をかけ
て横に開く
表土上に山ゴケ
または刻んだ
水ゴケを張る

剪定の基本

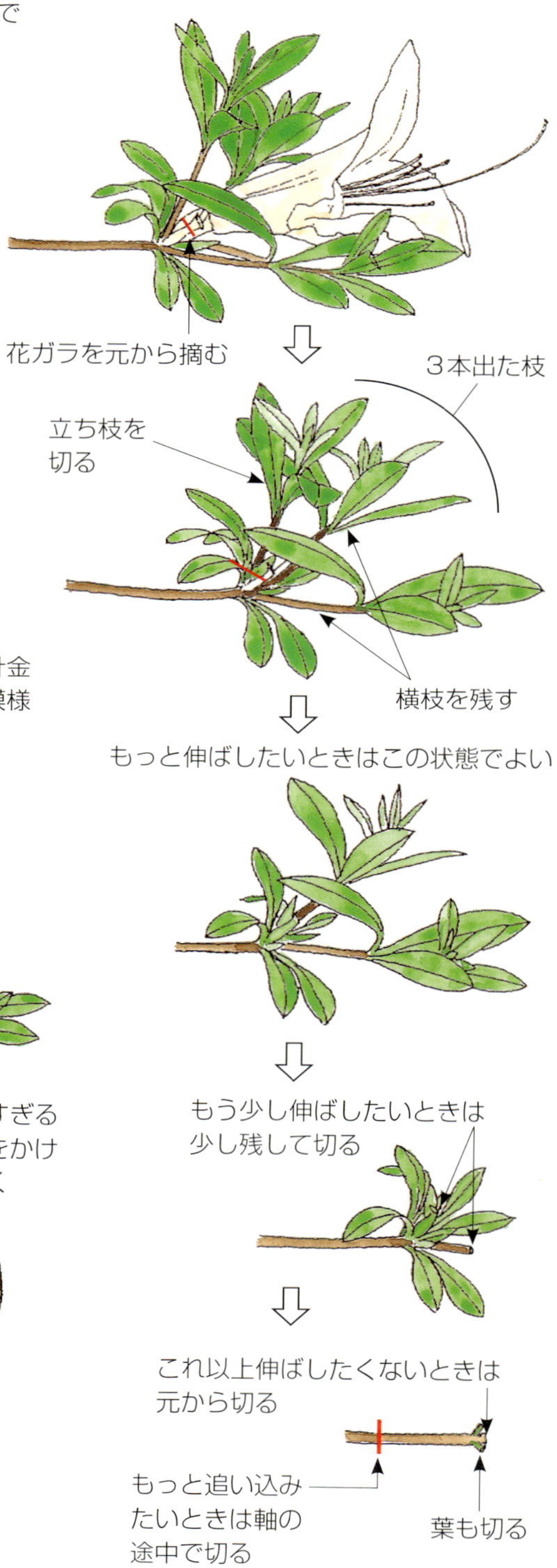
花ガラを元から摘む
3本出た枝
立ち枝を
切る
横枝を残す
もっと伸ばしたいときはこの状態でよい
もう少し伸ばしたいときは
少し残して切る
これ以上伸ばしたくないときは
元から切る
もっと追い込み
たいときは軸の
途中で切る
葉も切る

剪定・植え替え

Ⓓ三つ叉の枝
ふくらんでいるものは花芽
Ⓔ輪郭線より出る枝
Ⓐ長すぎる枝
Ⓑ逆向きに伸びている枝
Ⓒ枝元からの徒長枝
鉢を割ってしまったのでしばってある
Ⓐの剪定
切りつめる

◆花後の剪定

全体の七分ほど花を観賞したら、花後の剪定をする。原則としては2芽2葉残し（11頁参照）だが、それぞれの枝によって調節する。

2芽2葉残しは、もっと伸ばしたい場合で、現状維持なら前年葉の元で春からの新芽を全部切りとる。このとき葉も切っておくとよい。もっと追いこみたい枝は、枝の途中（葉はなくても大丈夫）で切りつめる。

翌年、花を見ようとするものは、遅くとも六月中旬までに剪定を済ませる。伸びた二番芽に七～八月花芽分化するためである。

◆4年目、春の剪定

春の剪定は花の観賞を前に、とくに姿を乱す枝や混みすぎた枝など軽く切りつめる（改作を要するものは、花を犠牲にして大きく切りこむのによい時期）。

また、木を上から見て花芽（葉元がふくらんでいる）が均等かどうか確かめ、混んだところはピンセットで欠きとる。

Ⓓの剪定
他の枝とぶつかり合う
枝を切る

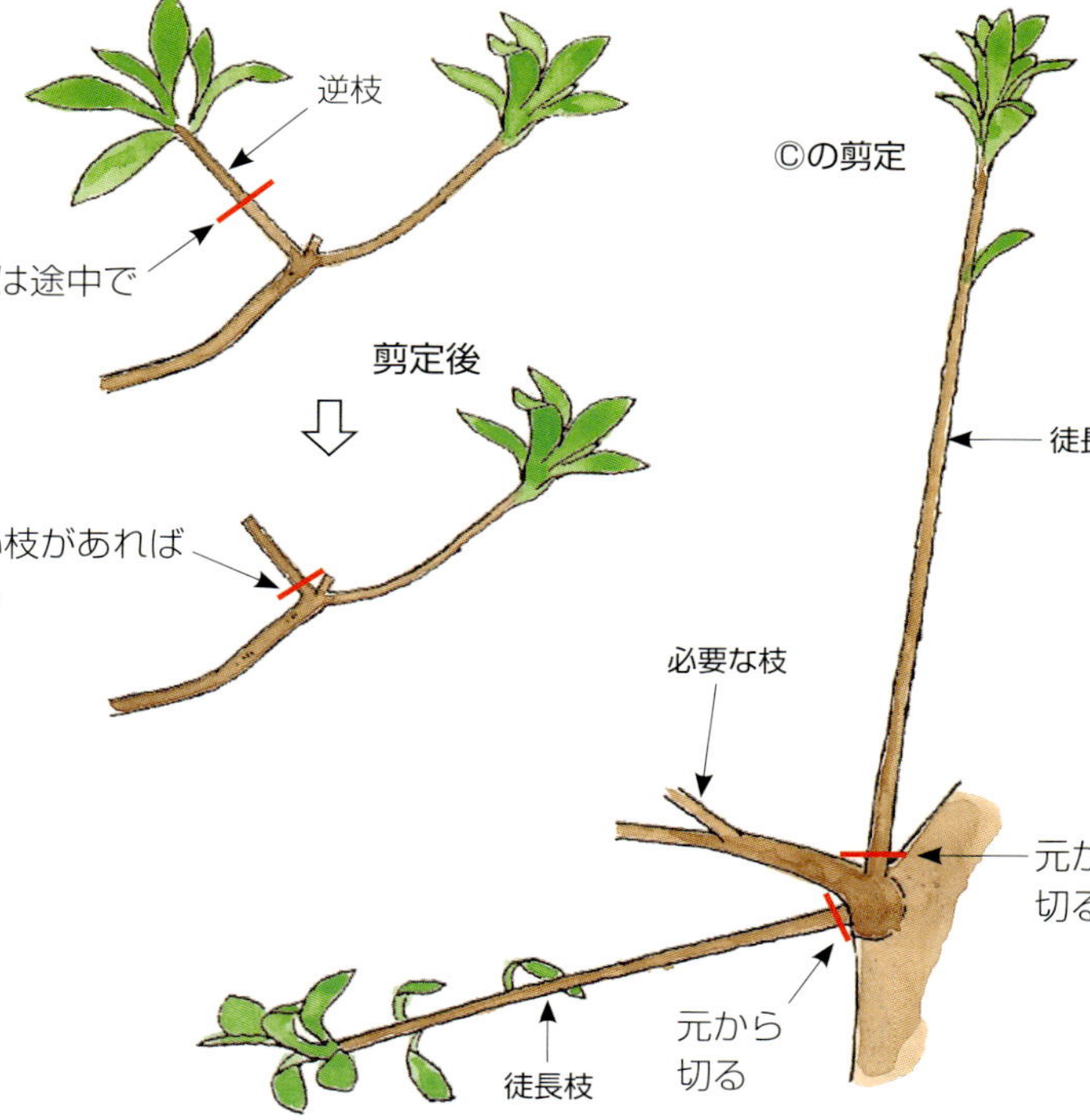
Ⓑの剪定
逆枝
逆流れの枝は途中で
切りつめる
剪定後
近くによい枝があれば
元から切る
Ⓒの剪定
徒長枝
必要な枝
元から
切る
元から
切る
徒長枝

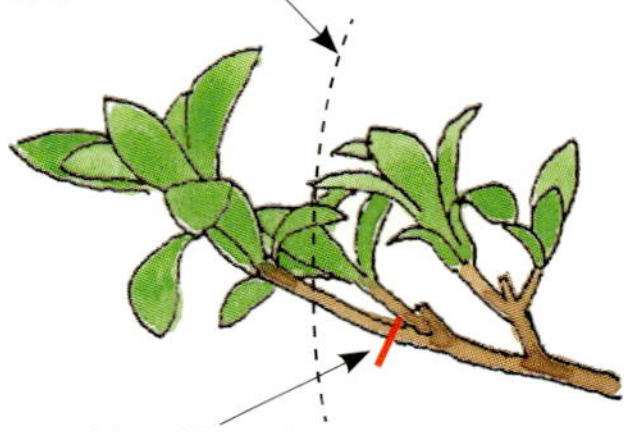
Ⓔの剪定
輪郭線
輪郭線の内側の枝まで
切りつめる

根元の掃除
古歯ブラシで根元
に付着した汚れを
とる

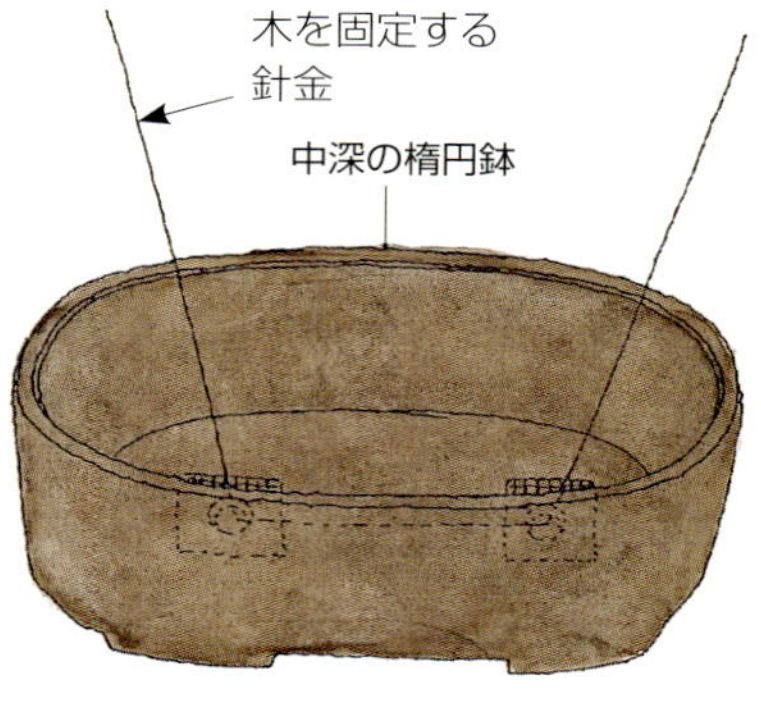
木を固定する
針金
中深の楕円鉢

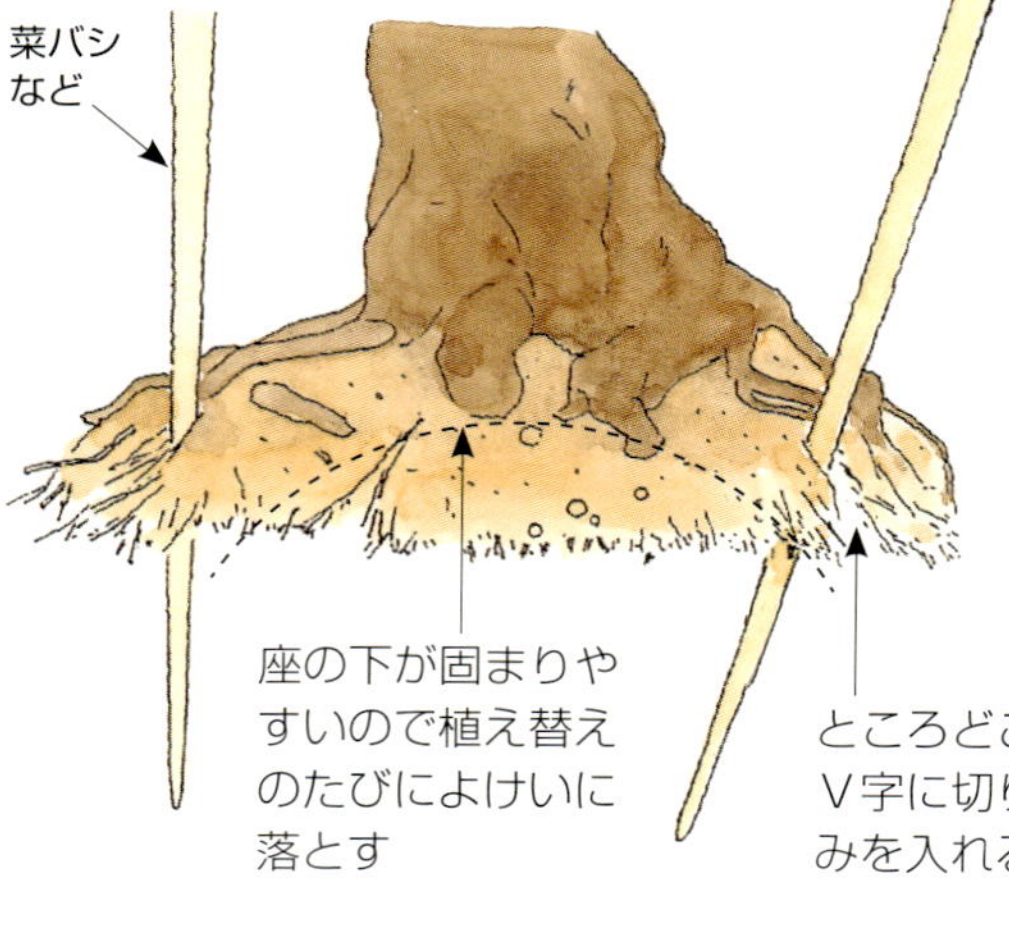
根切り後
菜バシ
など
座の下が固まりや
すいので植え替え
のたびによけいに
落とす
ところどころ
V字に切り込
みを入れる

◆4年目、春の植え替え

鉢を割ってしまったので植え替える（春の植え替えによって開花に支障が出ることはない）。植え替えは、2〜3年に一度くらいがよい。

サツキは座の下が固まりやすいので、他よりも凹状に土を落としておく。元土がかたくなってきたらハシでところどころV状に削り、新しい用土をつめる（植え替えのたびにやると、新旧の用土が入れ替わる）。

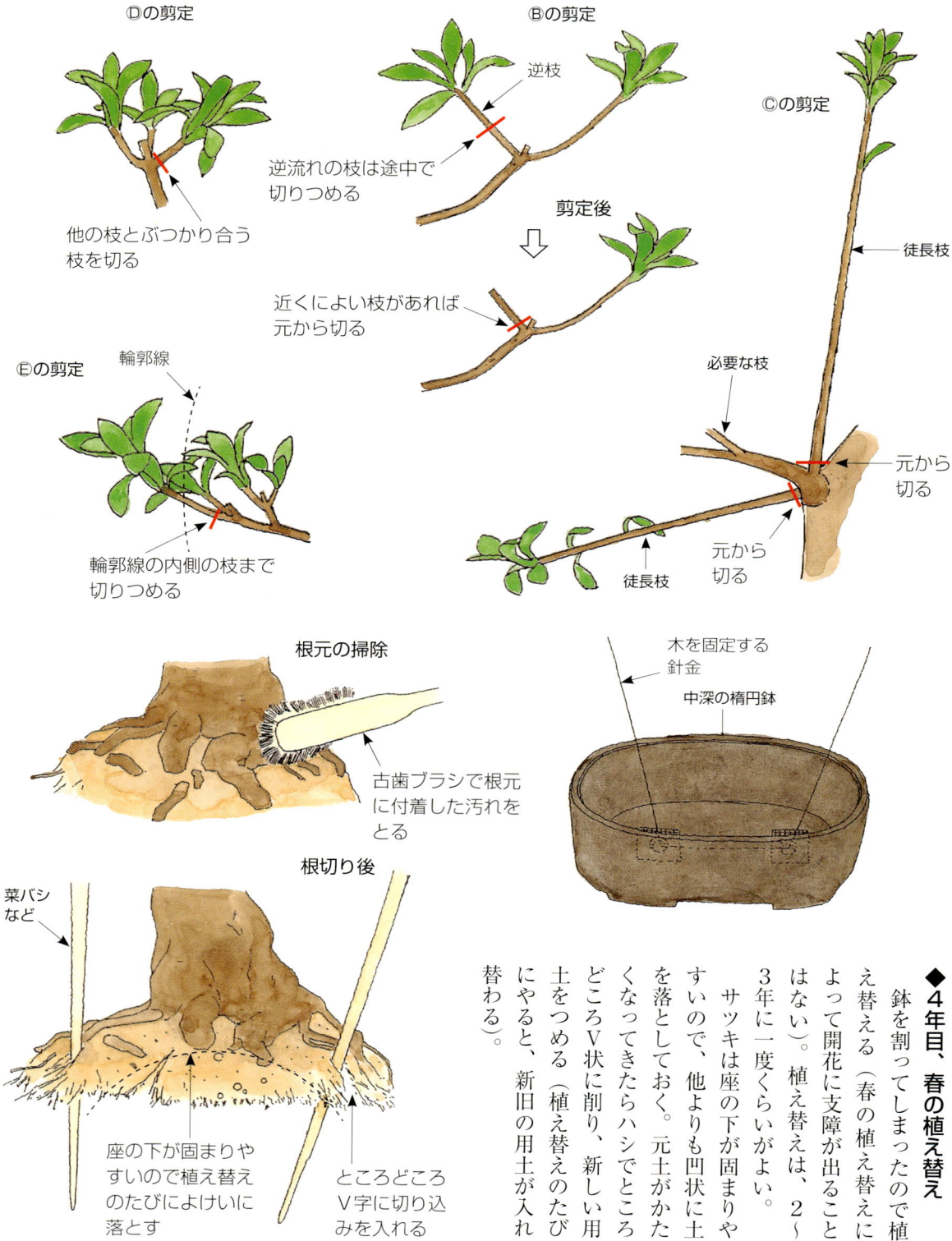

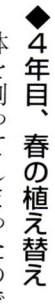

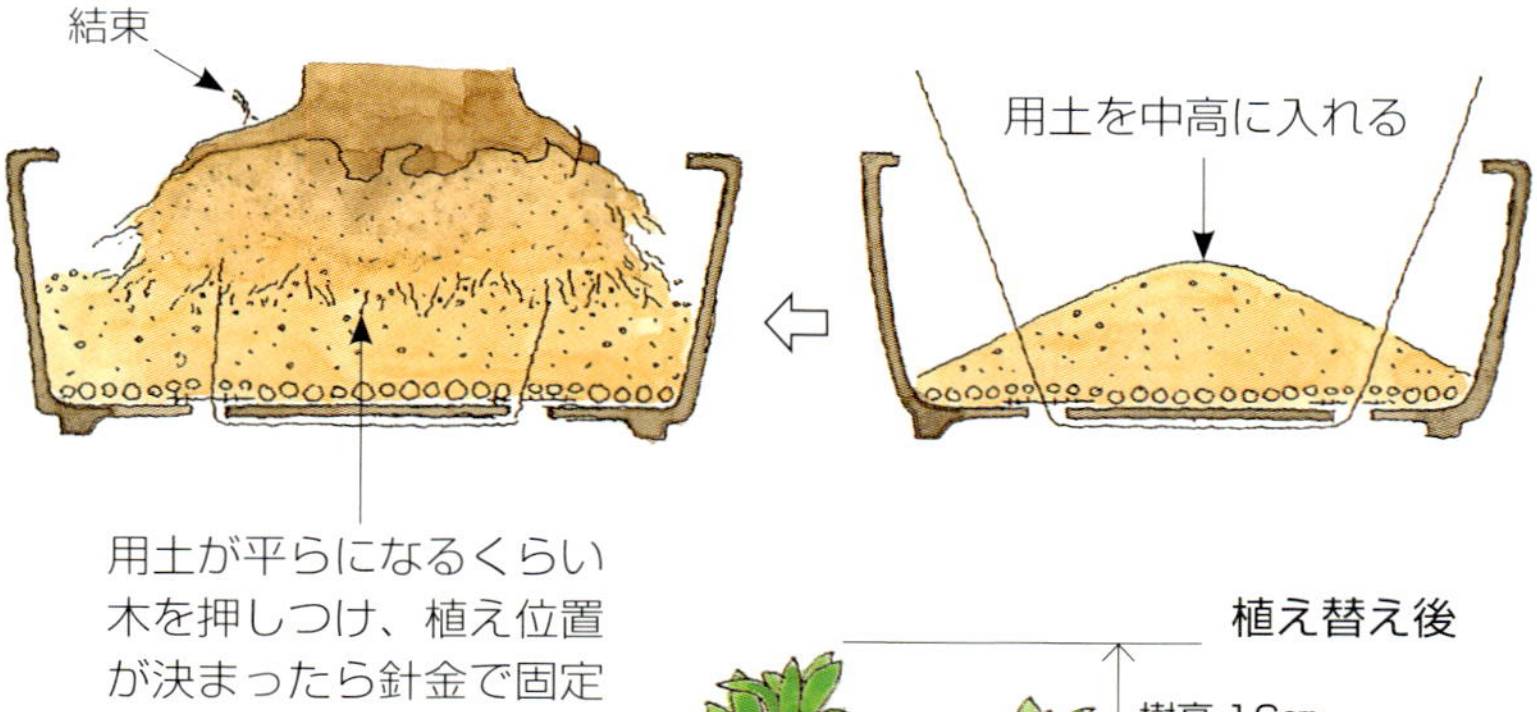
結束
用土を中高に入れる
用土が平らになるくらい
木を押しつけ、植え位置
が決まったら針金で固定

植え付け方

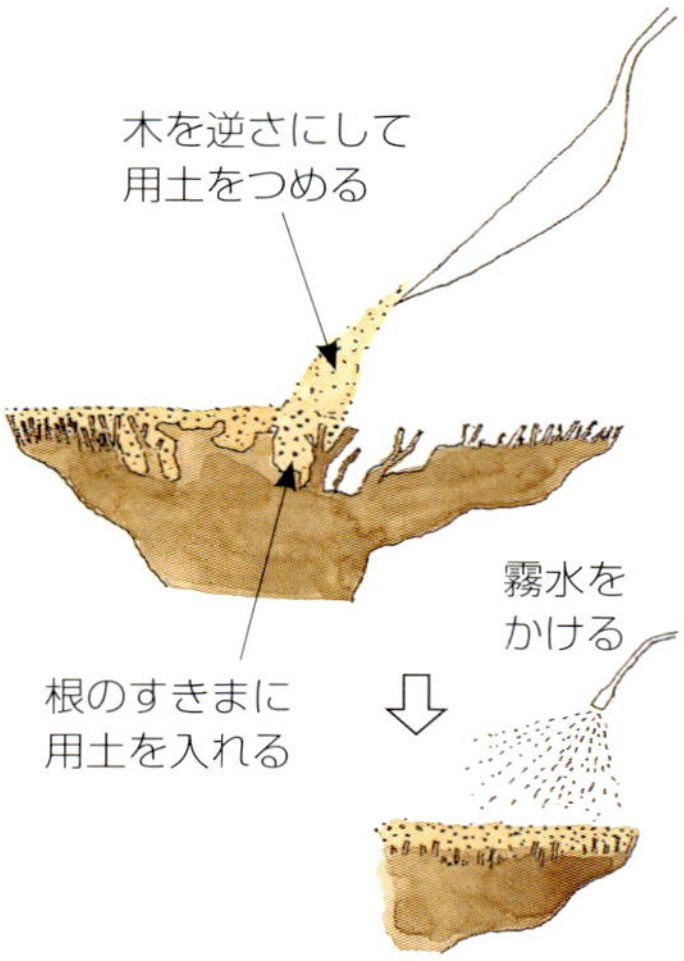
木を逆さにして
用土をつめる
根のすきまに
用土を入れる
霧水を
かける

コケの張り方

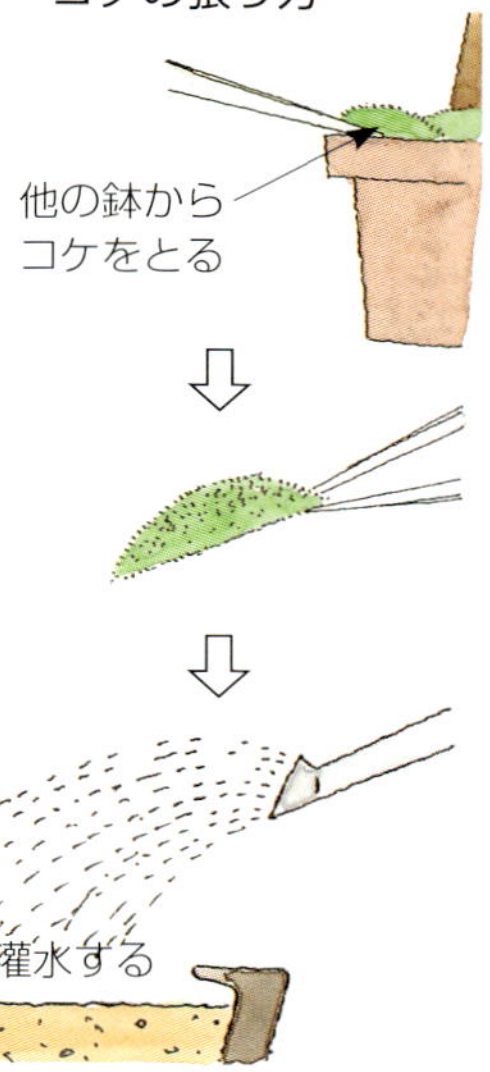
他の鉢から
コケをとる
表土に灌水する

植え替え後
樹高 16㎝
コケの周囲を
押さえる
ピンセット

根切りが済んだら木を逆さにして、根と根のすきまに用土を入れる。手のひらでよく押しこんで、霧水をかければ、元に戻しても落ちない。

新しい鉢に用土を中高に入れ、用土が平らになるくらい木を押しつけ密着させた後、針金で固定する。

低い模様木に仕立てる（御代の月）

1年目の6月中旬

剪定

丸坊主にした状態から出た枝を整理する

よい位置から出た枝を残す
切る
脇から出た位置のよい枝を残す
枝元があまり太らないうちに切りつめる
4号鉢

春の状態
幹模様がよい

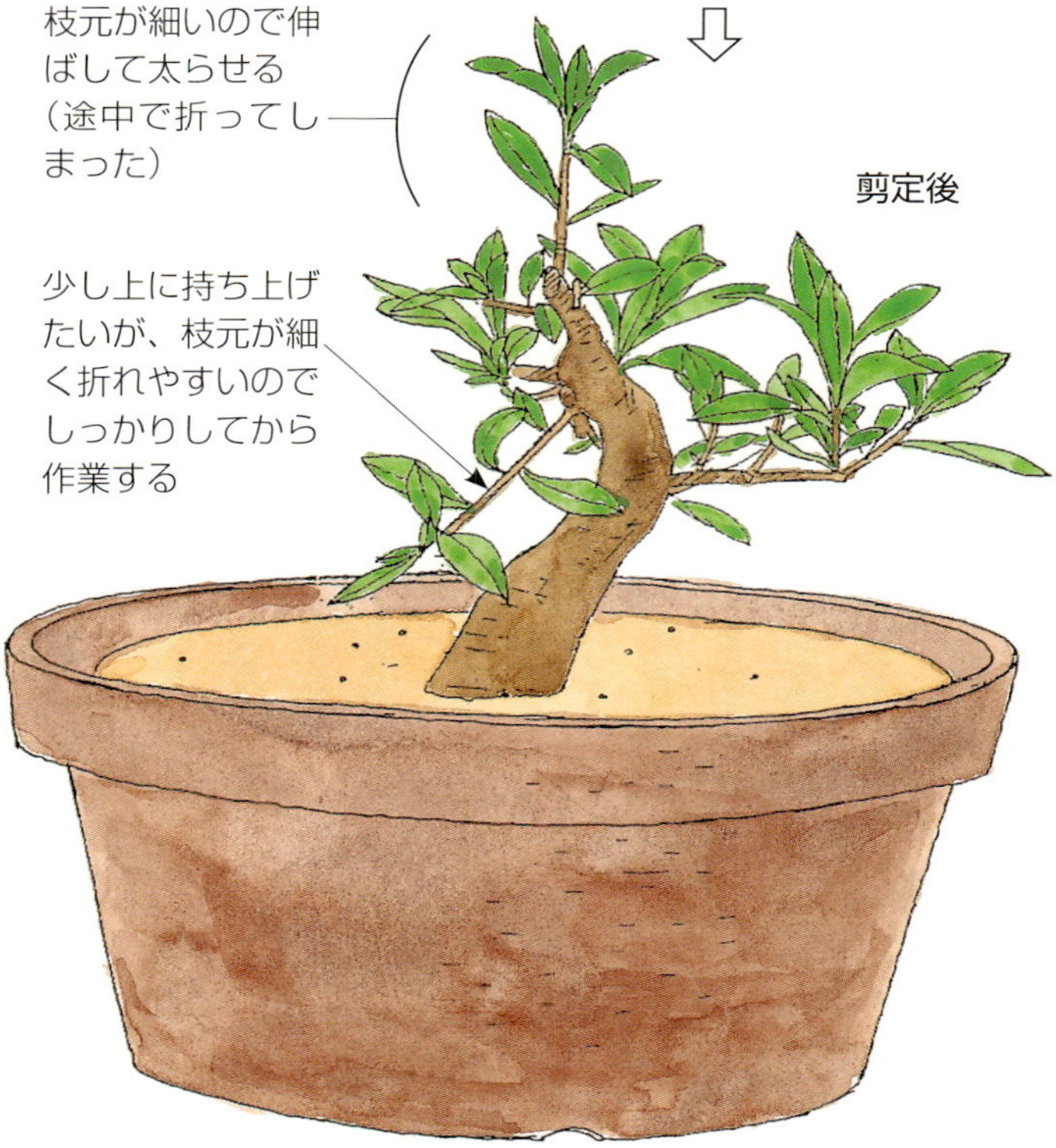

枝元が細いので伸ばして太らせる（途中で折ってしまった）
剪定後
少し上に持ち上げたいが、枝元が細く折れやすいのでしっかりしてから作業する

太さはそれほどないが、立ち上がりからの幹模様がよく低い木がつくれそうな素材。春にわずかの枝を残して丸坊主にしたが、六月には上図のように新梢が伸びたので、よい位置の枝を残し剪定。

これ以上枝元を太らせたくないものは切りつめ、太らせたいものは切らない。

剪定・植え替え

2年目の3月

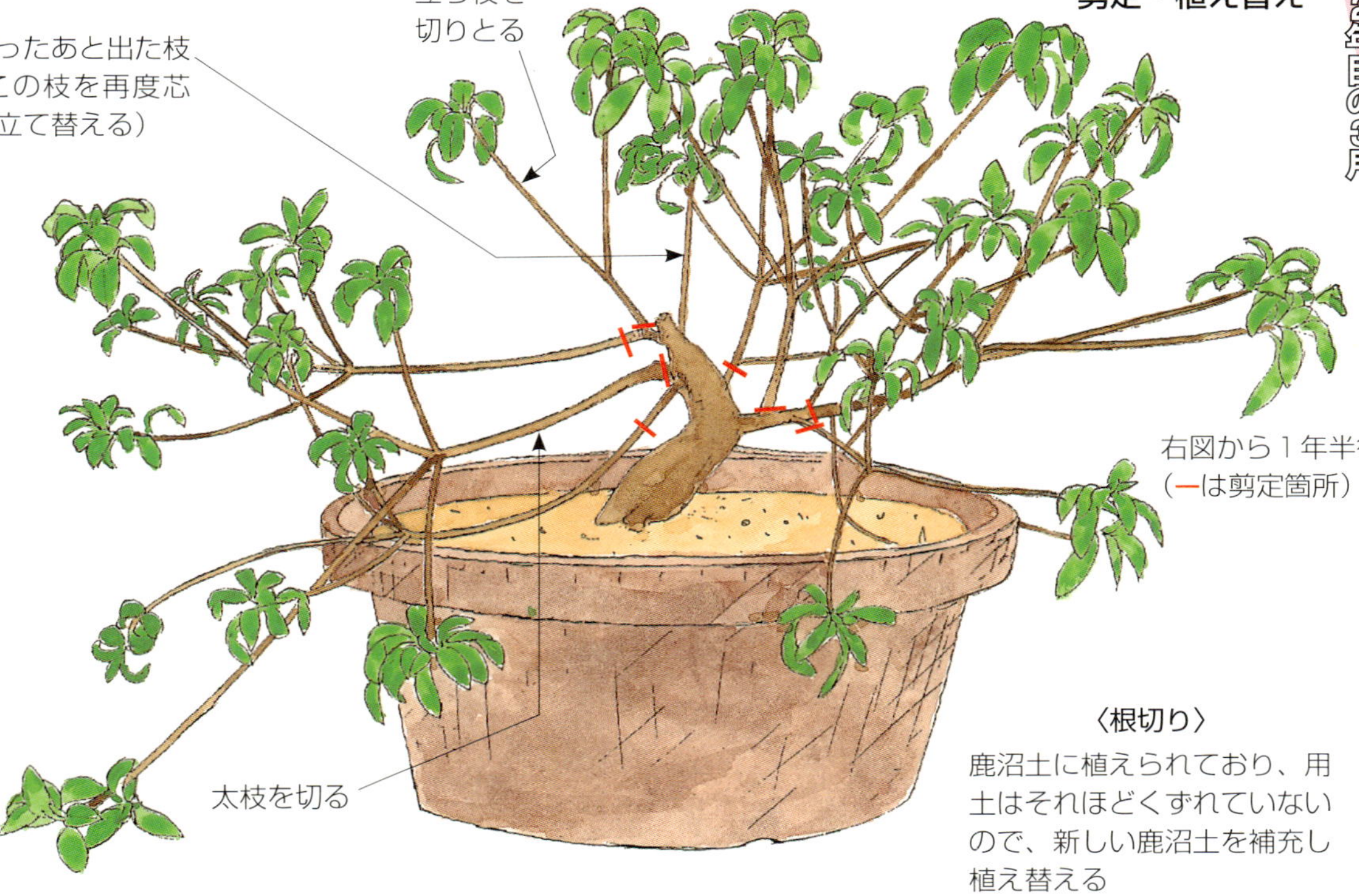
立ち枝を
切りとる
折ったあと出た枝
（この枝を再度芯
に立て替える）
太枝を切る

右図から1年半後
（ーは剪定箇所）

〈根切り〉

鹿沼土に植えられており、用土はそれほどくずれていないので、新しい鹿沼土を補充し植え替える

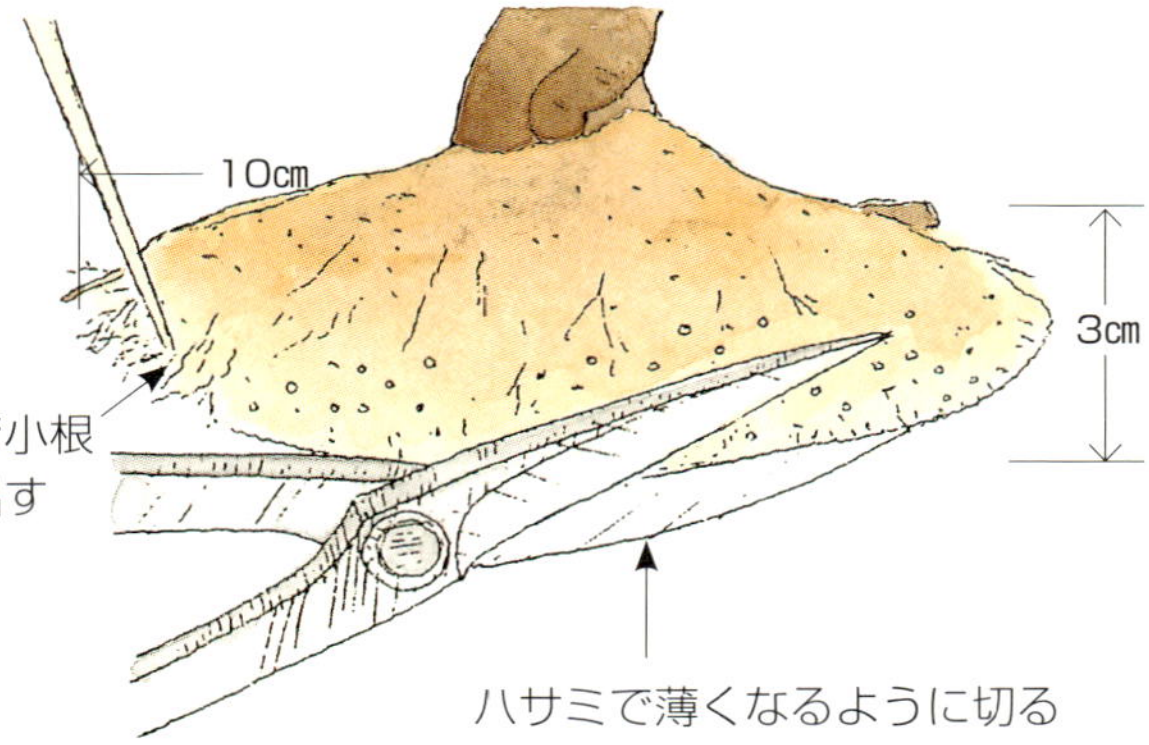
10㎝
3㎝
菜バシで小根
をかき出す
ハサミで薄くなるように切る

植え替え後

枝元を太らせたいので
切らずに伸ばす（後日、
また、元から折ってし
まった）
少し上に
持ち上げる

◆剪定・植え替え

よい位置に出た樹芯の枝を落下物で折ってしまった。サツキの樹芯部は弱いので困ったが、幸いすぐ近くからの胴吹き芽を得た。上図は右頁の剪定後から約1年半を経た状態。

樹芯部以外の残した枝はそれぞれ順調に伸びたので、立ち枝と伸びすぎた枝を切りつめる。ただし樹芯部の枝は切らないで伸ばし、枝元を太らせる（この枝も不注意から折ってしまった）。

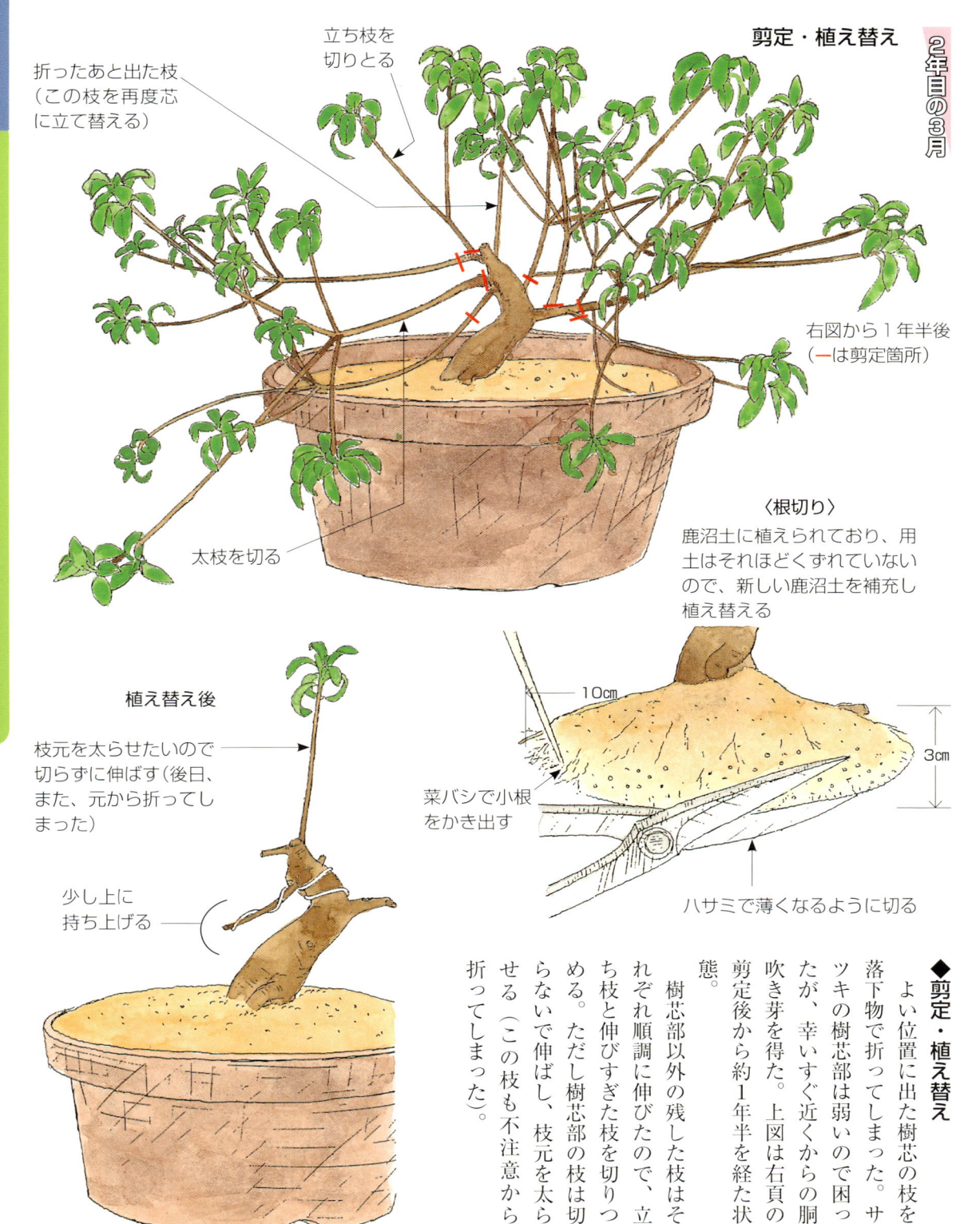

花後の剪定

2度にわたって樹芯となる枝を折ってしまったが、ようやくまた芯が立ちそうだ

折った枝のあとから出た枝を伸ばして芯に立て替え中
徒長した枝を切りつめるおおよその輪郭線
2年前に小判鉢に植え替え

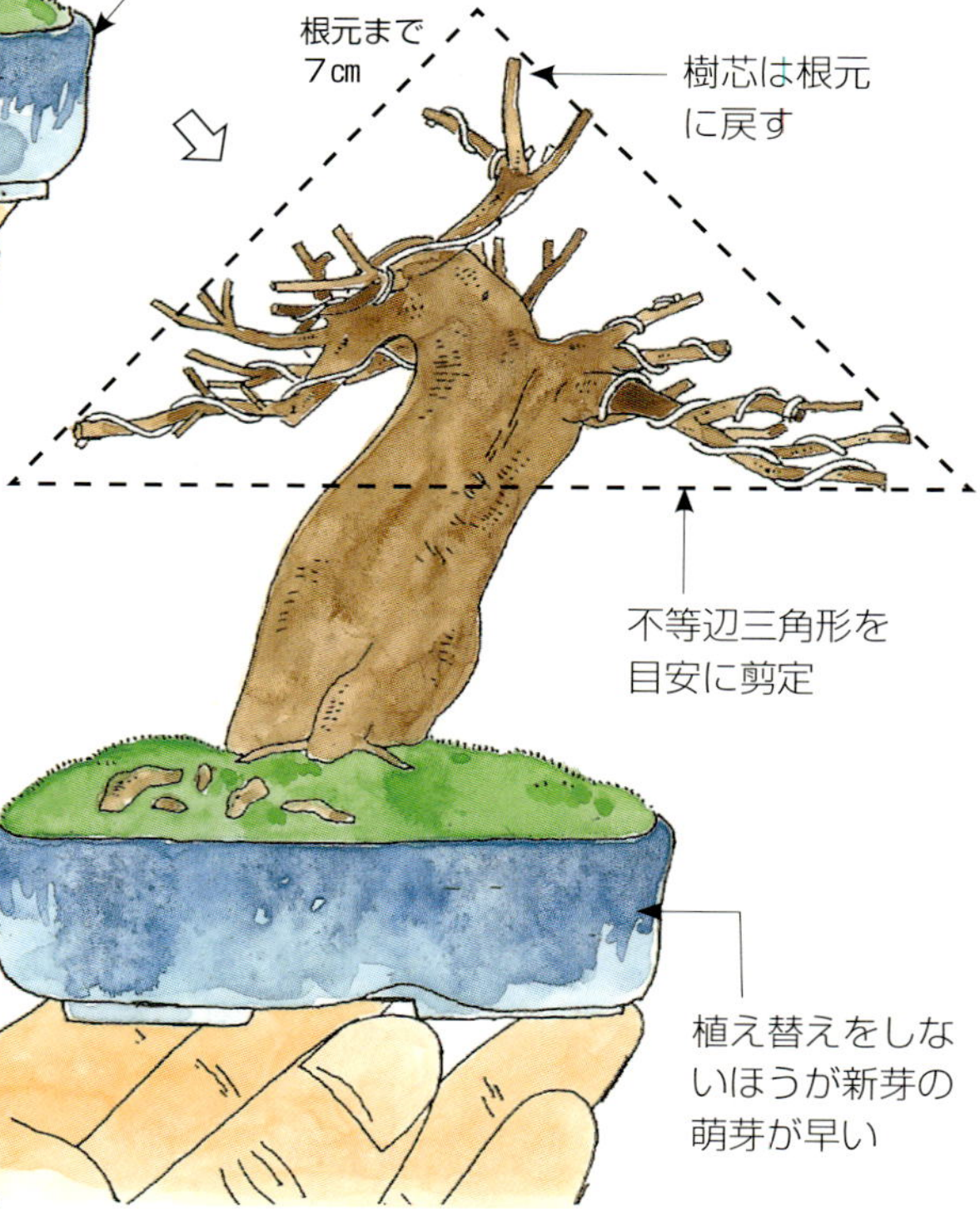

根元まで7㎝
樹芯は根元に戻す
不等辺三角形を目安に剪定
植え替えをしないほうが新芽の萌芽が早い

花

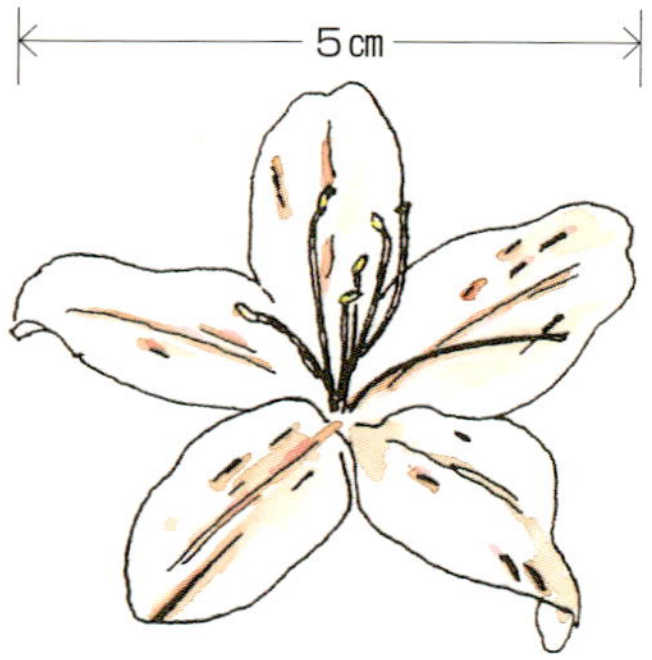

5㎝

中輪花で白地に紅の絞りが入る

変わり木をつくる

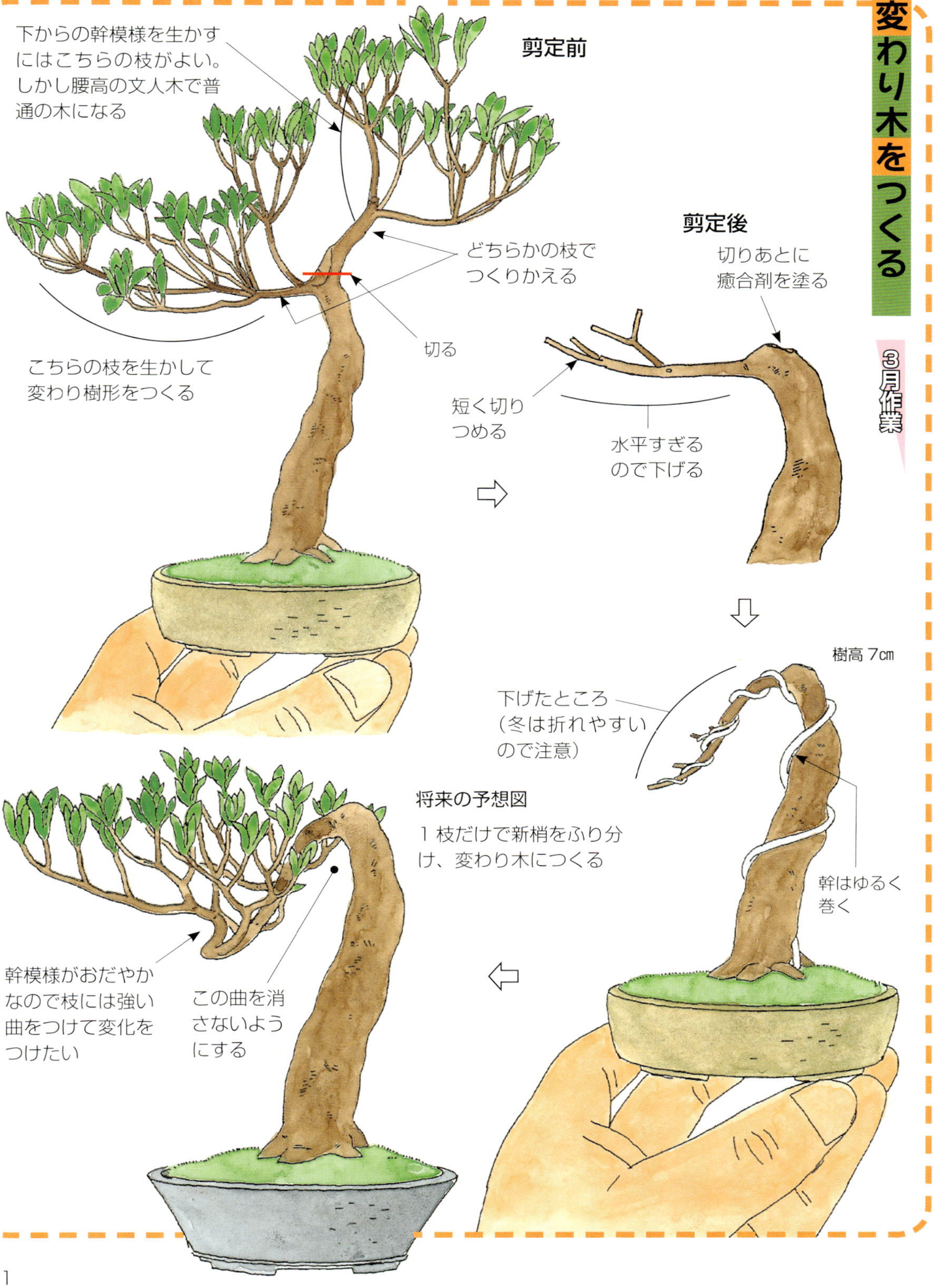
剪定前
下からの幹模様を生かすにはこちらの枝がよい。しかし腰高の文人木で普通の木になる
どちらかの枝でつくりかえる
切る
こちらの枝を生かして変わり樹形をつくる
剪定後
切りあとに癒合剤を塗る
短く切りつめる
水平すぎるので下げる
樹高 7㎝
下げたところ（冬は折れやすいので注意）
幹はゆるく巻く
将来の予想図
1 枝だけで新梢をふり分け、変わり木につくる
幹模様がおだやかなので枝には強い曲をつけて変化をつけたい
この曲を消さないようにする

途中の枝で切りつめ太幹模様木を

3月

改作

根張り、立ち上がりともよいのに着目

剪定前
樹高 15㎝
点線の位置で切りつめることも考えられる
太さはよいが途中に枝がなく、左に曲がりすぎている
この枝を芯にしてつくりかえる
Ⓐ
長方鉢
（大きすぎるので小鉢に植え替える）

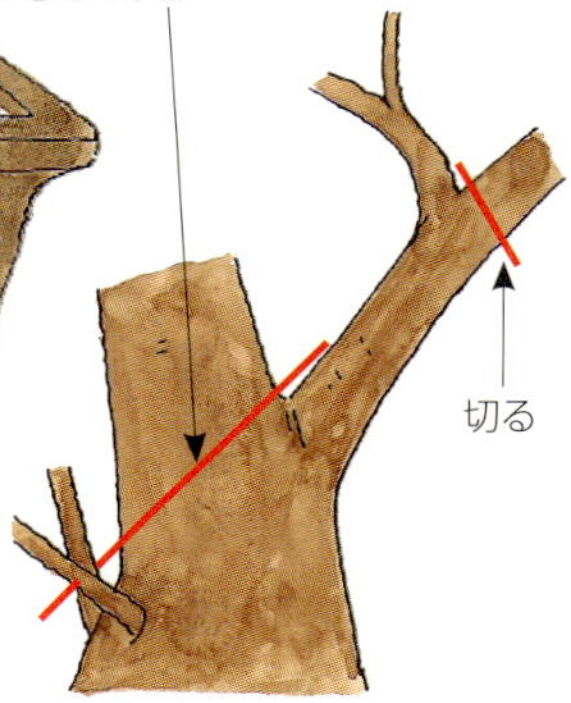
Ⓐ部の剪定
切りつめて流れをかえる
切る

◆改作のポイント

中品（樹高25～30㎝くらいのもの）を目標につくられていたものと思えるが、途中の枝で切りつめれば樹高の低い模様木に改作できる。

ミニ盆栽素材は店頭に少ないので、こうしたものを入手し改作する。その際、必ず根元に曲があり根張りのよいものを探す。

まっすぐに立ち上がったものは、斜めに植えてもいつまでもくの字模様が消えず苦労する。切りとった枝は、挿し木で容易に活着する。

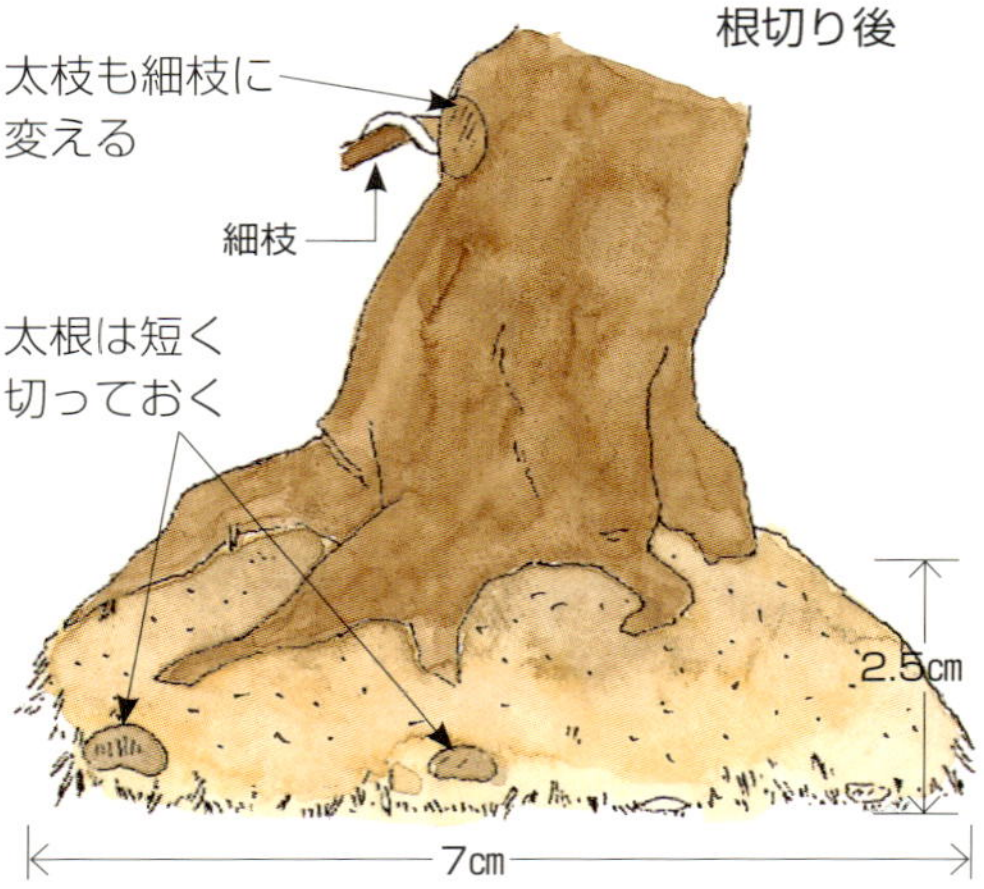
根切り後
太枝も細枝に変える
細枝
太根は短く切っておく
2.5㎝
7㎝

植え替え後
樹高
7㎝
樹芯部は弱いので
枝を長めに残す
細枝を残す
太枝を切り
細枝を残す
枝元を太らせたい
ので先を
切らない
仮鉢
（丸の釉薬鉢）

〈挿し木〉

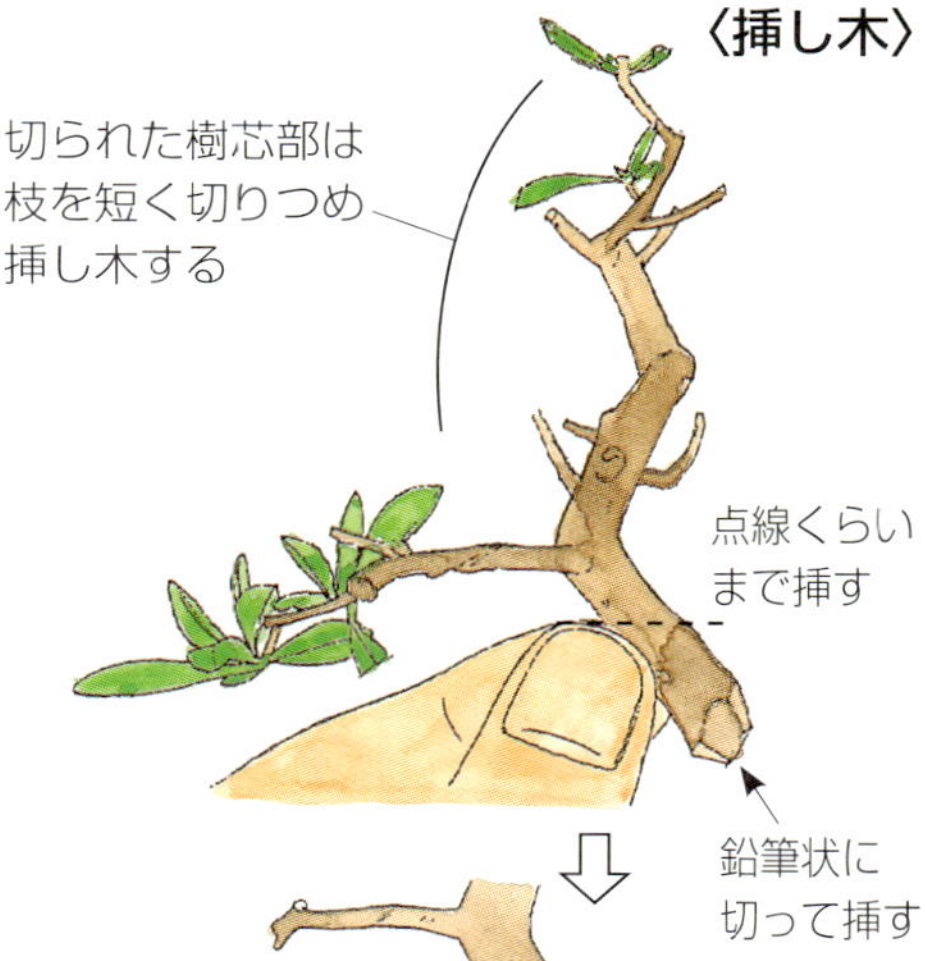
切られた樹芯部は
枝を短く切りつめ
挿し木する
点線くらい
まで挿す
鉛筆状に
切って挿す

1年後の3月

〈植え替え〉

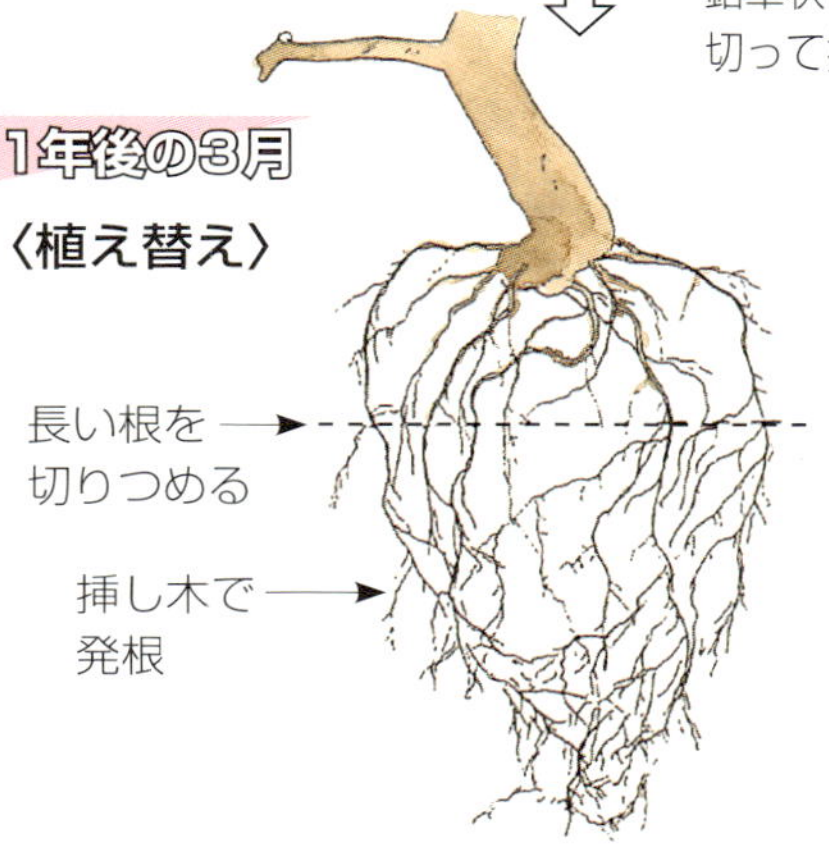
長い根を
切りつめる
挿し木で
発根

将来図
樹芯部は根元
の中心くらい
に戻す
12～13㎝の
模様木になる
中深鉢がよい

樹高
10㎝
捨ててしまえばそ
れまでだが、挿し
木しておけば、こ
のように1本の素
材となる
丸鉢

太幹模様木を剪定し本鉢に植える

5月下旬

ふと立ち寄った盆栽店で購入したもの。さすがに骨格のできたもので値段を聞くのがおそろしかった。

しかし思ったほどではなかったのでいただいてきた。

新木（まだ手の入っていない種木）のような骨格づくりからの楽しみは半減するが、仕上がりの日は近い。

樹高 15㎝
下向き枝を切りとる
下のほうから出た枝は切りとる

剪　定

剪定すればすぐにも本鉢に植えられそうな太幹模様木である

太さはよいのでさらに短く切りつめる
この枝を一の枝にする
４号鉢

剪定後①

必要な位置の枝を残して剪定したところ

長い枝を切りつめ
たところ
葉はなくても
大丈夫
剪定後②

立った枝は針金
で伏せる
樹芯は差し枝(一の枝)
側に傾ける
針金で伏せる
針金かけ後

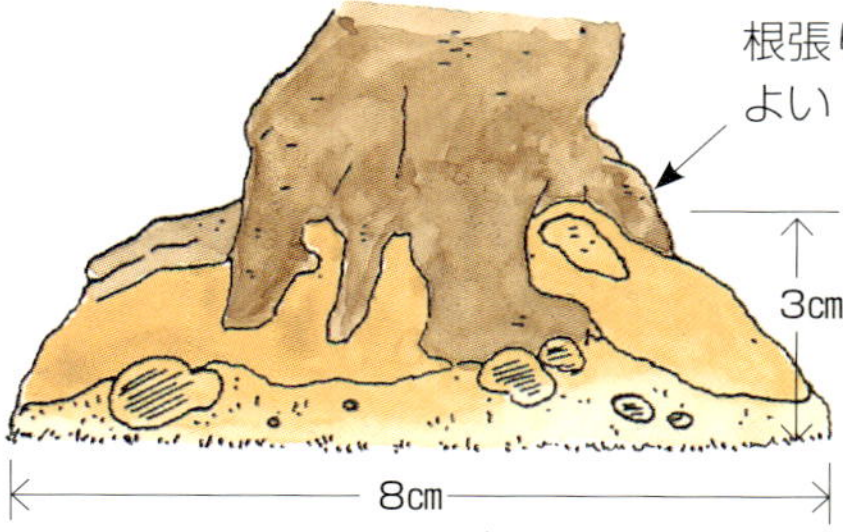
根張りも
よい
3㎝
8㎝
根切り後

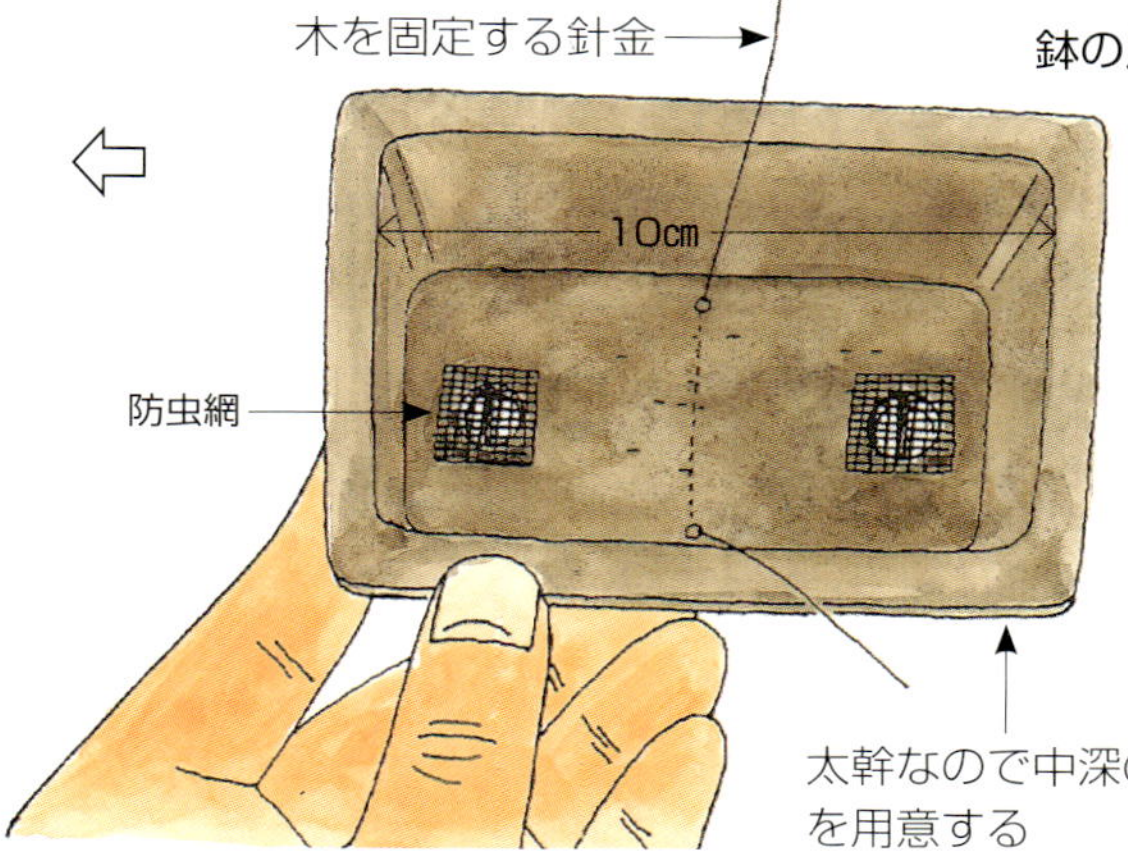
木を固定する針金
10㎝
防虫網
太幹なので中深の鉢
を用意する
鉢の用意

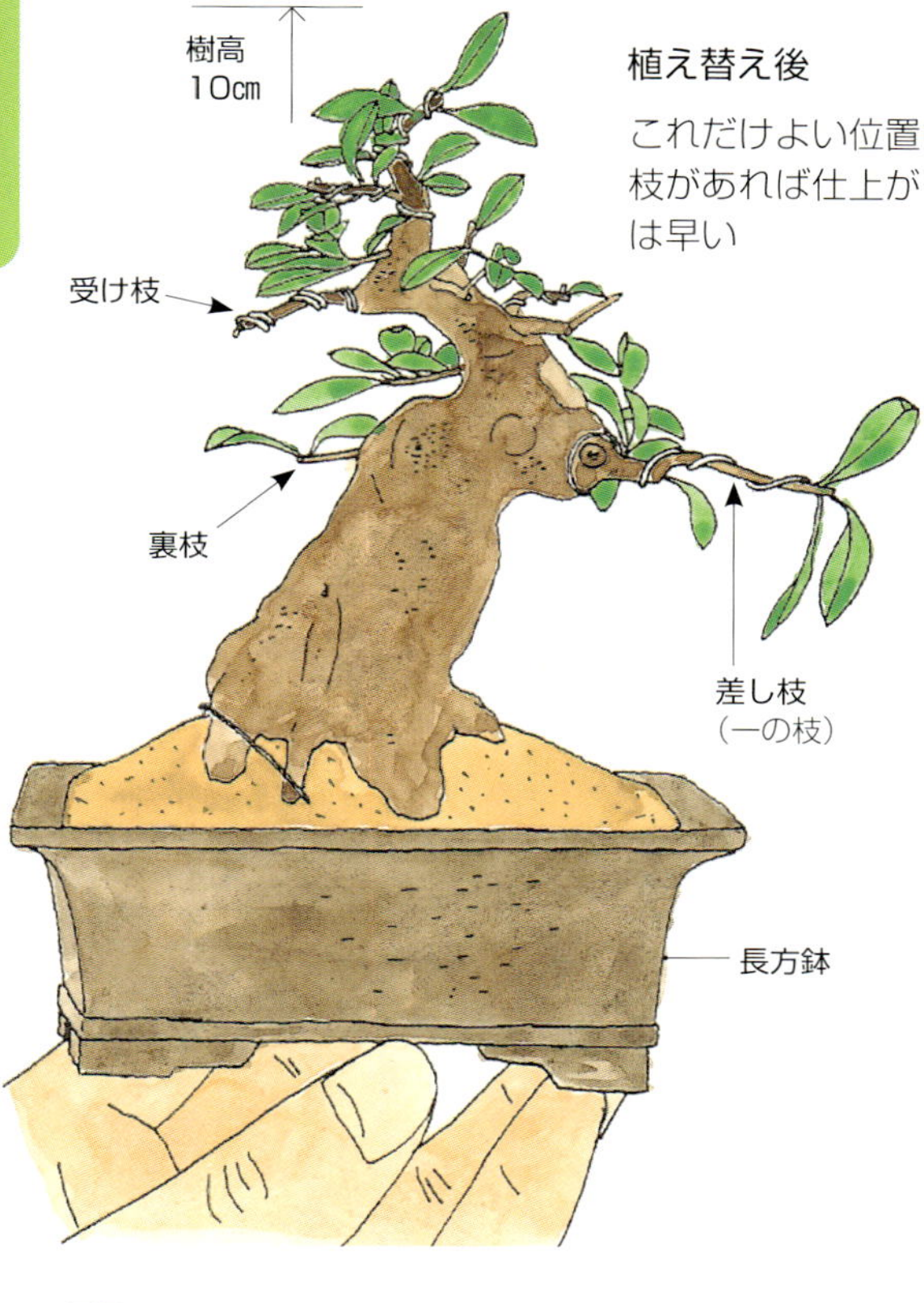
樹高
10㎝
これだけよい位置に
枝があれば仕上がり
は早い
受け枝
裏枝
差し枝
(一の枝)
長方鉢
植え替え後

浮き根と一の枝を生かして斜幹に（日光）

1年目の6月上旬

改　作

サツキほどさまざまの樹形に仕立てられている樹種は少ない。それほどつくりかえることができる樹種ともいえる

さてこの樹はどうか。まだ、樹形を考えた剪定が行なわれていないため、花時の観賞の対象にもされない。しかし、これから生まれかわろうとしている

剪定前
花ガラ
樹高 19㎝
どれが芯の枝だかわからない
よい位置に１曲ある
力強くおもしろ味のある根だ
この枝を生かしてつくりかえる
Ⓐ
４号鉢（12㎝）

この木のよい点・なおしたい点

〈よい点〉

①立ち上がりの根の様子が力強くおもしろい
②一の枝に個性があり、この枝を生かすことで将来が大きく決定される
③立ち上がりから適当な位置に曲がある
④小品に向いた品種（日光）である

〈なおしたい点〉

①幹の途中に単調な部分があり、針金矯正できない
②頂部に３本の太枝があり、どれが芯だかわからない
③長く植え替えられていないらしく用土が固まっている

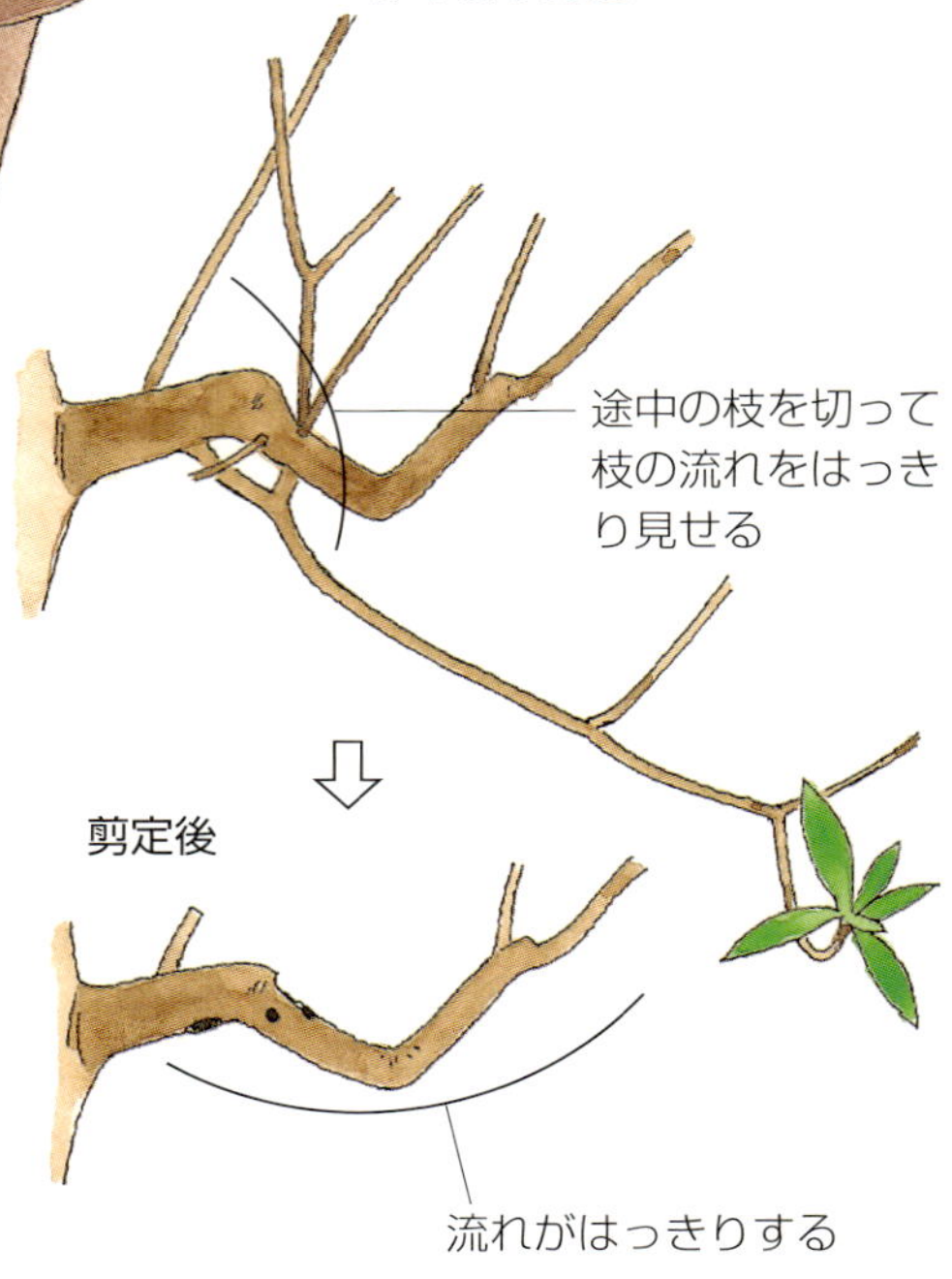

Ⓐの枝の剪定
途中の枝を切って枝の流れをはっきり見せる
剪定後
流れがはっきりする

欠点をカバーしてよいところを見せるようにすると、ここまで剪定することになる
しかし、最初に骨格をしっかりつくっておけば再度改作ということにはならない
樹高 8㎝
（仕上がり樹高は15㎝くらいになる）

切り口の処理
ナイフで平らに削り癒合剤を塗る

〈剪定例①〉

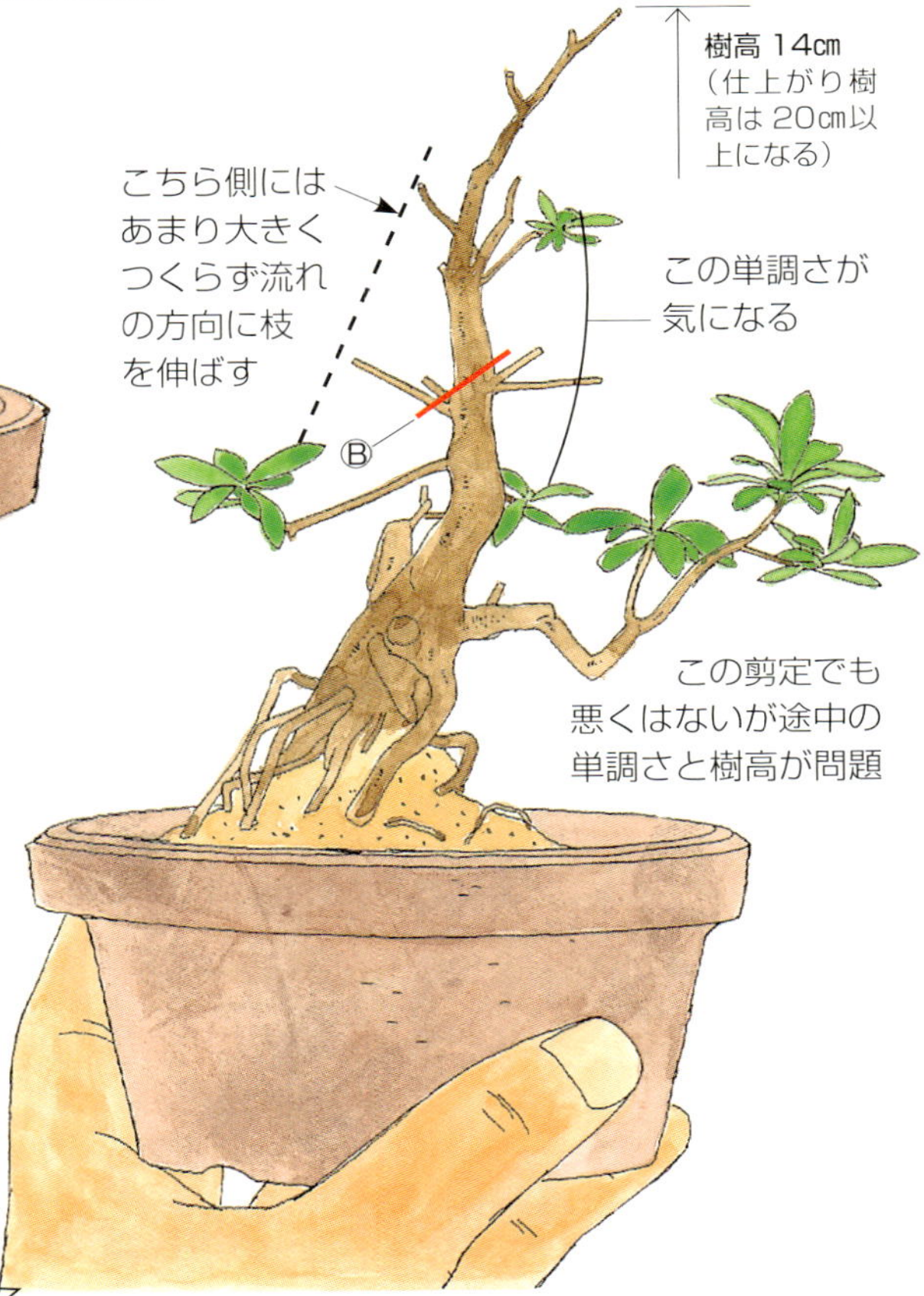
樹高 14㎝
（仕上がり樹高は 20㎝以上になる）
こちら側にはあまり大きくつくらず流れの方向に枝を伸ばす
この単調さが気になる
Ⓑ
この剪定でも悪くはないが途中の単調さと樹高が問題

〈剪定例②〉

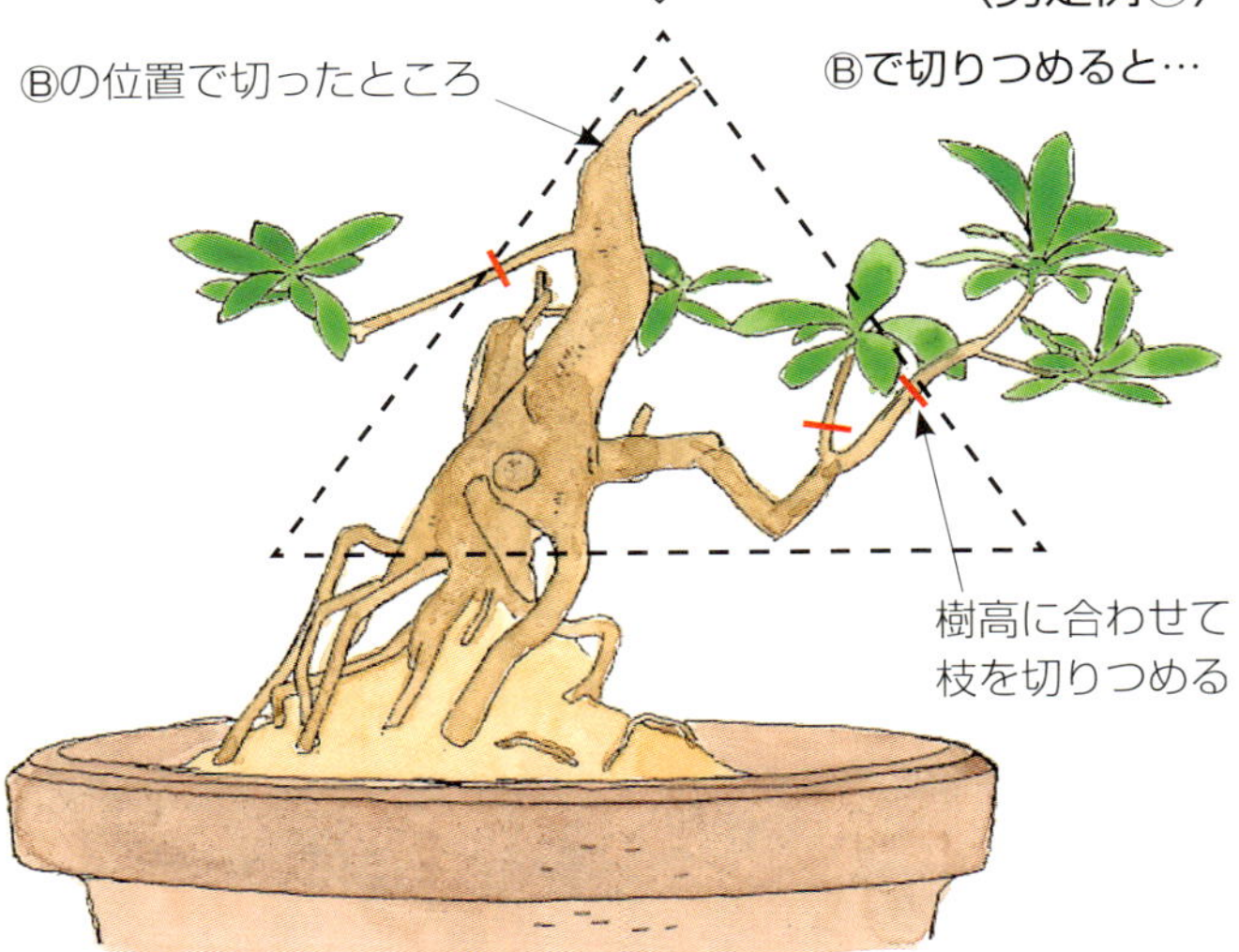
Ⓑの位置で切ったところ
Ⓑで切りつめると…
樹高に合わせて枝を切りつめる

◆**正面の決め方**

①根張りが左右に長く張った位置
②立ち上がりの幹模様がよく見える位置（立ち上がりの一曲が大切）
③使える枝が左右に多くある位置

どんな木でもこの3点を頭において正面を決定する。右頁の剪定前の状態は、そうして決めた。そのうえで樹高、不要な枝などを見きわめ、これがベストというところまで剪定する。

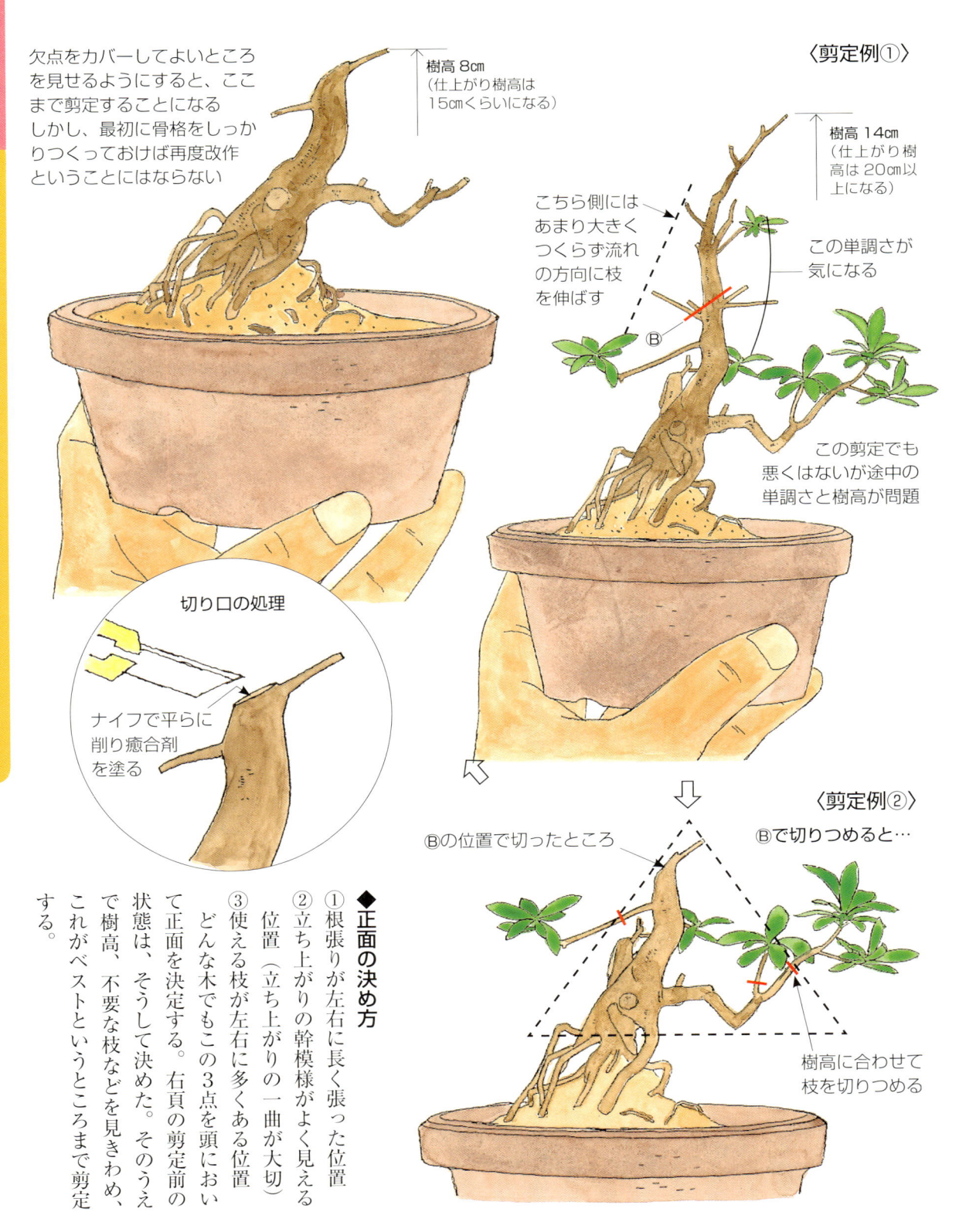

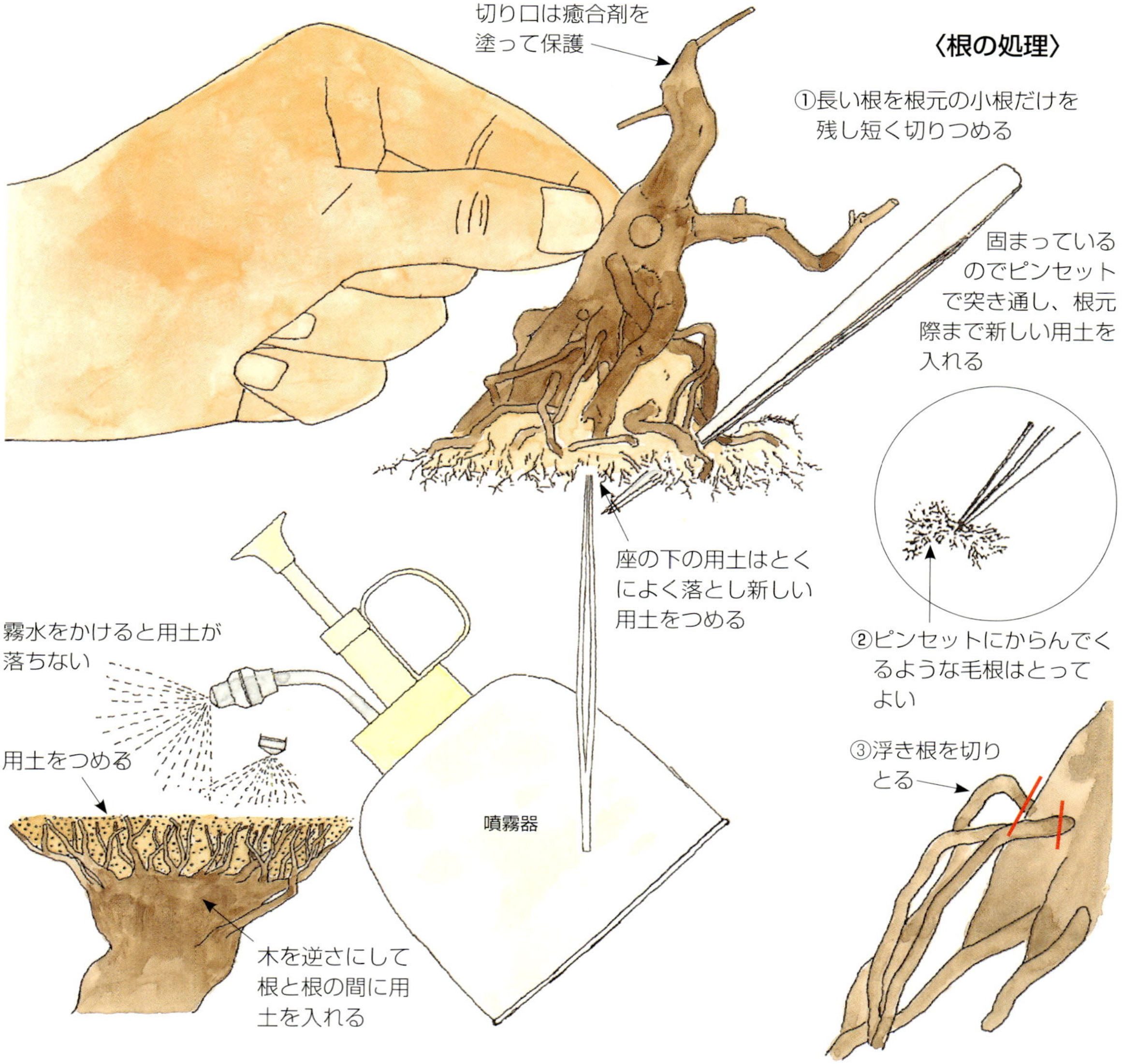
〈根の処理〉
切り口は癒合剤を塗って保護
①長い根を根元の小根だけを残し短く切りつめる
固まっているのでピンセットで突き通し、根元際まで新しい用土を入れる
座の下の用土はとくによく落とし新しい用土をつめる
②ピンセットにからんでくるような毛根はとってよい
霧水をかけると用土が落ちない
用土をつめる
噴霧器
木を逆さにして根と根の間に用土を入れる
③浮き根を切りとる

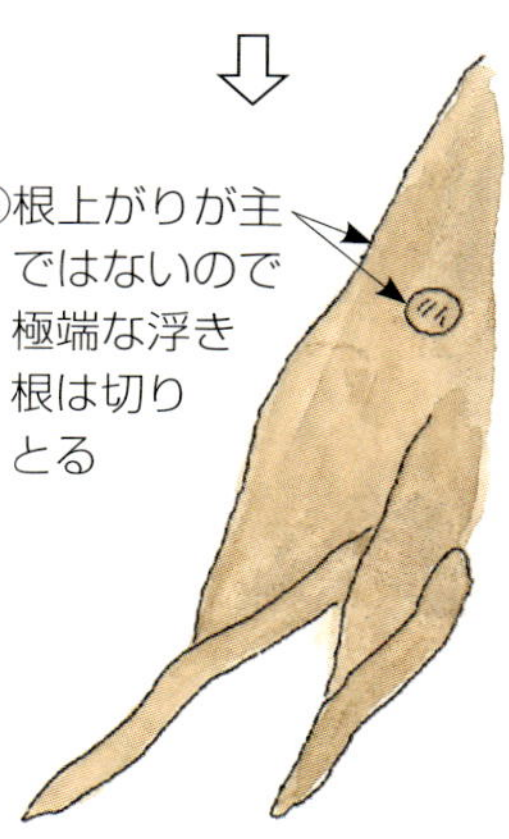
④根上がりが主ではないので極端な浮き根は切りとる

◆剪定

素材が見えるようになれば、いきなり前頁の剪定例②まで切り込むことが可能だが、慣れないうちは剪定例①のように切りつめてみる。

剪定例②より樹高もちょうどよく枝数も多い。なにが悪いと思うかもしれない。最初は将来までなかなか考えられないからだ。ミニ盆栽では樹高を15㎝以下におさえたいが、このままつくると仕上がりは20㎝を越える。また、途中の単調な幹も気になってくる。同時に目も肥えてくるので、結局途中の枝で切りつめることになる。

しかし、そうして費やした時間は浪費ではない。それに気づくことを教えてくれるからだ。

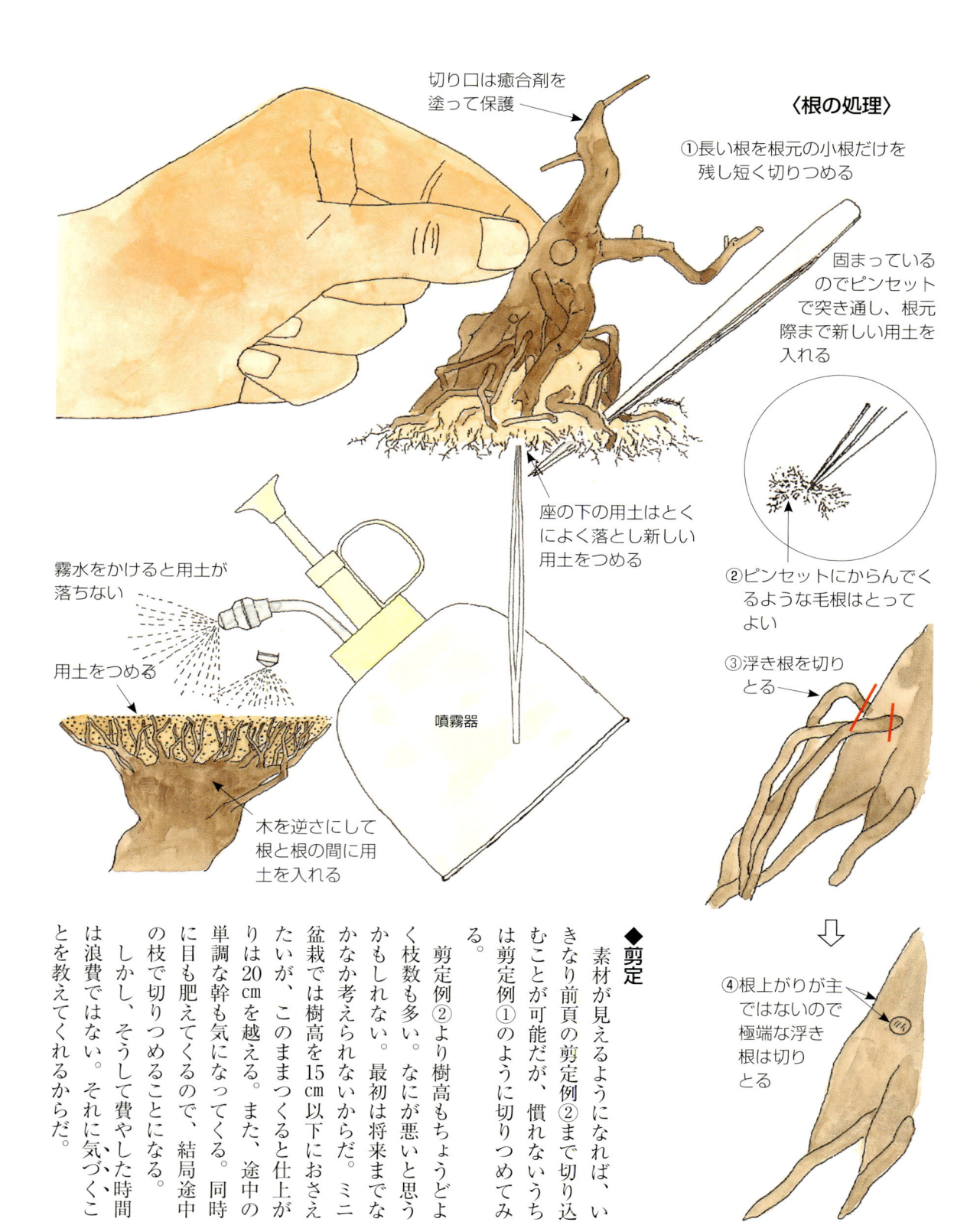

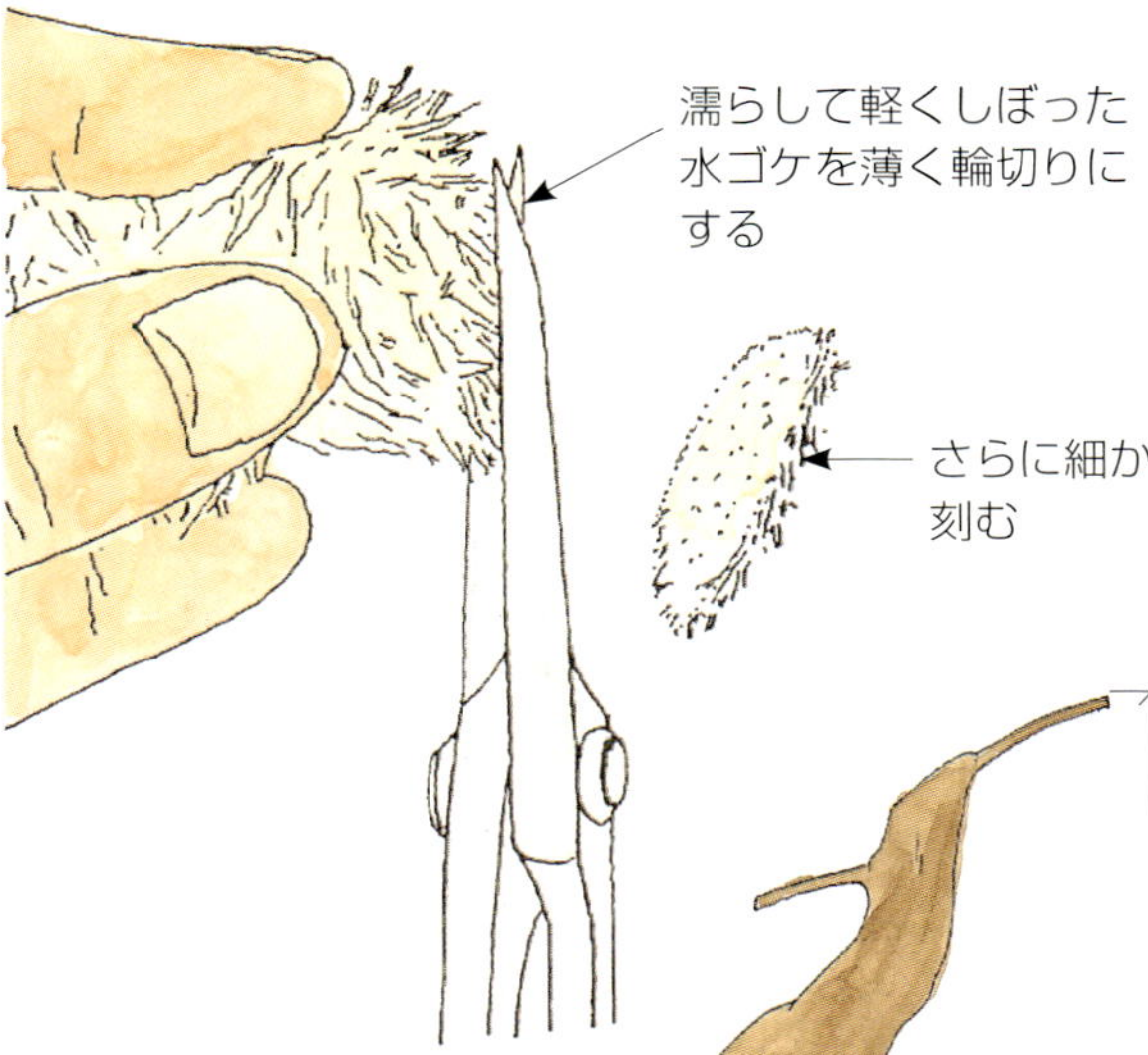
濡らして軽くしぼった水ゴケを薄く輪切りにする
さらに細かく刻む

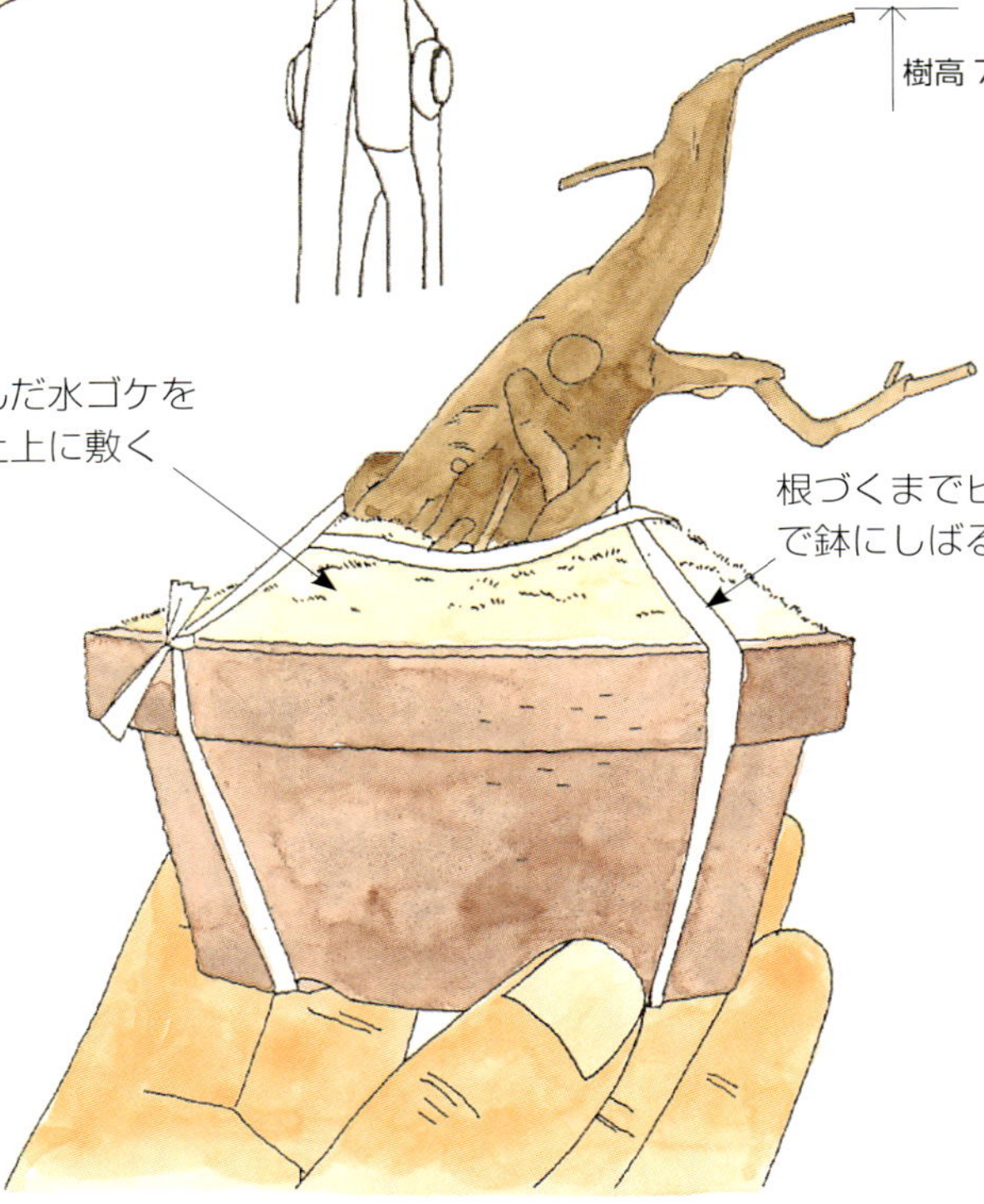
樹高 7㎝
刻んだ水ゴケを表土上に敷く
根づくまでヒモで鉢にしばる

〈植え付け方〉

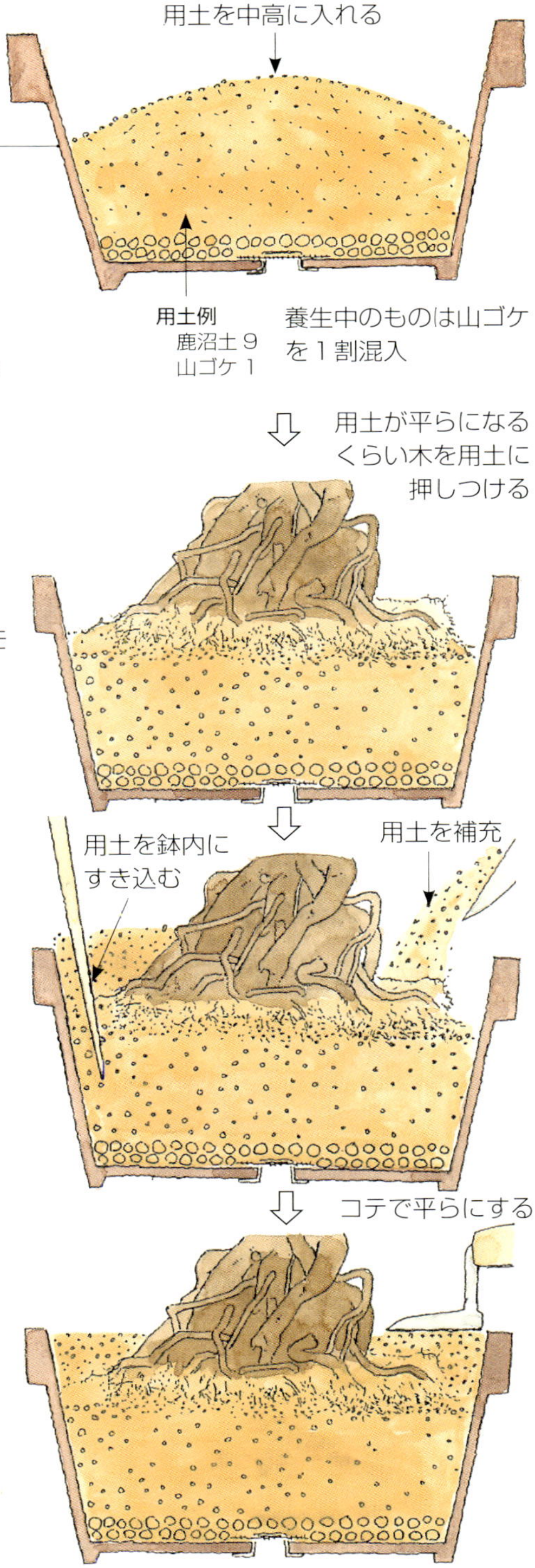
用土を中高に入れる
3号鉢
用土例
鹿沼土 9
山ゴケ 1
養生中のものは山ゴケを1割混入
用土が平らになるくらい木を用土に押しつける
用土を鉢内にすき込む
用土を補充
コテで平らにする

◆根の処理

ほとんどのサツキ素材は鹿沼土で植えられている。長く植え替えられていないものは、鹿沼土がかたくなり水のしみこみが悪くなっている。

枝葉の三分の二を切除したのを機に根も相当に切除する。とくにしみこみの悪い座（根元の中心）の下は、木を逆さにしてピンセットで深めに落とす。また周囲の根もできるかぎり古土を落とす（とりにくければ水洗いしてもよい）。落としきれないものは、次回の植え替えで除去する。

剪定・植え替え

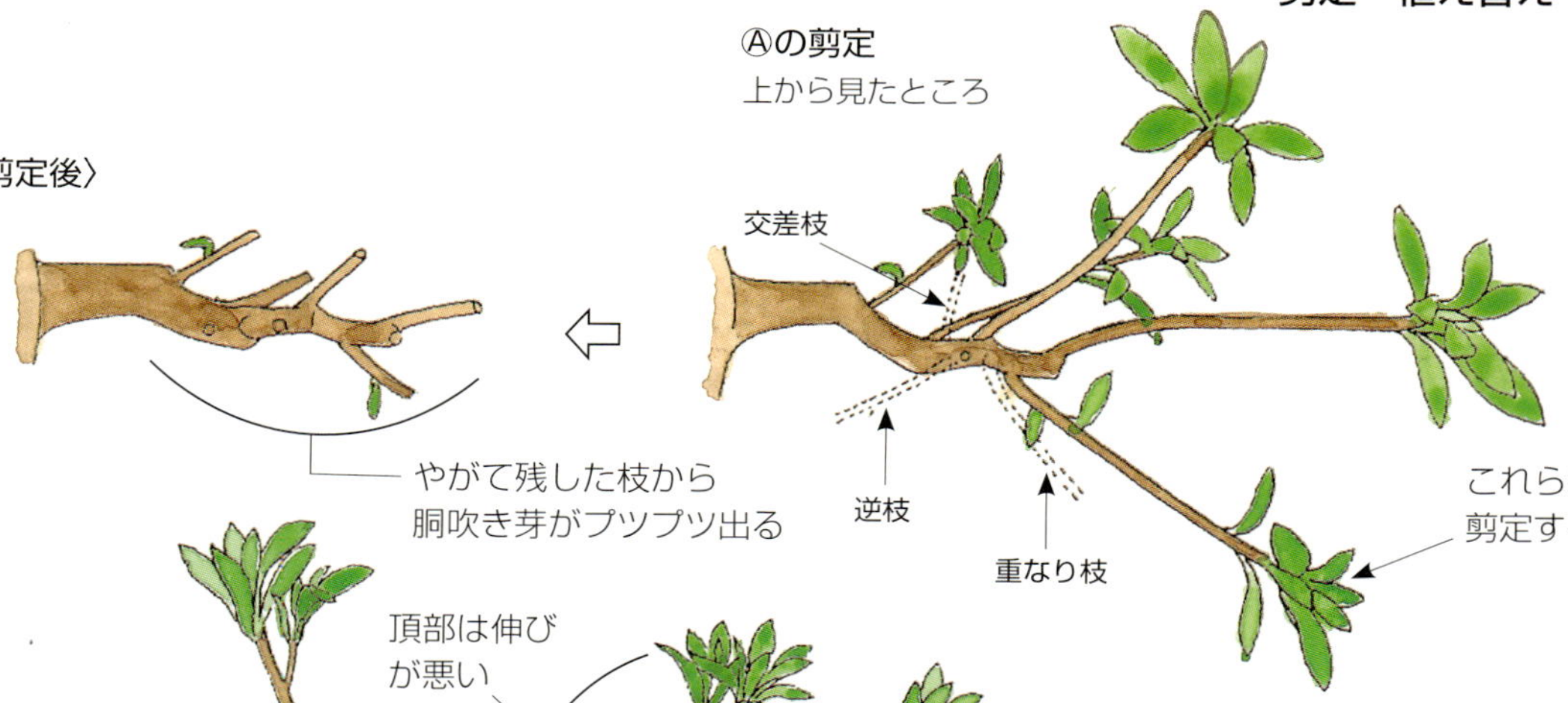
Ⓐの剪定
上から見たところ
〈剪定後〉
交差枝
逆枝
重なり枝
これらの枝も
剪定する
やがて残した枝から
胴吹き芽がプツプツ出る

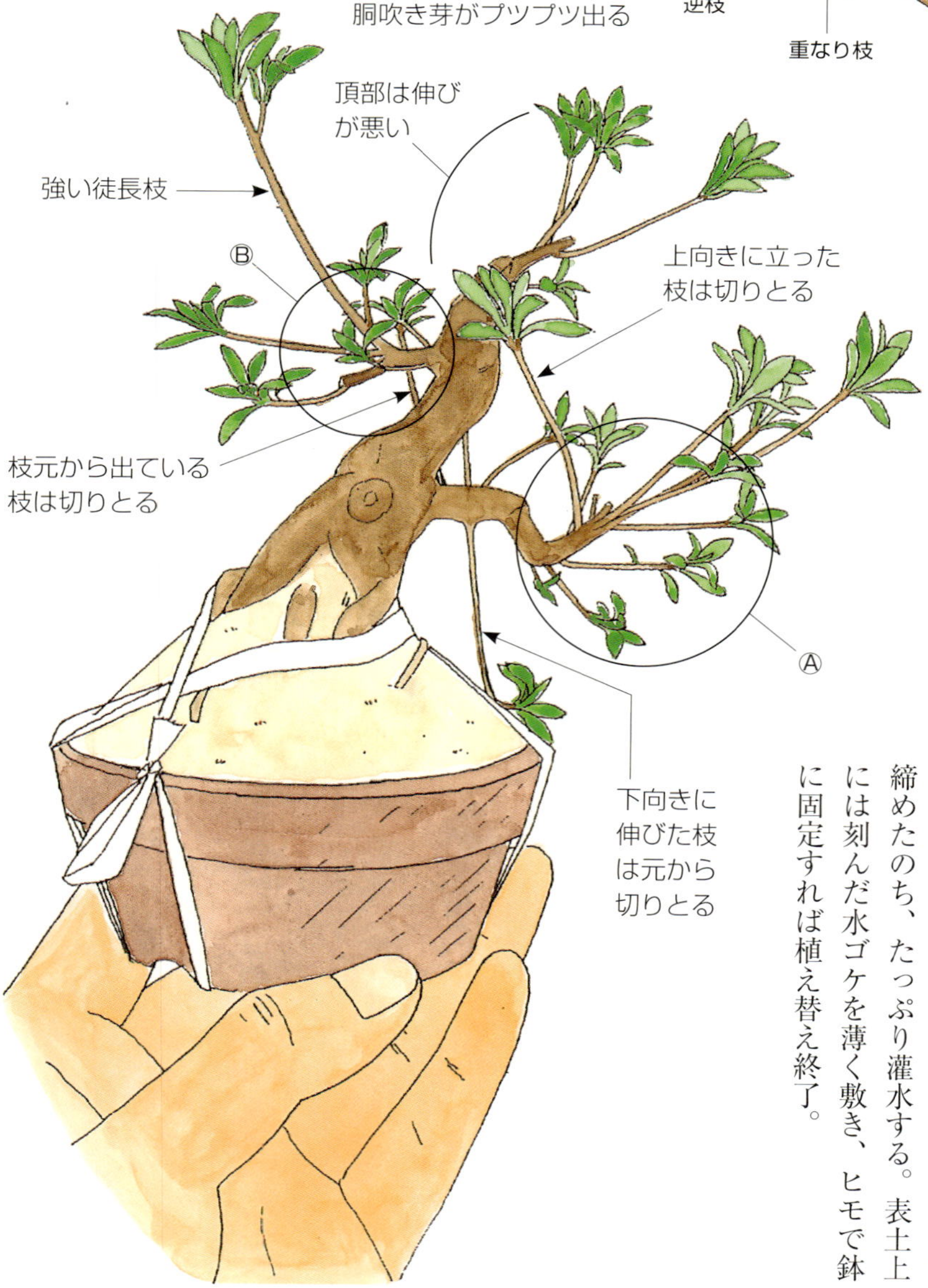
頂部は伸び
が悪い
強い徒長枝
Ⓑ
上向きに立った
枝は切りとる
枝元から出ている
枝は切りとる
Ⓐ
下向きに
伸びた枝
は元から
切りとる

〈剪定前〉

不要枝は早め早めに処理し、自分でつくり上げたい姿にしておくことが大切。サツキは1カ所から何本も枝が出るので、放置すると見苦しいばかりでなく太りすぎて使えなくなったりする
左図は前頁の丸坊主の状態から胴吹きしたもの。必要な枝を残し不要な枝を切りとる

◆植え替え

4号の仕立て鉢から3号に移す。底にゴロ土を敷き、用土を中高に入れる。その上に根切りの済んだ木を用土が水平になるくらい押しつけ、根と密着させる。養生中の用土は山ゴケを1割ほど混入すると水はけ、水もちがよい。

周囲のすきまに用土を補充し、コテで締めたのち、たっぷり灌水する。表土上には刻んだ水ゴケを薄く敷き、ヒモで鉢に固定すれば植え替え終了。

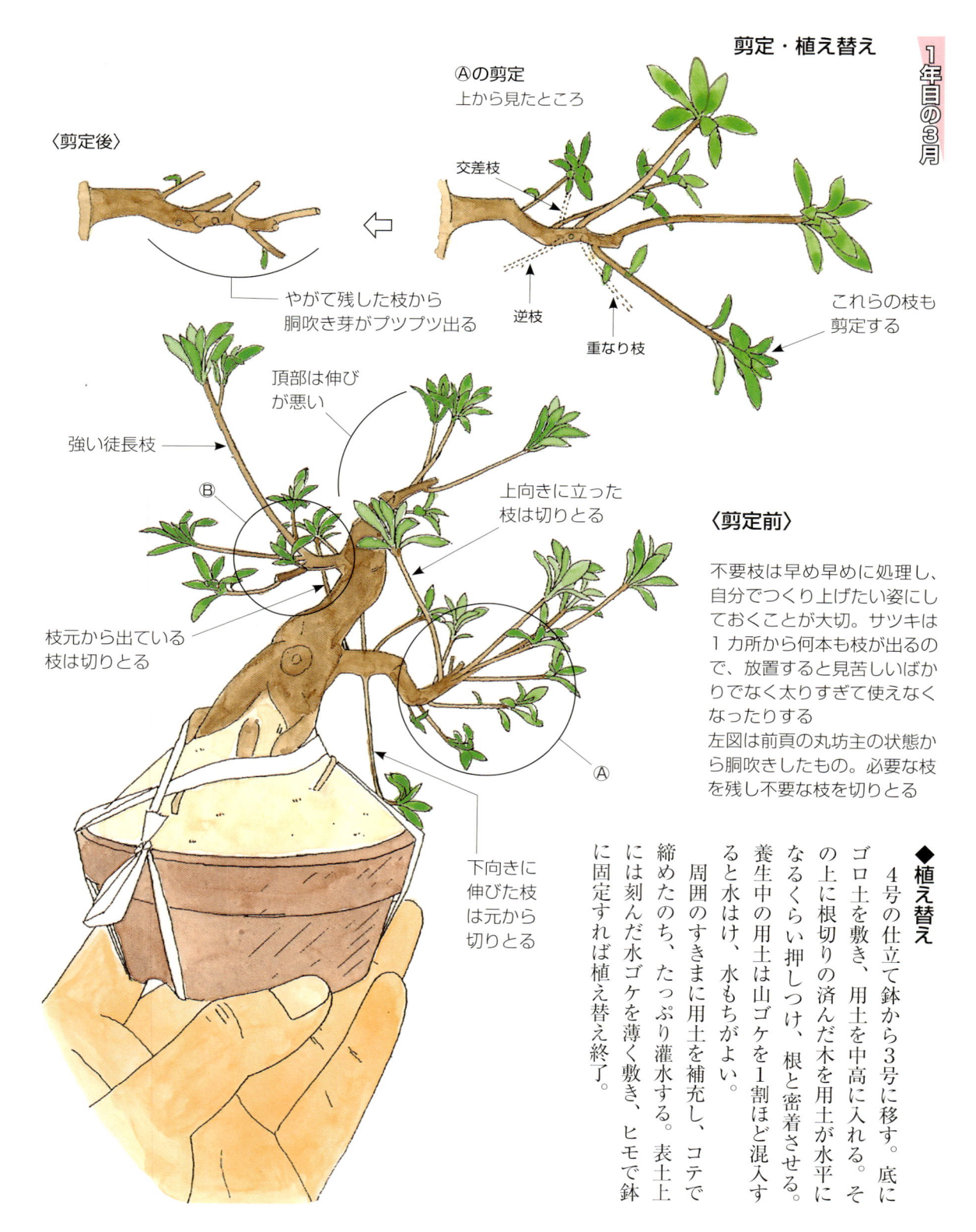

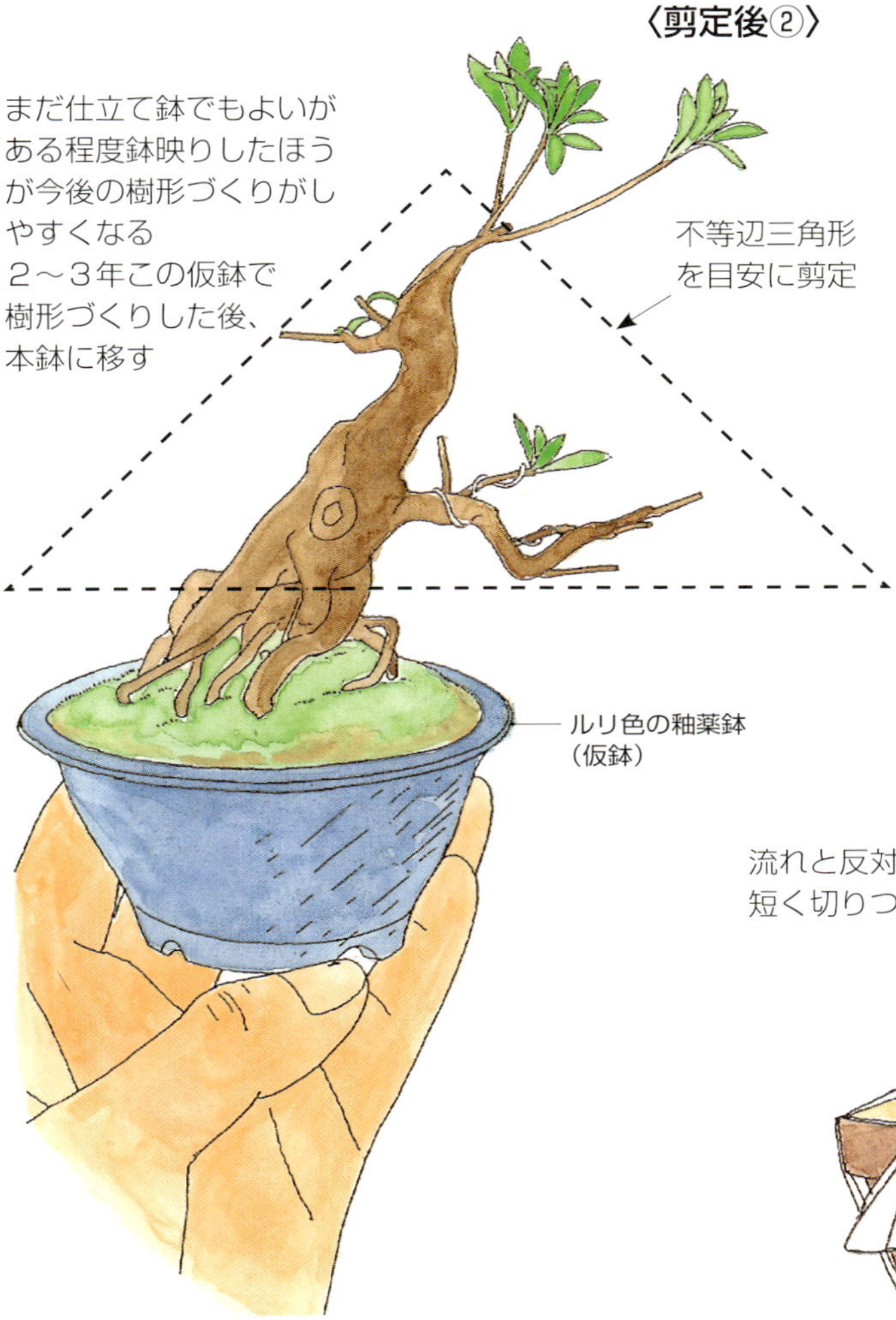
〈剪定後②〉
まだ仕立て鉢でもよいがある程度鉢映りしたほうが今後の樹形づくりがしやすくなる
2〜3年この仮鉢で樹形づくりした後、本鉢に移す
不等辺三角形を目安に剪定
ルリ色の釉薬鉢（仮鉢）

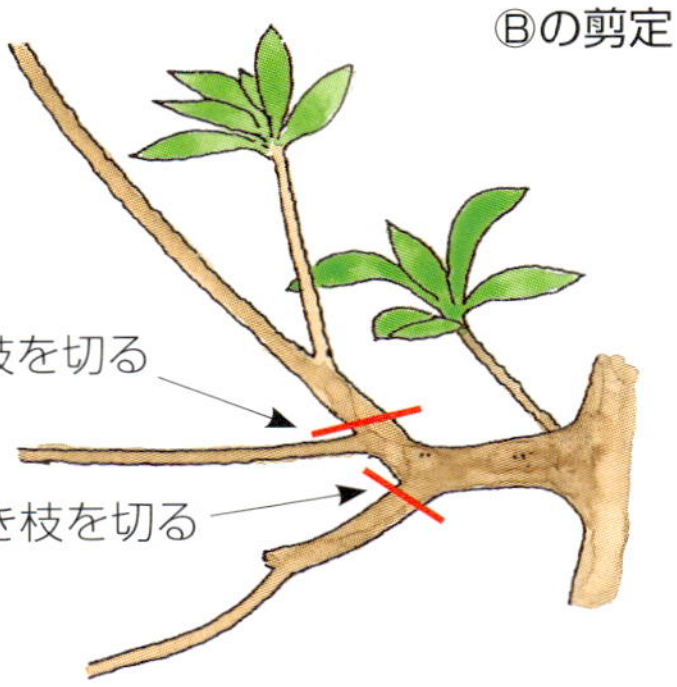
Ⓑの剪定
上向き枝を切る
下向き枝を切る

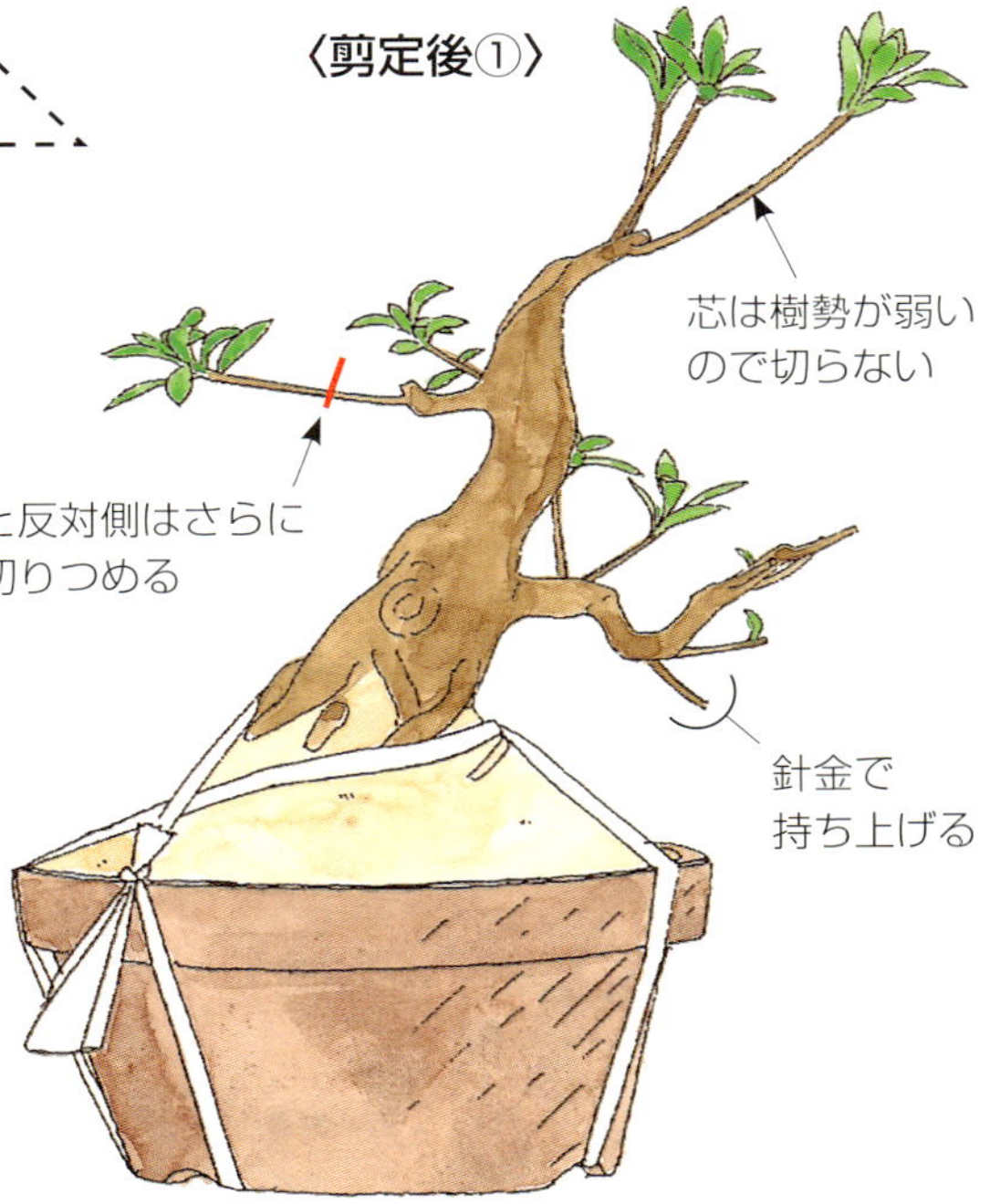
〈剪定後①〉
芯は樹勢が弱いので切らない
流れと反対側はさらに短く切りつめる
針金で持ち上げる

用土を補充する
針金でしばる
仮鉢
仕立て鉢から軽く用土を落とし植える

◆剪定

丸坊主にした枝から新梢が伸び、右頁の図のようになっている。たくさん出たようでも使える枝は少ない。

図でもわかるように、サツキは下枝ほど強く伸び上部の枝の伸びが弱い。剪定するとき、この性質をまず頭に入れ、下枝ほど強めに切りつめ、樹芯の枝は長めに残すようにする。

その他、不要な枝として、上向きに出た枝、下向きの枝、枝元から出た枝などは元から切りつめ、残した枝でも長すぎるものは途中で切っておく。

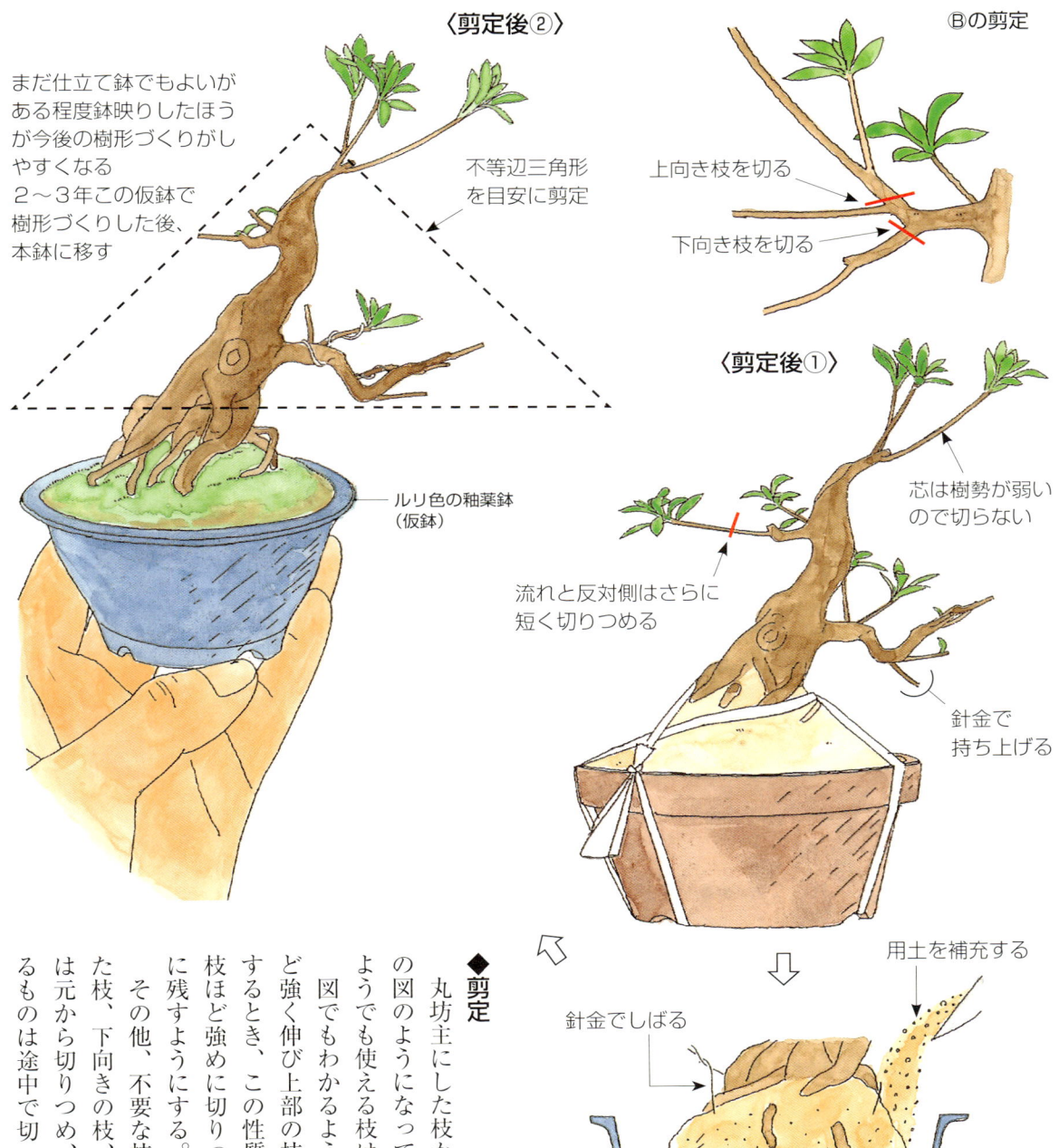

剪定・針金かけ

春

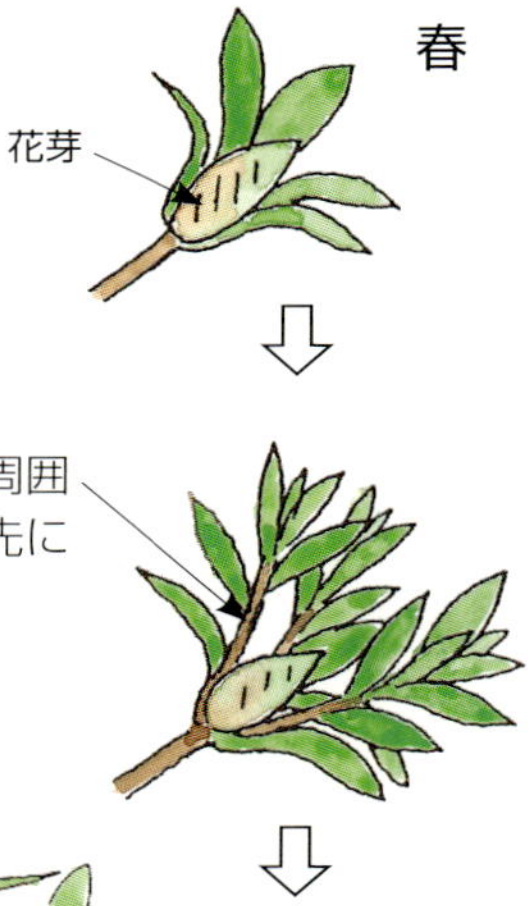
花芽
花芽の周囲
の芽が先に
伸びる

蕾
3本の枝はそれ
ぞれ芯、横枝、
裏枝にする
伸びた新芽
Ⓑ
Ⓐ

〈針金かけ後〉

春から伸びた新梢が固まったころ、針金をかけて整姿する
頂部の切らなかった芽も勢いよく伸びたので樹芯部をつくる

幹の流れに合わせて
曲づけする
Ⓒ
流れと反対側は
短く切りつめる

Ⓒ部の剪定

切る

Ⓑ部の剪定

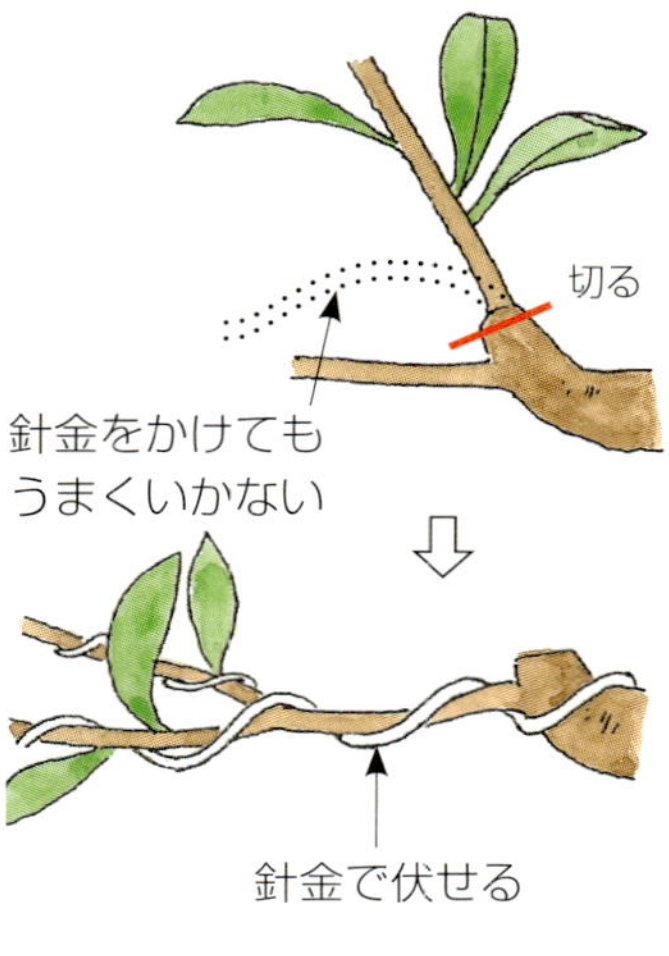
切る
針金をかけても
うまくいかない
針金で伏せる

Ⓐ部の剪定

下向き枝は元から
切りとる

〈開花した枝先の剪定〉

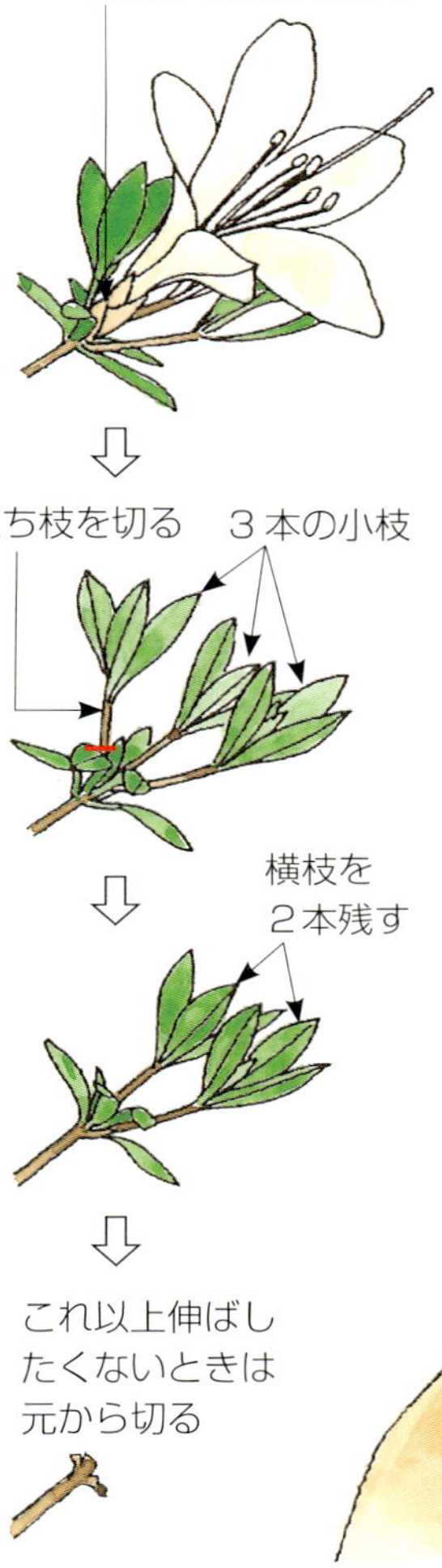
花ガラを元からとる
立ち枝を切る
3本の小枝
横枝を
2本残す
これ以上伸ばしたくないときは元から切る

花後の剪定

だいぶ形ができてきたが、力の弱い上部は枝を多めに残し、強くなる下枝をおさえるようにする

樹高 13㎝
Ⓑ
Ⓐ

Ⓐ樹芯部の剪定

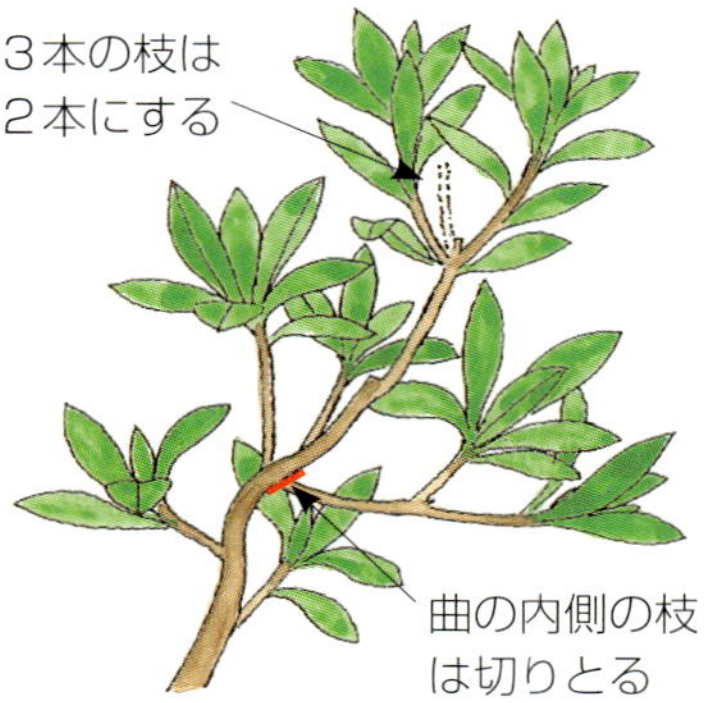
3本の枝は
2本にする
曲の内側の枝
は切りとる

Ⓑ長い枝の剪定

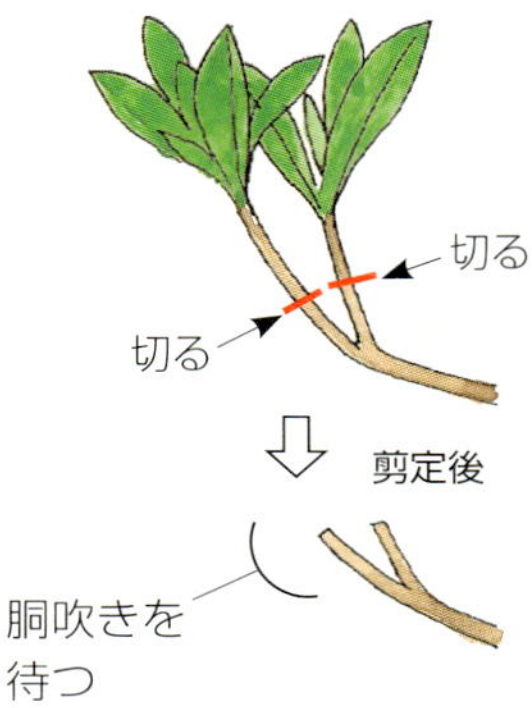
切る
切る
剪定後
胴吹きを
待つ

◆2年目、針金かけ

①樹芯部の針金かけ　頂部に出た3本の枝が伸び、枝元がしっかりしてきたのを見きわめ、針金をかける。1本を樹芯に、あとの2本は横枝、裏枝に利用する。

樹芯とする枝は下からの幹模様に合わせて1～2曲模様をつけ、横枝・裏枝はやや下垂ぎみに伏せる。ただし、樹芯の枝先は切らず、横枝、裏枝とも1.5㎝ほど残して切りつめておく。樹芯の枝先を切らないのは、弱いためと枝元をもっと太くしたいからである。

②枝の針金かけ　必要として残した枝（横枝）でも、枝元は斜上している。そこで枝元が水平になるくらいに針金で伏せておくと、将来適当な枝と枝の間隔を保てる。

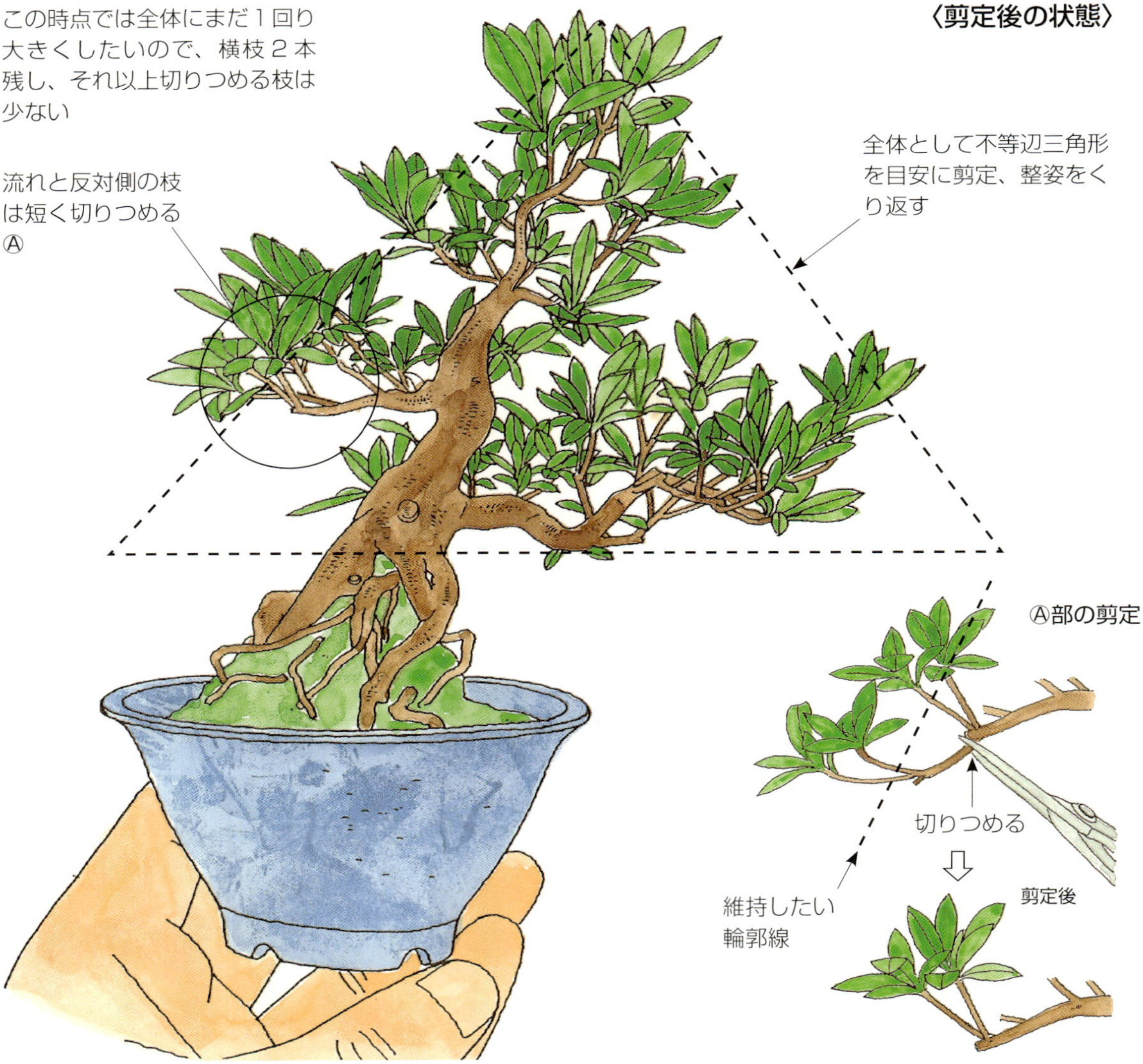
〈剪定後の状態〉
この時点では全体にまだ１回り大きくしたいので、横枝２本残し、それ以上切りつめる枝は少ない
流れと反対側の枝は短く切りつめる
Ⓐ
全体として不等辺三角形を目安に剪定、整姿をくり返す
Ⓐ部の剪定
切りつめる
剪定後
維持したい輪郭線

◆3～4年目、花後の剪定

花の観賞が済んだら早めに剪定する。３年目では、もう少し枝を伸ばしたいのでとくに長い枝を切りつめる程度だが、４年目には一回り小さく追いこみ剪定をする。

花芽は春から伸びた新梢の先に七、八月花芽分化する。３年目のように枝先を切らずに残せば、ほとんどの枝に花芽をもつ。

しかし、４年目のように春から伸びた新梢を一旦切りつめると、その後伸び出す二番芽に花芽をつけることになるので、早めに剪定をしないと花芽が期待できなくなる。

また、同時に植え替えをすると二番芽の萌芽が遅れ、花芽の数が少なくなる。花芽をたくさんつけるには、三月に植え替えをし、花後の剪定のみにすること。

三月は植え替えが集中するのと、花物の植え替えは花後という頭があるので忘れがちだが、全体に花を咲かせるには必要。したがって、花を観賞できる木姿になったものの植え替えは、以後三月の植え替えとなる。

4年目の6月上旬

剪定・植え替え

全体に枝が長くなってきたので1回り小さく切りつめる
樹高
14㎝
Ⓐ
伸びた枝は全体に1回り小さく切りつめる
2～3年に一度植え替える

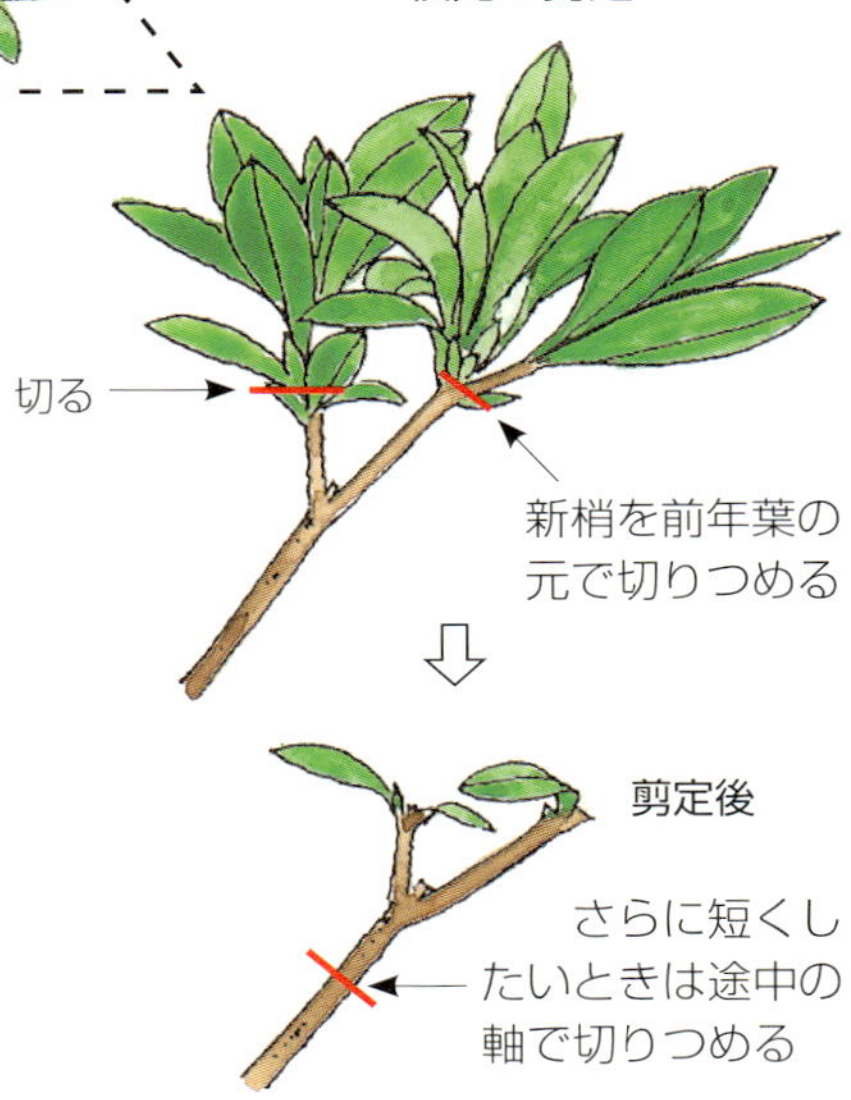
枝先の剪定
切る
新梢を前年葉の元で切りつめる
剪定後
さらに短くしたいときは途中の軸で切りつめる

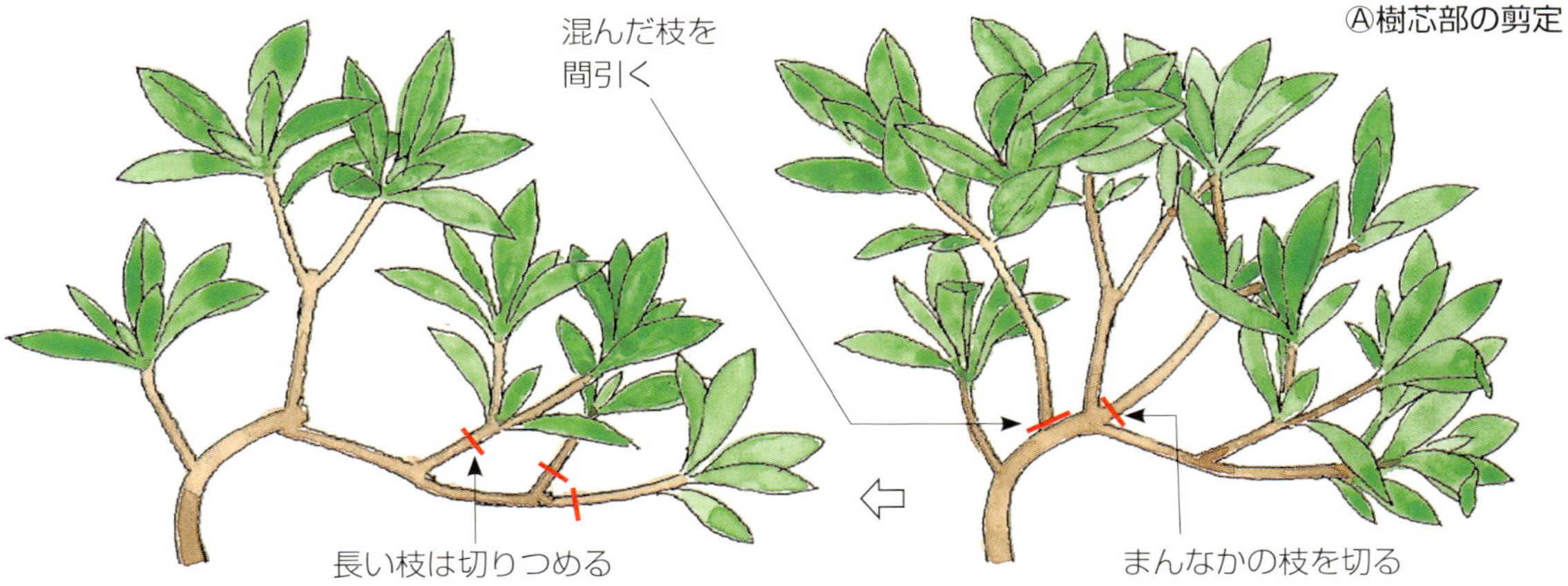
Ⓐ樹芯部の剪定
混んだ枝を間引く
まんなかの枝を切る
長い枝は切りつめる

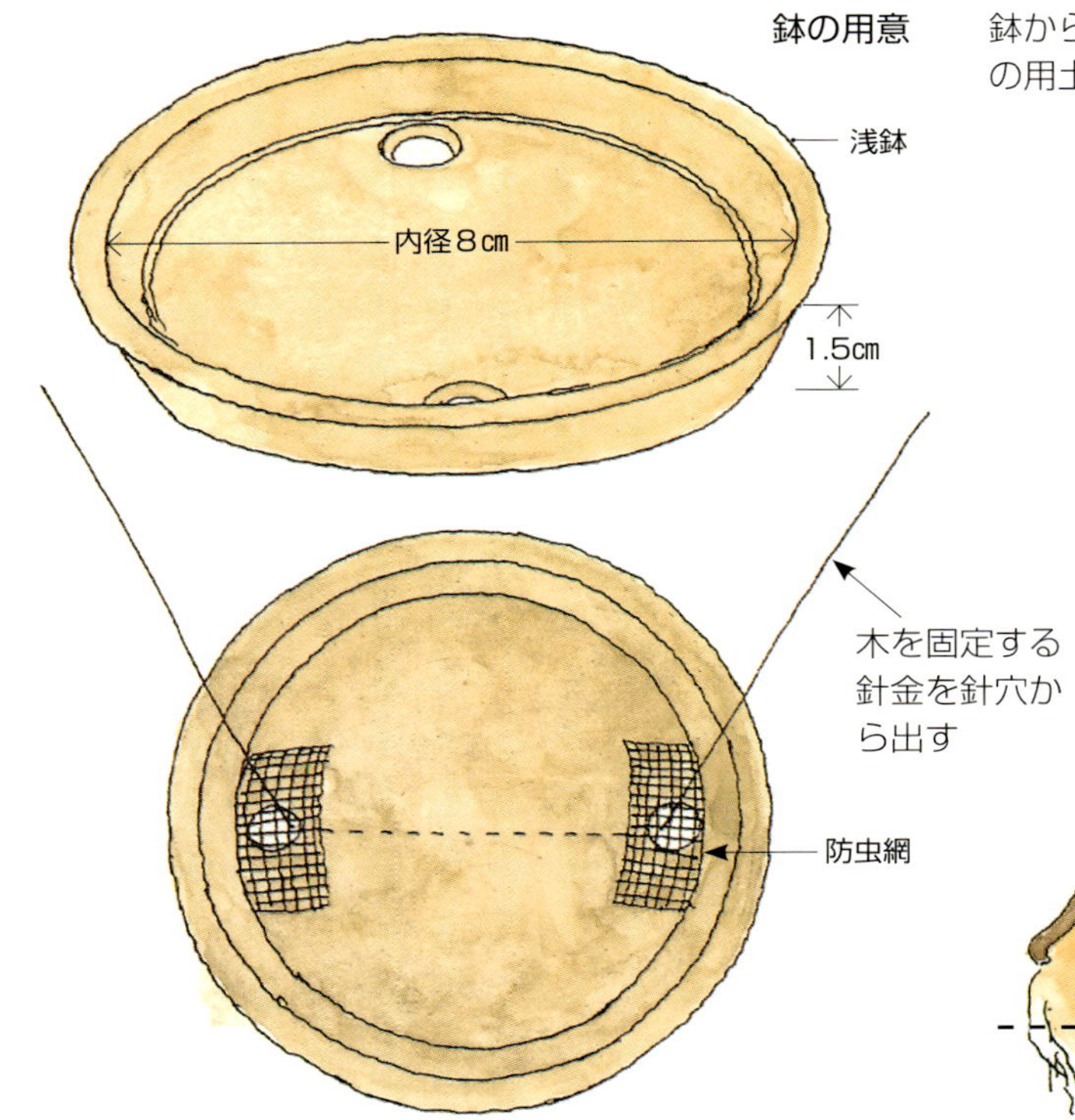
鉢の用意
浅鉢
内径8cm
1.5cm
木を固定する
針金を針穴か
ら出す
防虫網

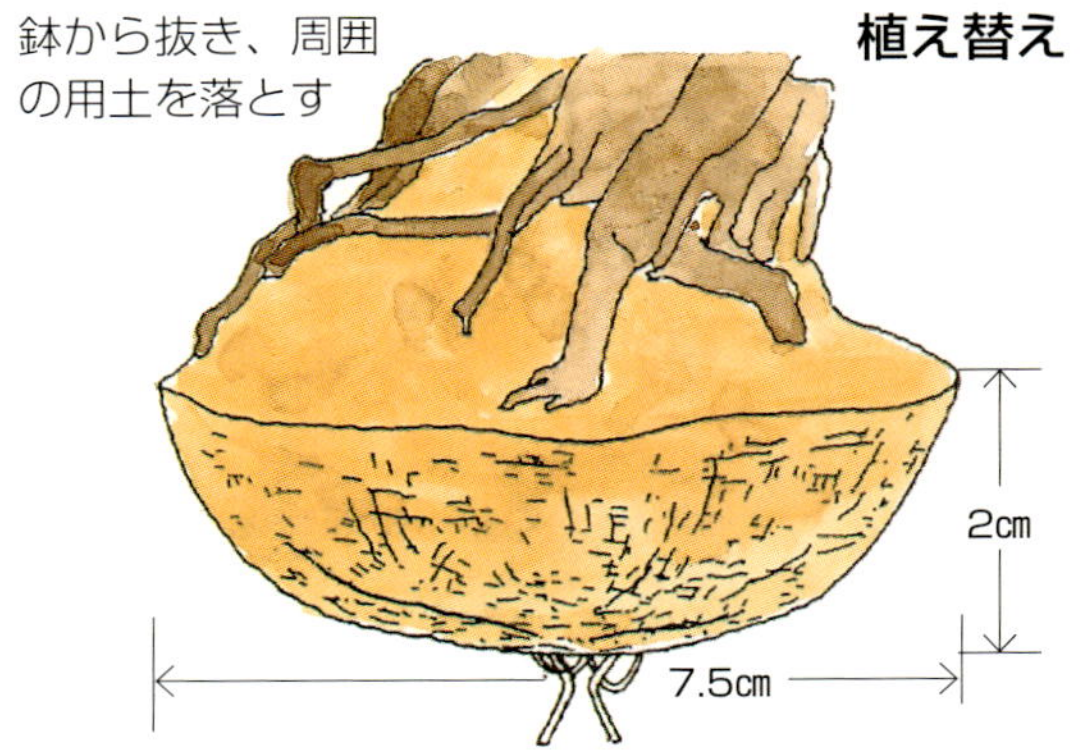
植え替え
鉢から抜き、周囲
の用土を落とす
2cm
7.5cm

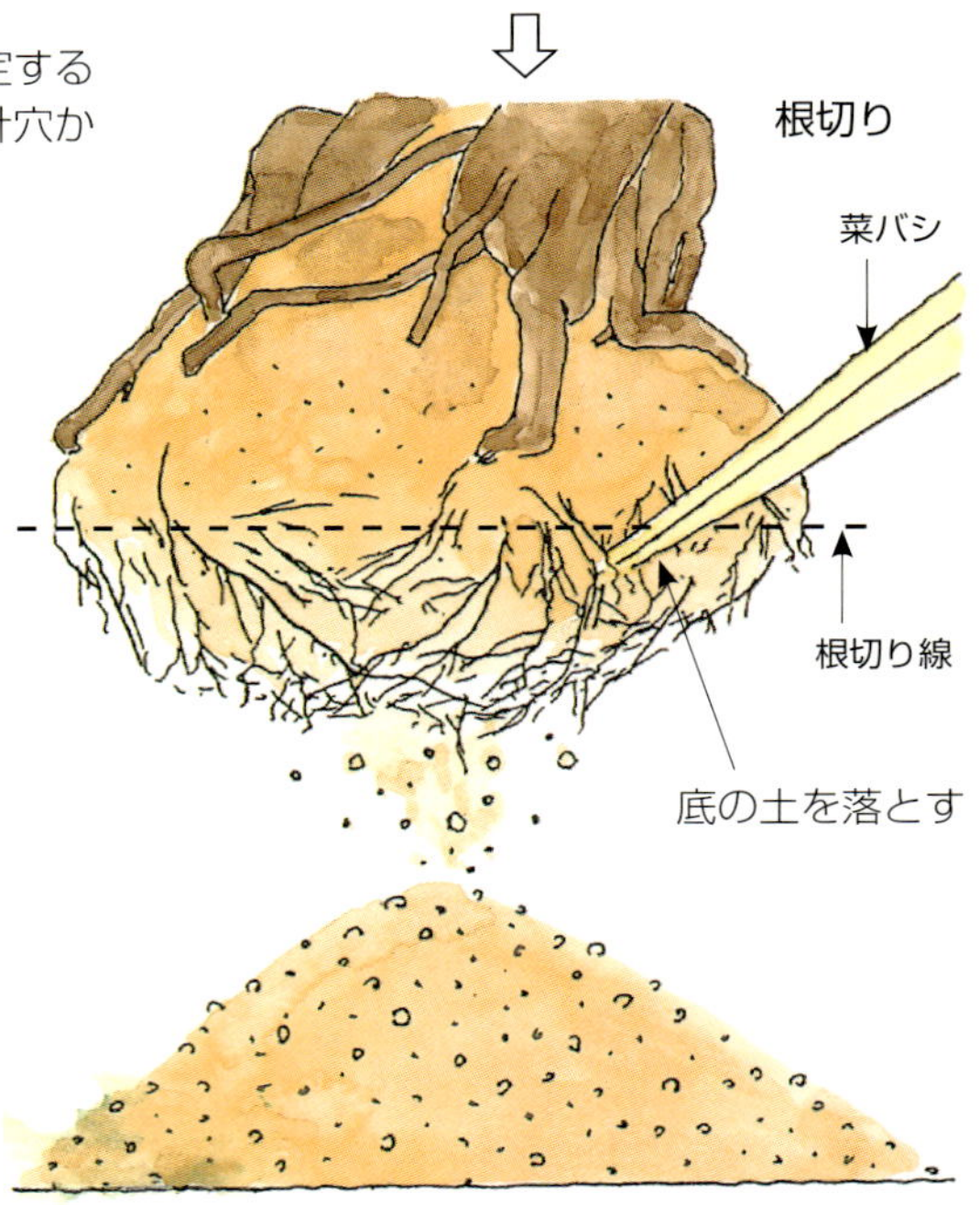
根切り
菜バシ
根切り線
底の土を落とす

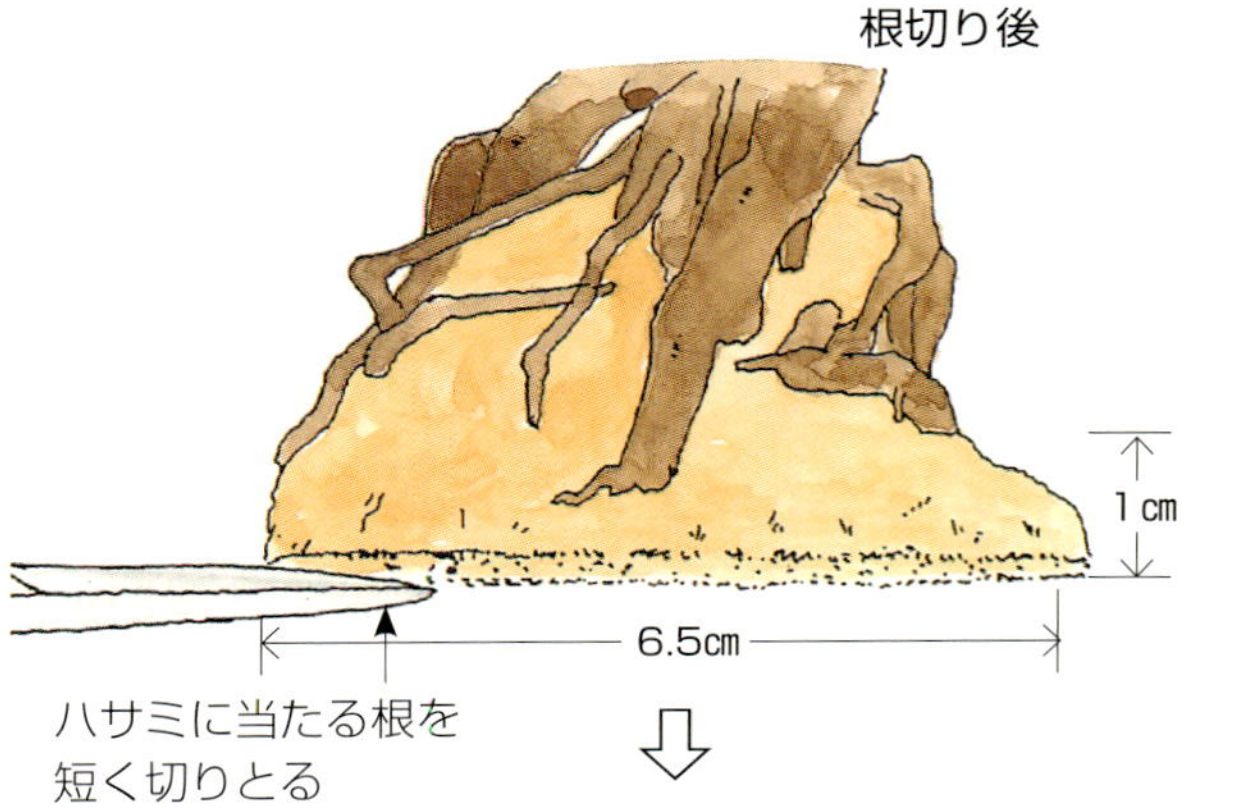
根切り後
1cm
6.5cm
ハサミに当たる根を
短く切りとる

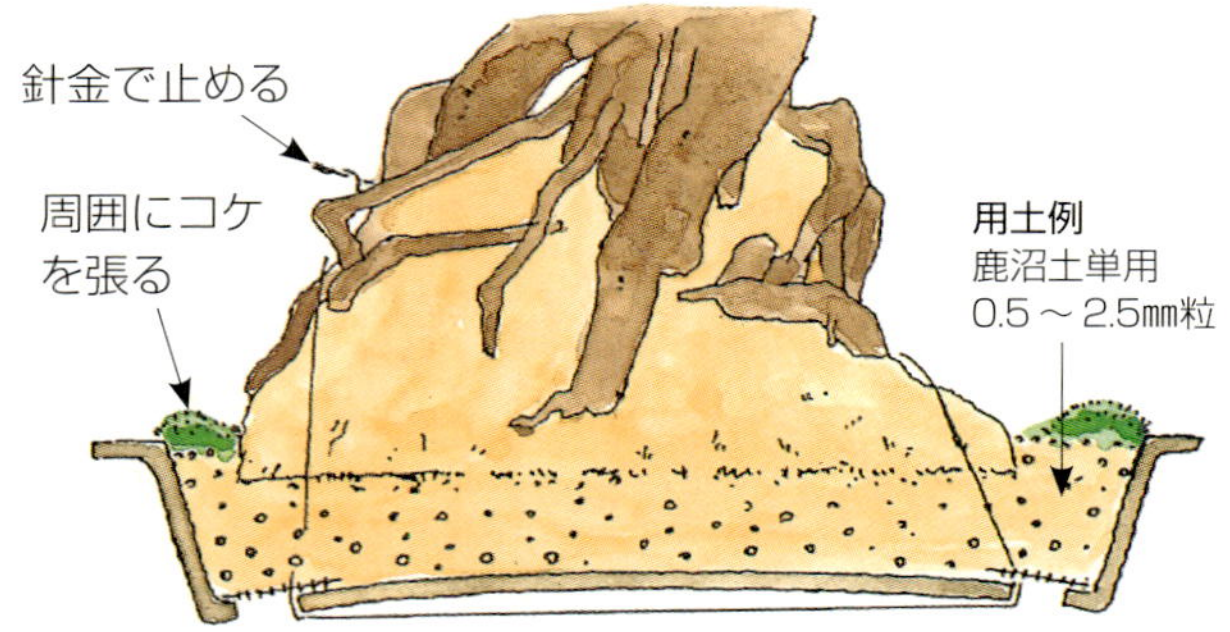
針金で止める
周囲にコケ
を張る
用土例
鹿沼土単用
0.5～2.5mm粒

◆植え替え

春に植え替える予定だったが、時期を逸したため剪定と同時に植え替える。

前回の植え替えから3年たち、根が鉢内いっぱいに回っている。

まず根元の土を落とし、鉢底に巻いている根をほぐす。そして根張り近くで薄く水平に切りつめる。さらに木を逆さにしてハサミを平らに当て、強い根を切る。

鉢は浅い丸鉢を用意した。

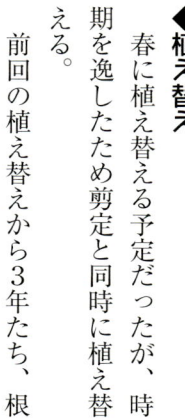

植え替え後

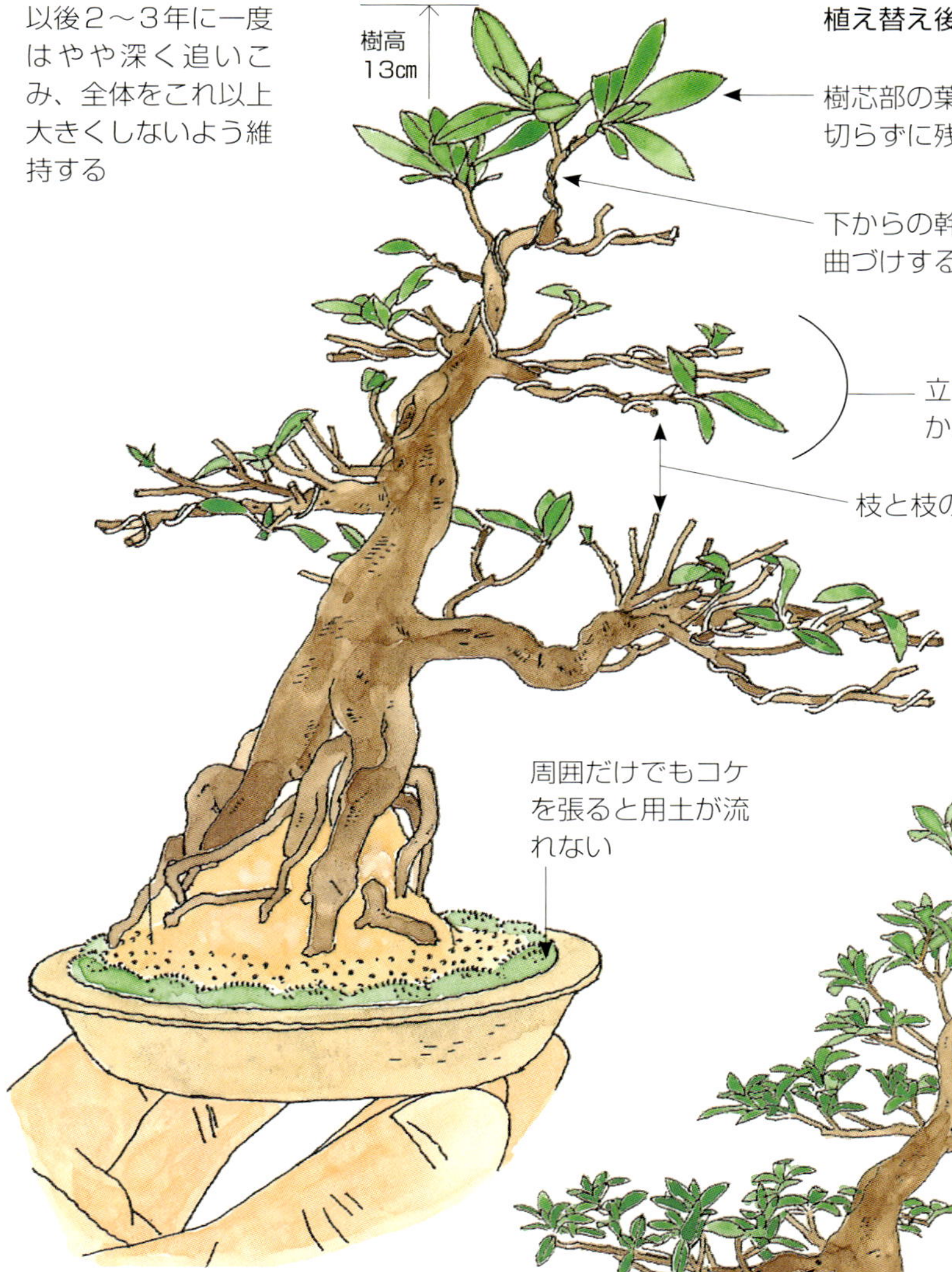
以後2～3年に一度はやや深く追いこみ、全体をこれ以上大きくしないよう維持する
樹高
13㎝
樹芯部の葉は切らずに残す
下からの幹模様に合わせて曲づけする
立ちぎみの枝は針金をかけて水平に伏せる
枝と枝の間隔をとる
下枝は強めに剪定
周囲だけでもコケを張ると用土が流れない

3月
針金はずし・軽い剪定

下向き枝を切る
逆枝を切る
枝元の不定芽を切る
針金は、半年ほどかけておくと枝が固定するので早めにはずす
また、植え替えと同時の剪定だったので花芽の数は少ないが、来年は木全体で花が楽しめる

◆針金はずし・剪定

前年にかけた針金は、針金切りでプツプツと一巻きごとに切ってはずす。姿を乱す下向き枝や逆枝、枝元の不定芽は同時に切りとっておく。

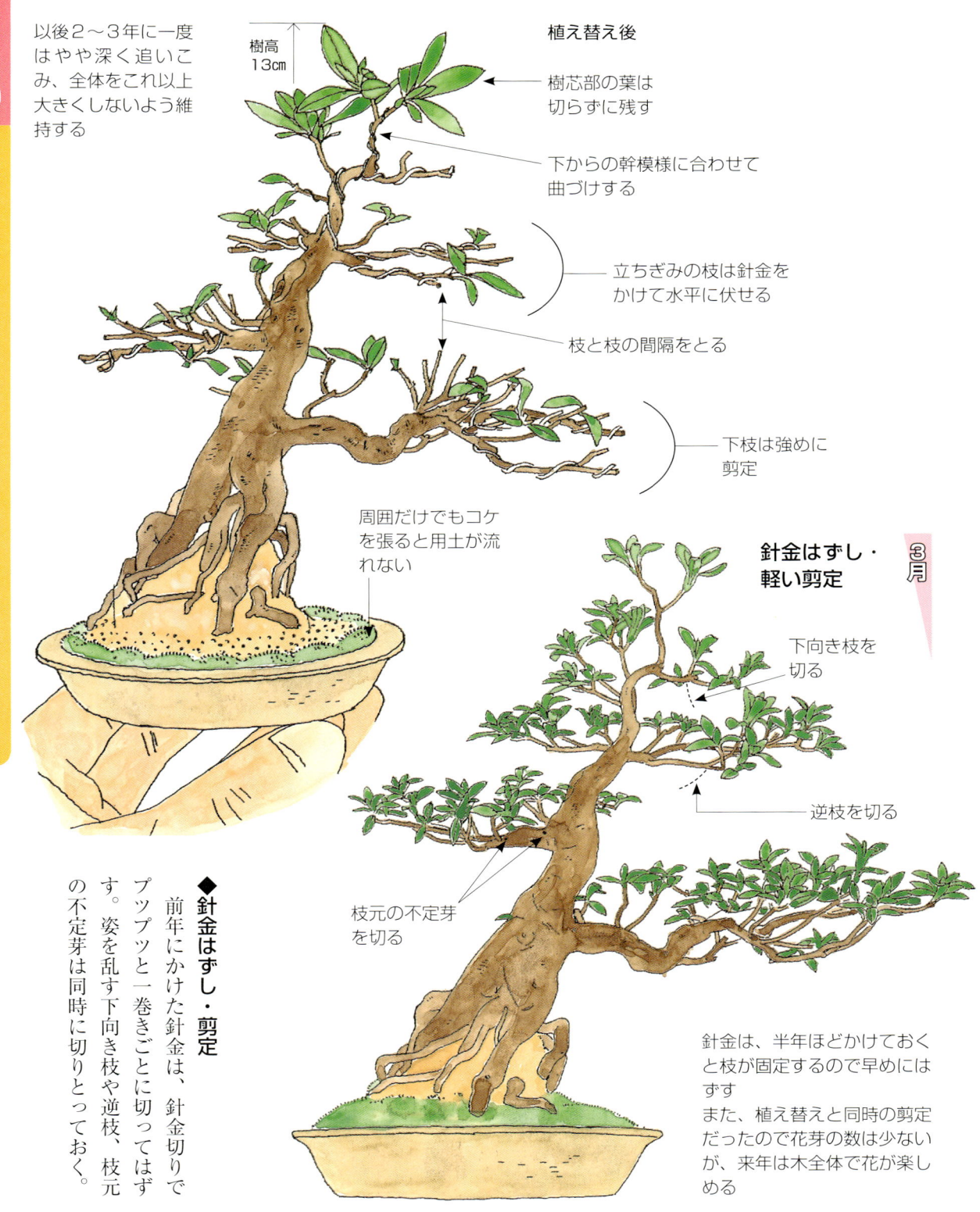

幹の曲を生かして斜幹に（珍山）

改 作

細幹の多い珍山だが、この素材は立ち上がりが太く力強い

樹高 20㎝
（ミニ盆栽としては大きすぎるのでもっと樹高を小さくしたい）
Ⓐ
ハ
イ
点線の位置で切りつめ、すぐ下の枝を芯に立て替えるのも一案
Ⓐ Ⓑ Ⓒ Ⓓは
それぞれ剪定を要する箇所（左頁参照）
ロ
Ⓑ
この幹模様を生かす
Ⓒ
Ⓓ
強い太根がある
幹に灼けこみがある

将来の予想図２態

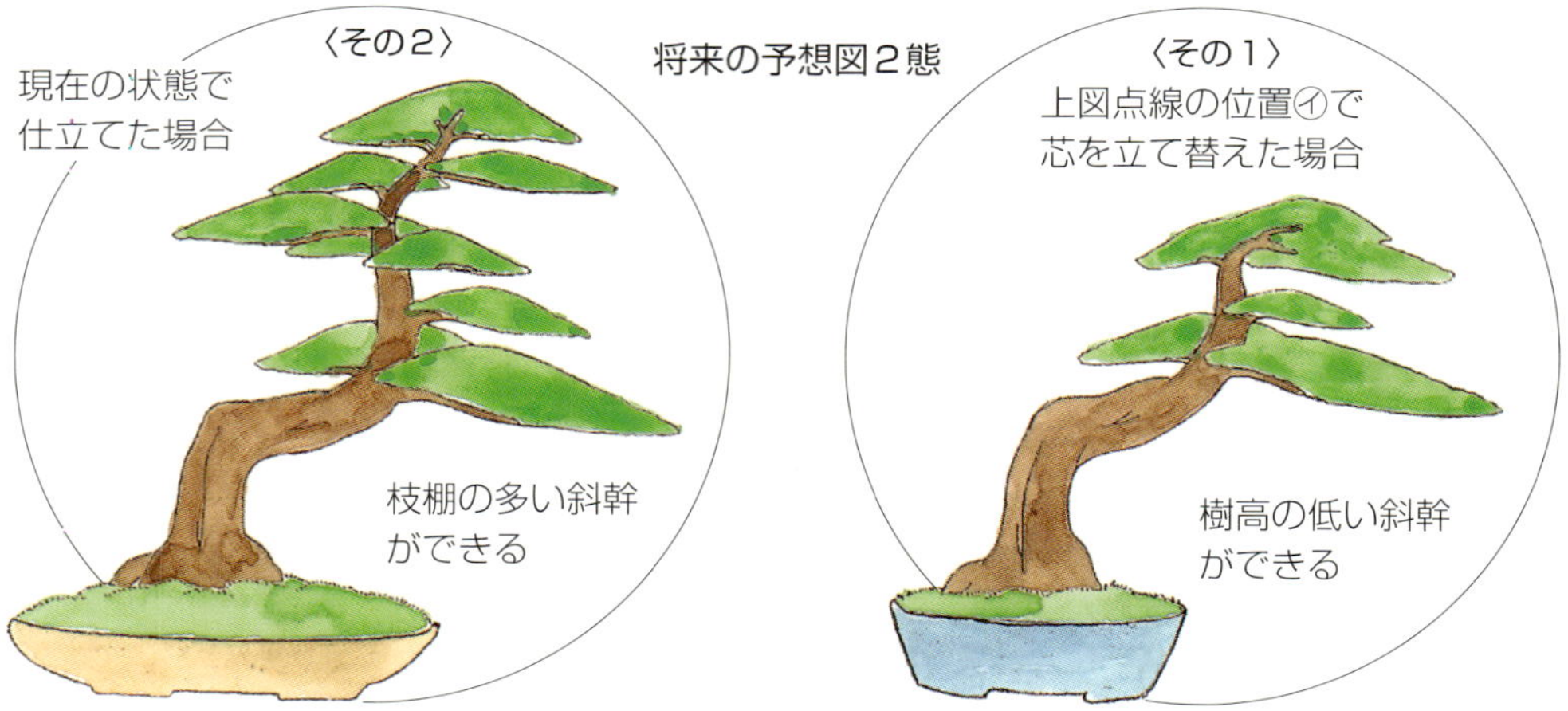

〈その２〉
現在の状態で仕立てた場合
枝棚の多い斜幹ができる
〈その１〉
上図点線の位置㋑で芯を立て替えた場合
樹高の低い斜幹ができる

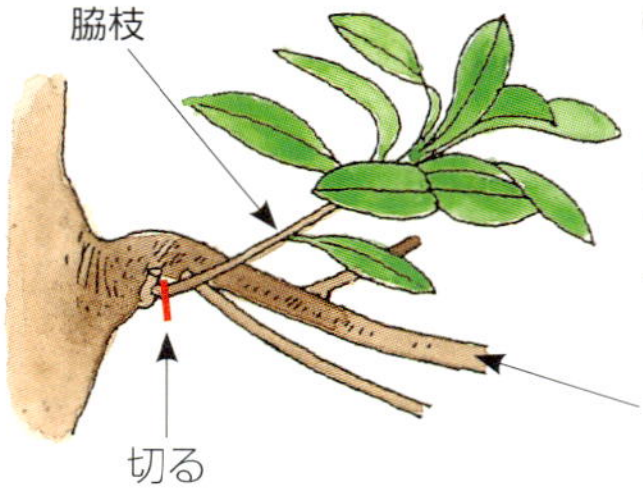
脇枝
切る
よい枝

Ⓑ脇枝の剪定

よい枝の枝元から出た脇枝は、枝元をすっきりさせるため切りとる

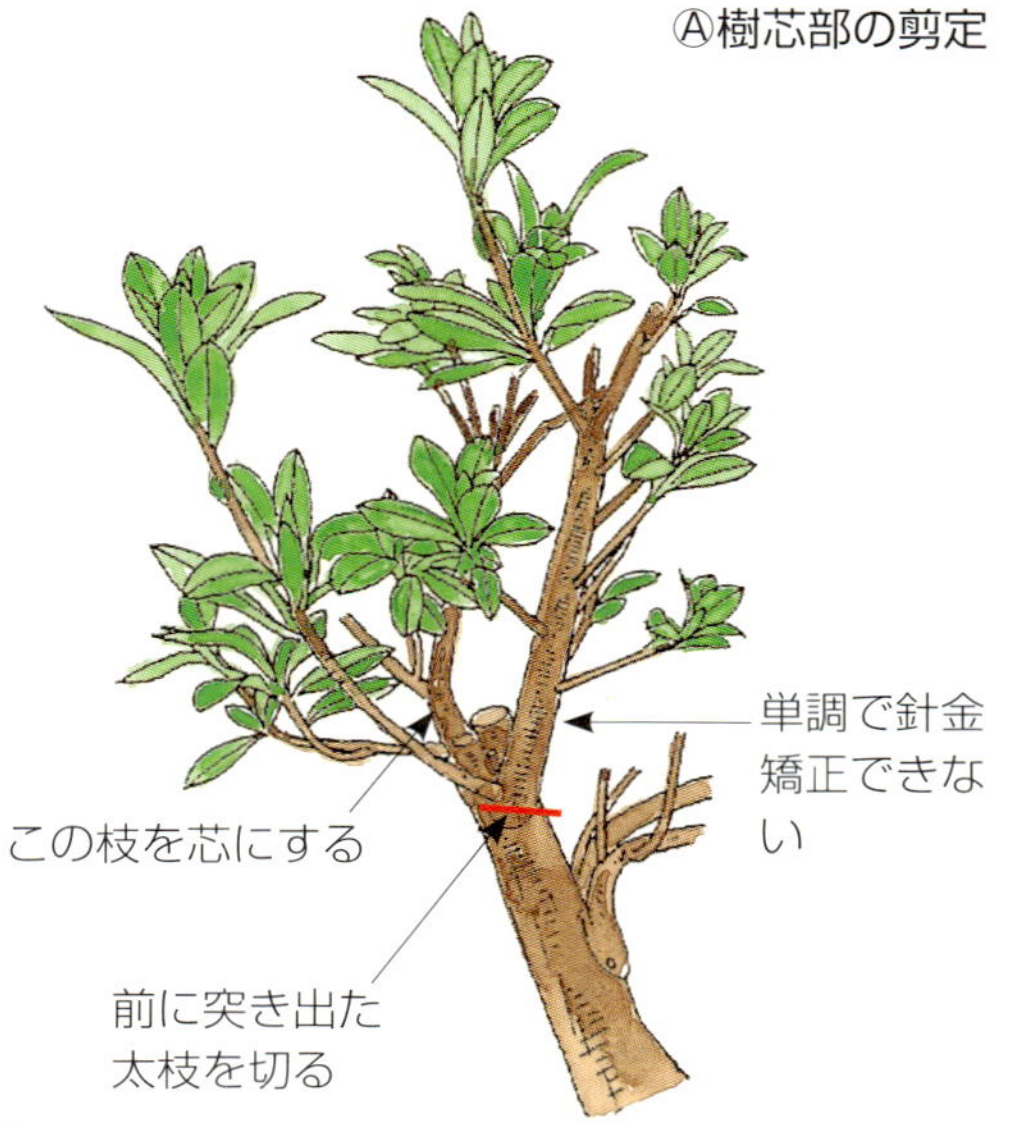
単調で針金矯正できない
この枝を芯にする
前に突き出た太枝を切る

Ⓐ樹芯部の剪定

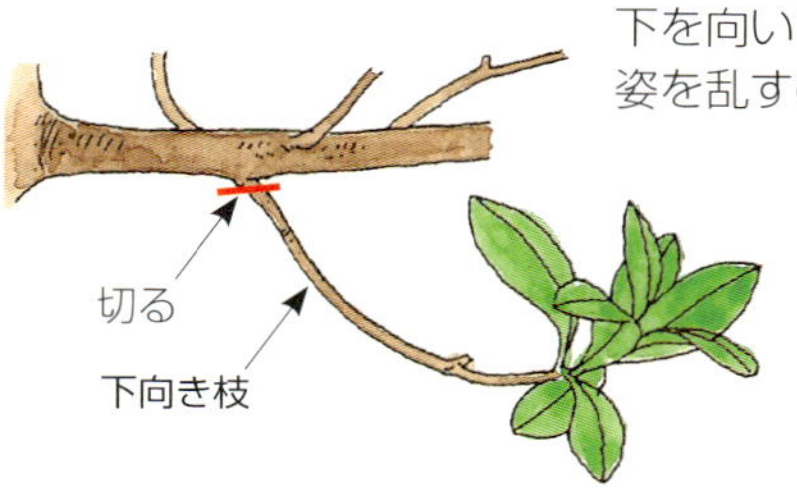
切る
下向き枝

Ⓒ下向き枝の剪定

下を向いて出た枝は姿を乱すので切る

〈浮き根の処理〉

（右横から見たところ）

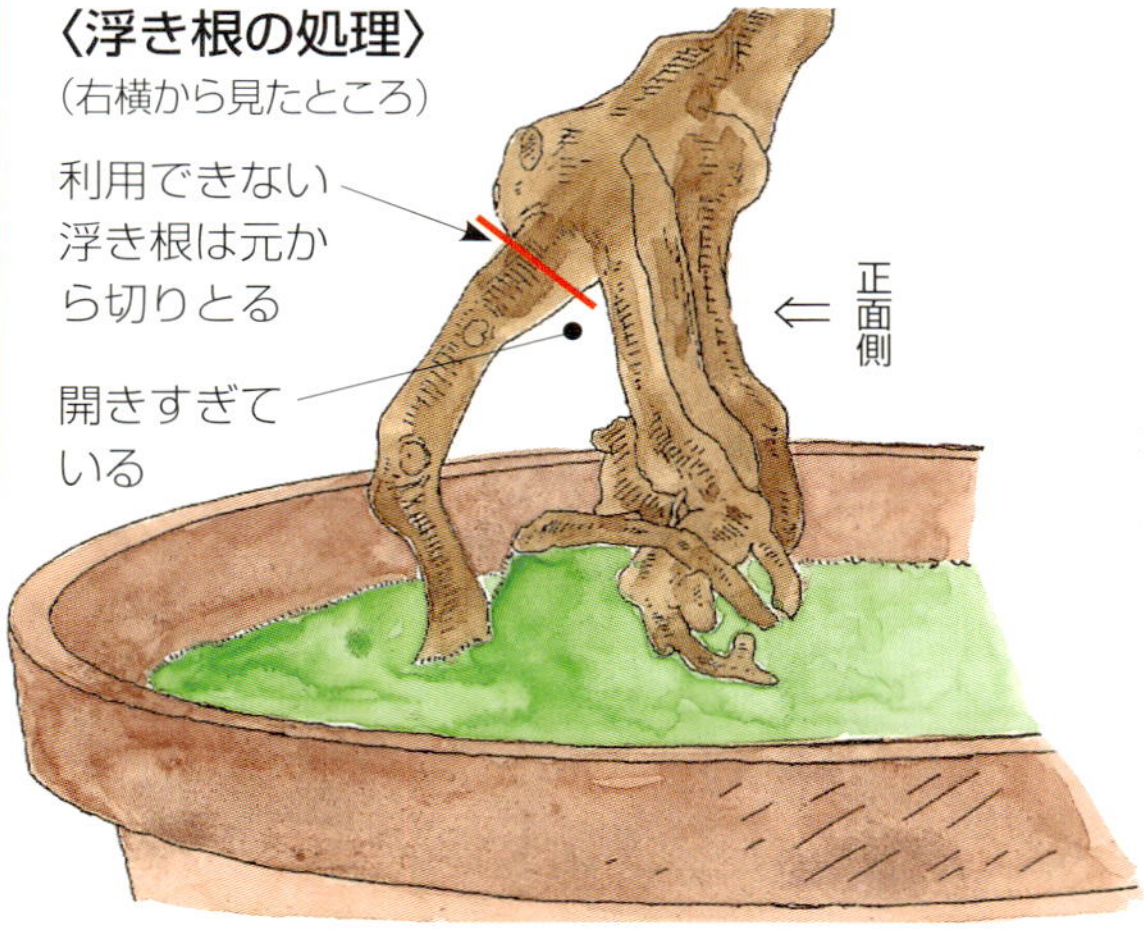
利用できない浮き根は元から切りとる
開きすぎている
⇐正面側

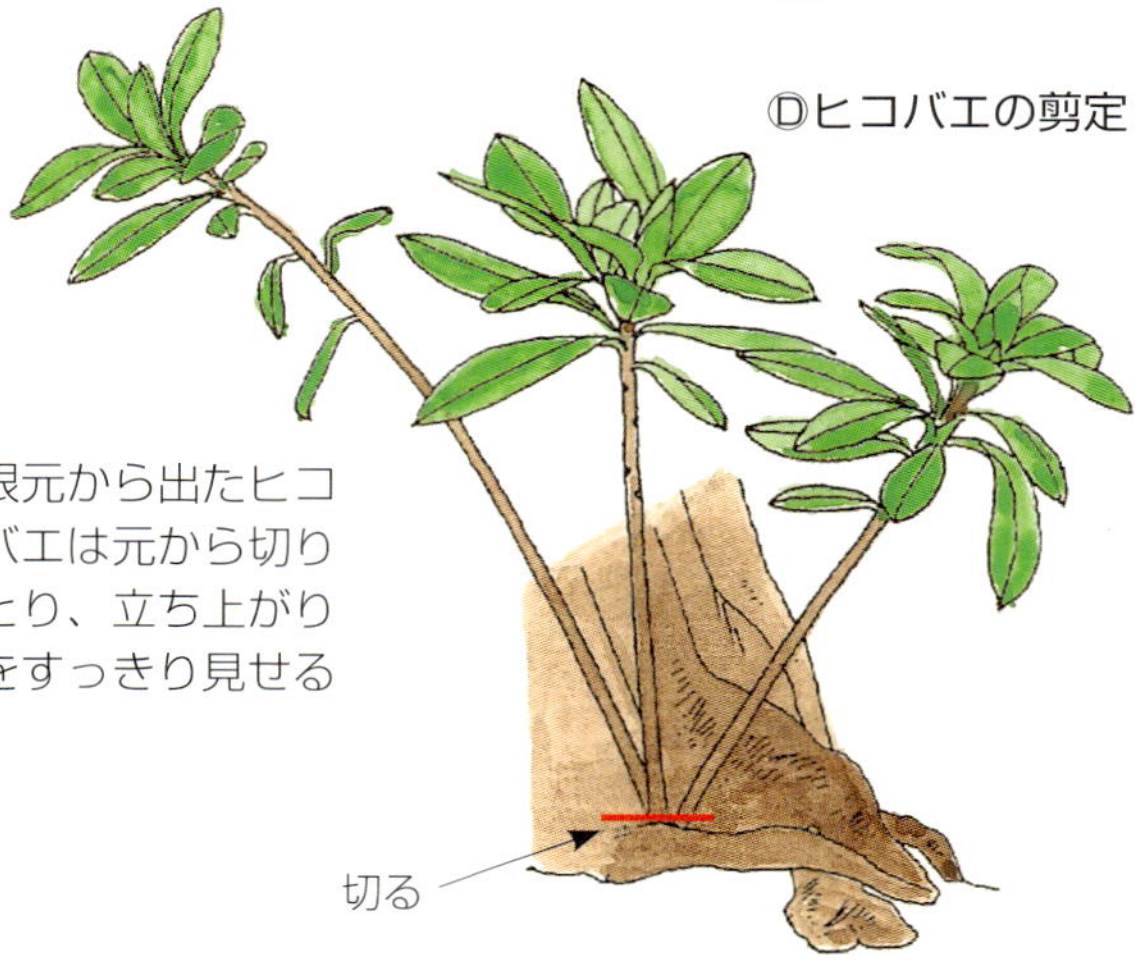
根元から出たヒコバエは元から切りとり、立ち上がりをすっきり見せる
切る

Ⓓヒコバエの剪定

◆剪定のポイント

左右に力強く根の張ったこの位置しか正面は考えられない。問題は芯の立て替え位置である。

樹高の低い木をつくるには、㋑か㋺の位置で切りつめる（曲の流れは㋑がよい）。しかしこの改作では㋩の枝を芯として利用することにした。途中、幹に直線的な部分や曲が根元に戻りすぎるきらいもあるが、木なりにつくってみようと思う。

まず樹芯となる㋩の枝のすぐ下にある矯正のできない直線的な太枝を切除する。次に上図のような脇枝や下向き枝、ヒコバエなどを切りとると、樹芯までの幹の流れがはっきりする。さらに裏側にある太い浮き根を切り、一の枝をどれにするか決める。下から二曲目の右側面についた枝しか考えられない。

そこで、この一の枝から下に出ている枝はすべて除去する。これでおおよその剪定は終了する。

あとは針金をかけながら長すぎる枝や腹枝（曲の内側になってしまう枝）などを整理する。しかし、この時点ではやや多めに残しておくようにしたい。

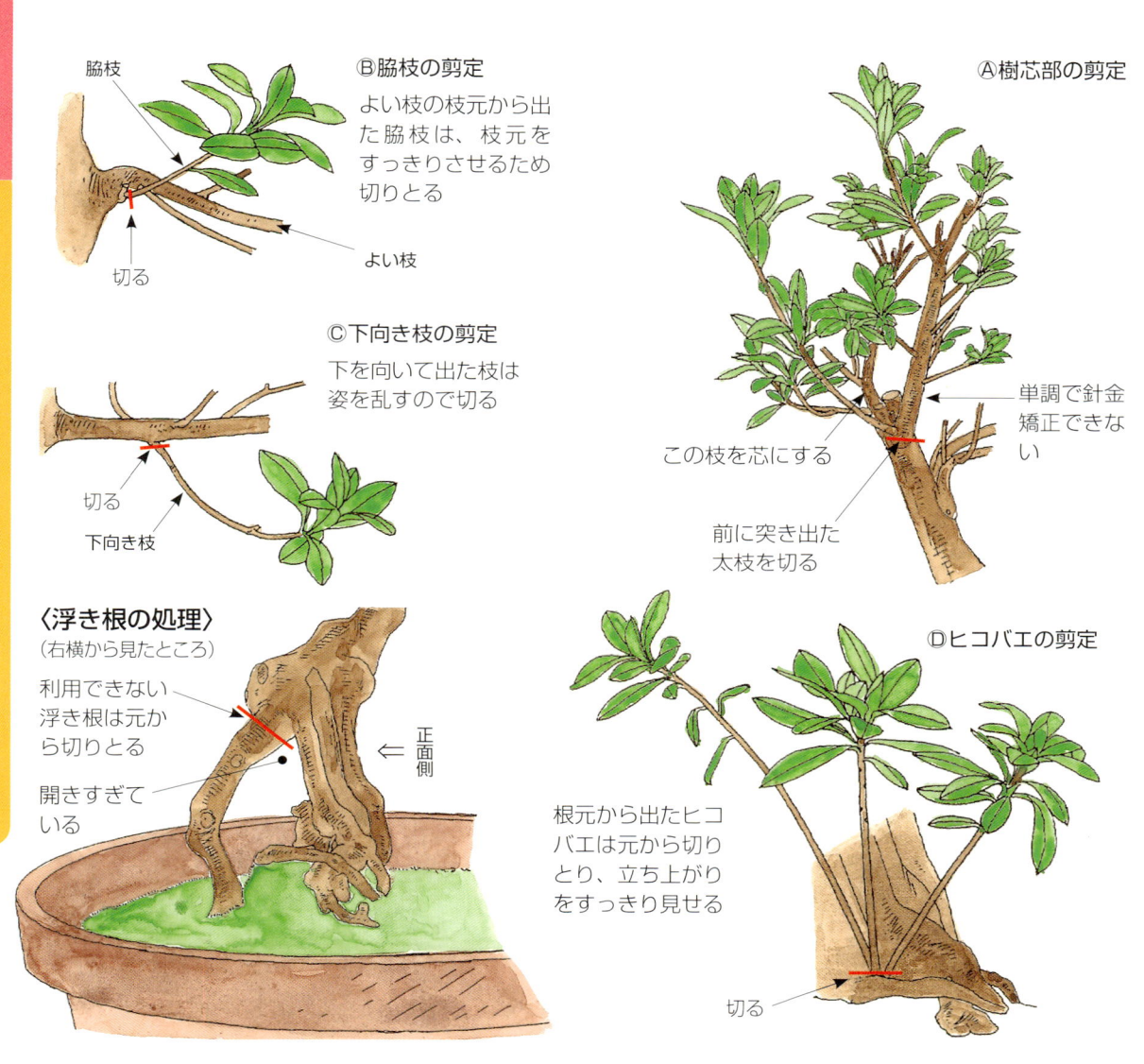

〈剪定後の状態〉

とくに目立つ不要枝を切りとったところ、だいぶすっきりしたが、針金をかけながら、さらに不要な枝は整理する

この木は一の枝（差し枝）が右に流れるので、樹芯部も右に傾ける
なお、植え替えは針金かけが済んでから行なう

長いのでもっと切りつめたい枝
一の枝はこの枝しか見当たらない
一の枝より下になるので切り取る
流れと反対側の枝はおさえぎみにつくる
針金かけ後
枝をふり分けて樹冠部をつくる
差し枝側の枝は長めにつくる
一の枝（差し枝）
この部分の枝は切りとってすっきり見せる

◆針金かけ

芯となる枝の曲づけと各枝を水平ぎみに伏せる。

針金はアルミ線の1.2㎜を使用。やや太めの枝は2本巻けば効く。針金は交差させないようにそろえて巻き、ごく細い枝にはかけない。枝先は少し上向き加減がよい。

◆根の処理

灌水を1日控え、用土を乾かしぎみにしておくと作業しやすい（用土が固まって落としにくかったら水洗いも可）。

まず目につくのは上に出た太根。すぐ下によい根があるので元から切りとる。長く伸びた根は、できる限り根元近くの小根まで切りつめ、浅鉢に入るようにする。また、下向きの太根は短くつめる。

〈根の処理〉

浅鉢に植えたいので薄くなるように切りつめる

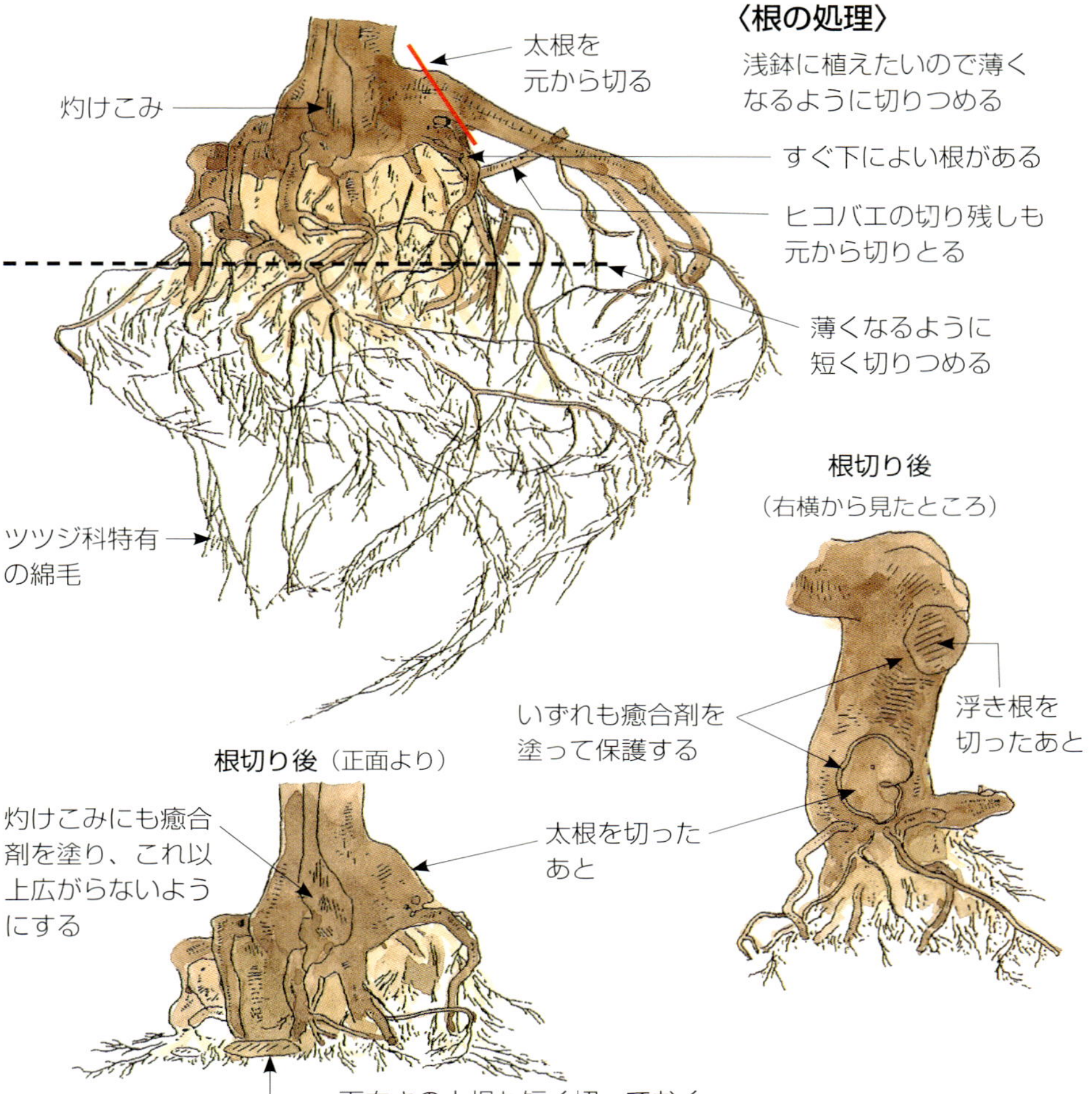
太根を
元から切る
灼けこみ
すぐ下によい根がある
ヒコバエの切り残しも
元から切りとる
薄くなるように
短く切りつめる
ツツジ科特有
の綿毛
根切り後
（右横から見たところ）
浮き根を
切ったあと
いずれも癒合剤を
塗って保護する
根切り後（正面より）
灼けこみにも癒合
剤を塗り、これ以
上広がらないよう
にする
太根を切った
あと
下向きの太根も短く切っておく

〈植え付け方〉

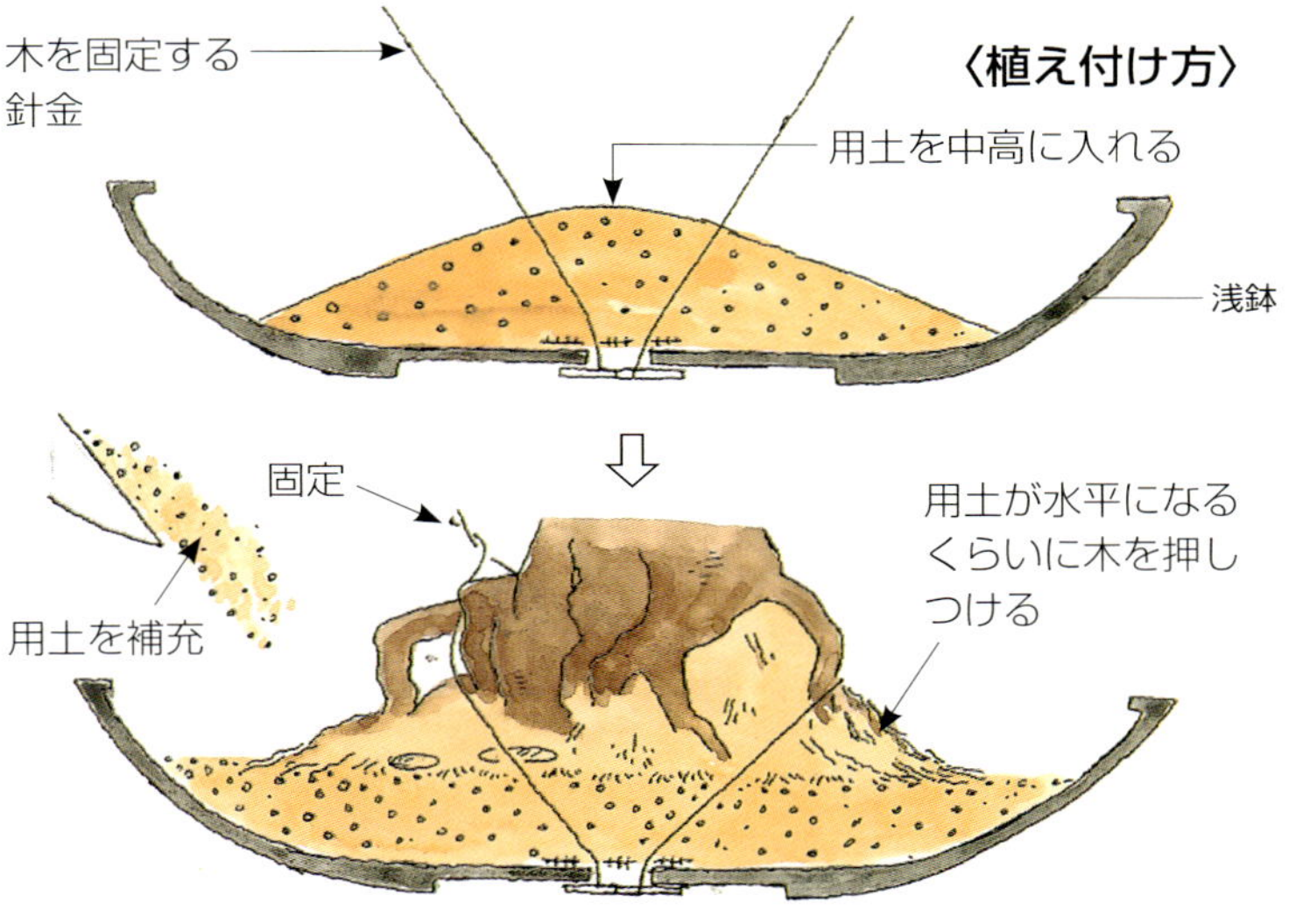
木を固定する
針金
用土を中高に入れる
浅鉢
固定
用土を補充
用土が水平になる
くらいに木を押し
つける

次頁 ⇦

〈植え替え後の状態〉

植え替え後は表土が凍らない程度の場所に置き、新芽が動きはじめたら戸外の棚上に出す（3月下旬ごろ）

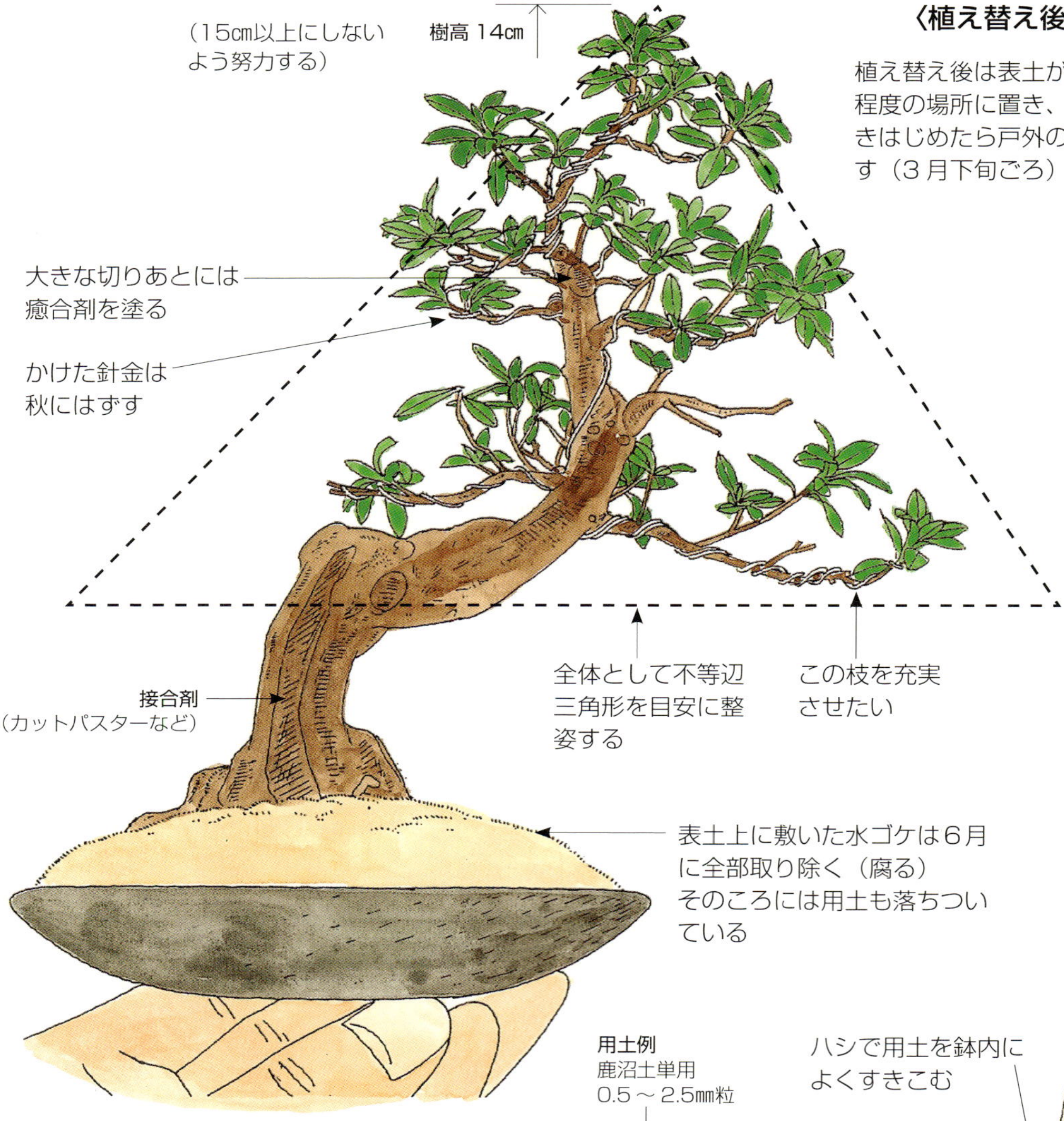

樹高 14㎝
（15㎝以上にしないよう努力する）
大きな切りあとには癒合剤を塗る
かけた針金は秋にはずす
接合剤（カットパスターなど）
全体として不等辺三角形を目安に整姿する
この枝を充実させたい
表土上に敷いた水ゴケは6月に全部取り除く（腐る）そのころには用土も落ちついている

◆植え付け方

浅い丸鉢を用意。木を固定する細い針金を針穴から出しておく。

まず用土を中高に入れ、根の処理を終えた木を用土が平らになるくらい押しつける。

植え位置が決まったら針金で根元で結束し、周囲に用土を補充する。ハシで用土を鉢内にすきこんだらたっぷり灌水。

表土上には刻んだ水ゴケを薄く敷きつめる。

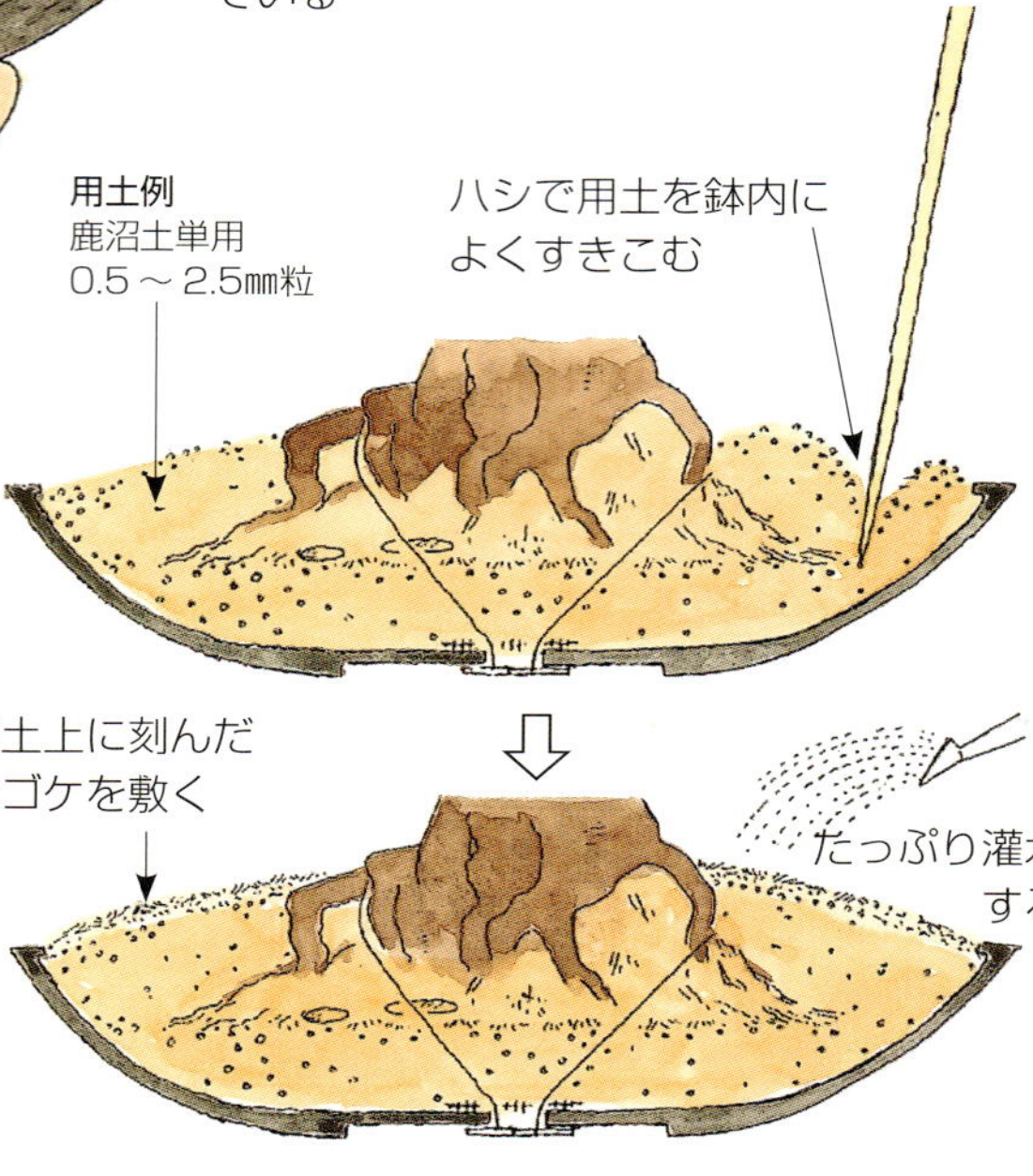

用土例
鹿沼土単用
0.5～2.5㎜粒
ハシで用土を鉢内によくすきこむ
表土上に刻んだ水ゴケを敷く
たっぷり灌水する

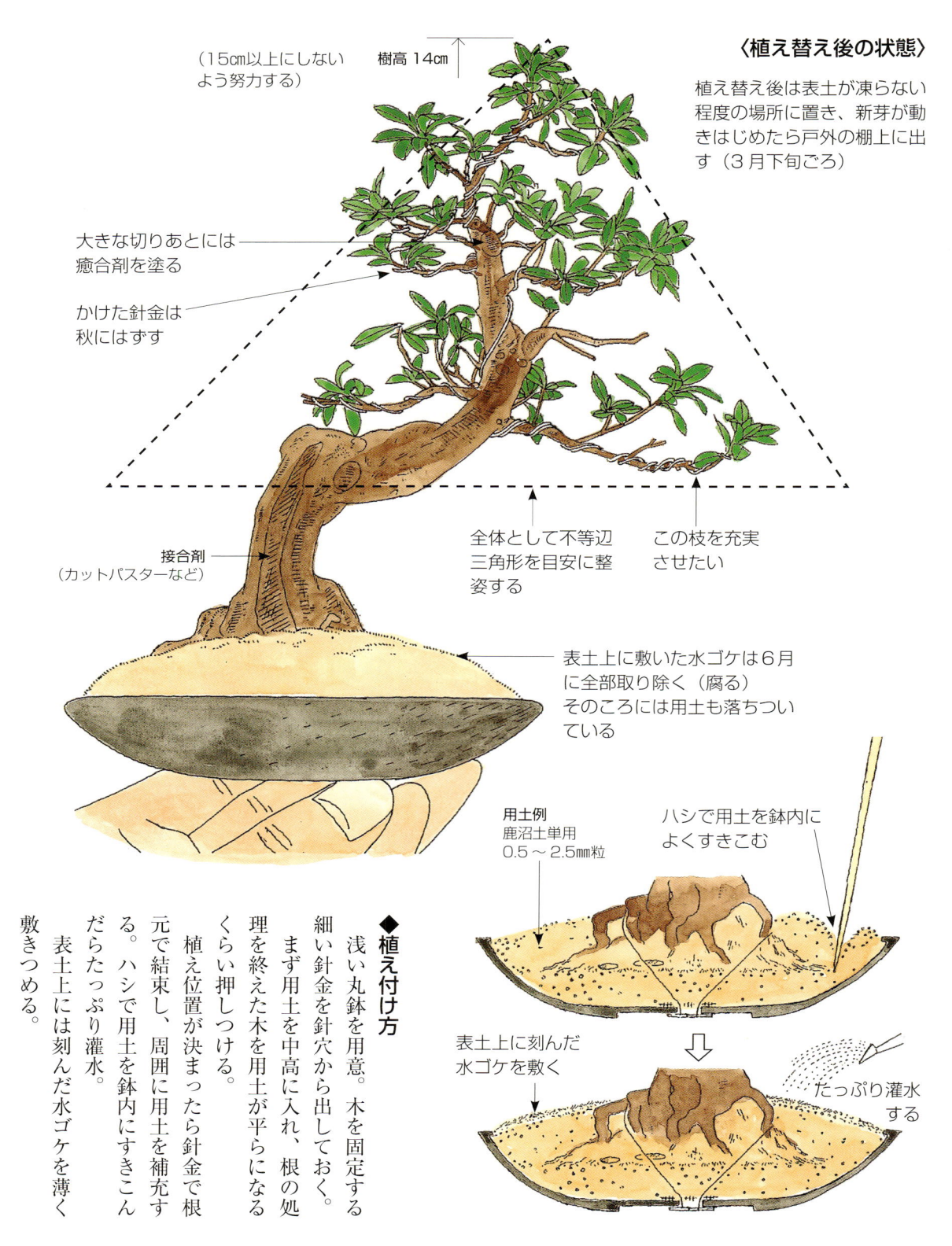

剪定・針金かけ

ⒶⒷは剪定を要する箇所
（下図参照）

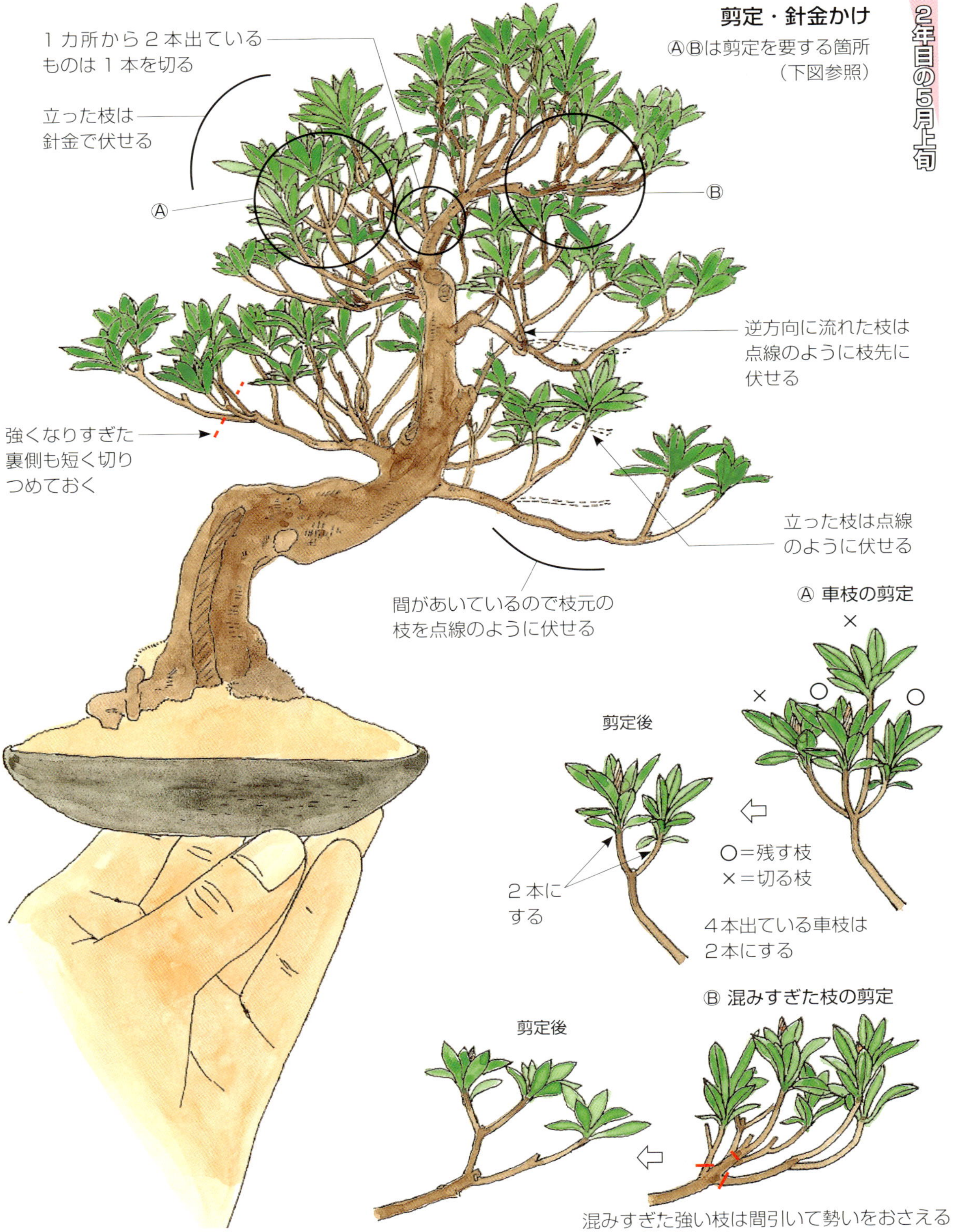
1カ所から2本出ているものは1本を切る
立った枝は針金で伏せる
Ⓐ
Ⓑ
逆方向に流れた枝は点線のように枝先に伏せる
強くなりすぎた裏側も短く切りつめておく
立った枝は点線のように伏せる
間があいているので枝元の枝を点線のように伏せる

Ⓐ 車枝の剪定

×
×
○
○
剪定後
2本にする
○＝残す枝
×＝切る枝
4本出ている車枝は2本にする

Ⓑ 混みすぎた枝の剪定

剪定後

混みすぎた強い枝は間引いて勢いをおさえる

〈針金かけ後〉

姿を乱していた枝を軽く剪定し、針金をかけたところ
こうすると整った姿で花を観賞することができる

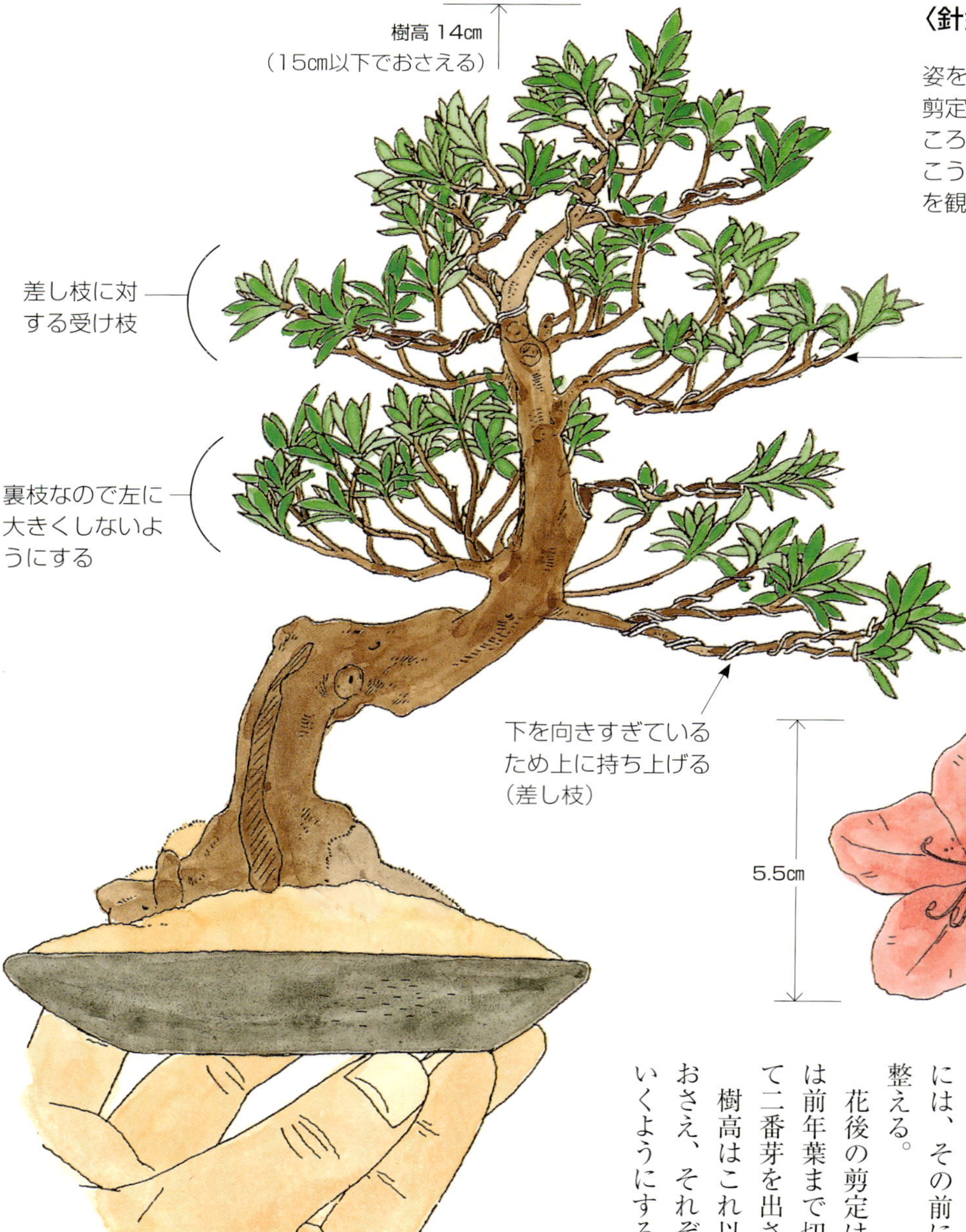

樹高 14cm
（15cm以下でおさえる）
差し枝に対する受け枝
差し枝より長くしない
裏枝なので左に大きくしないようにする
下を向きすぎているため上に持ち上げる（差し枝）

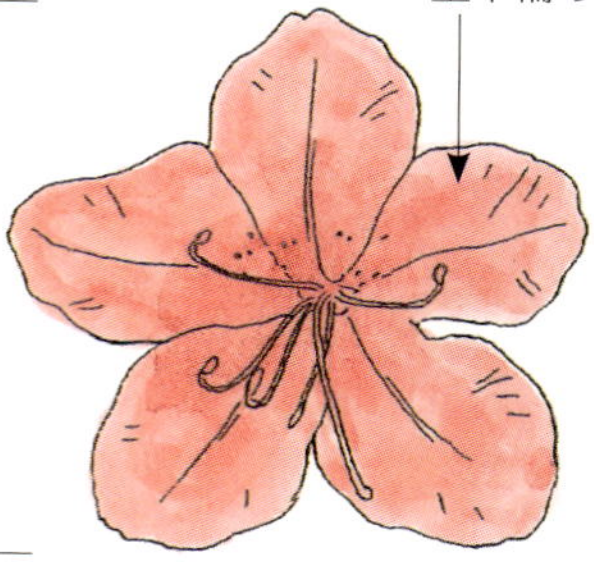

珍山の花
一重中輪の赤花
5.5cm

◆開花前の軽い剪定と針金かけ

改作から1年を経過した状態。小枝の先には花芽がついている。このまま開花させて花後に剪定、針金をかけるのが通常の方法だが、より整った枝で観賞するには、その前に軽く作業し、花後さらに整える。

花後の剪定は一の枝を除き、上部の枝は前年葉まで切りつめ、一回り小さくして二番芽を出させる。

樹高はこれ以上大きくしない気持ちでおさえ、それぞれの枝棚をつくりあげていくようにする。

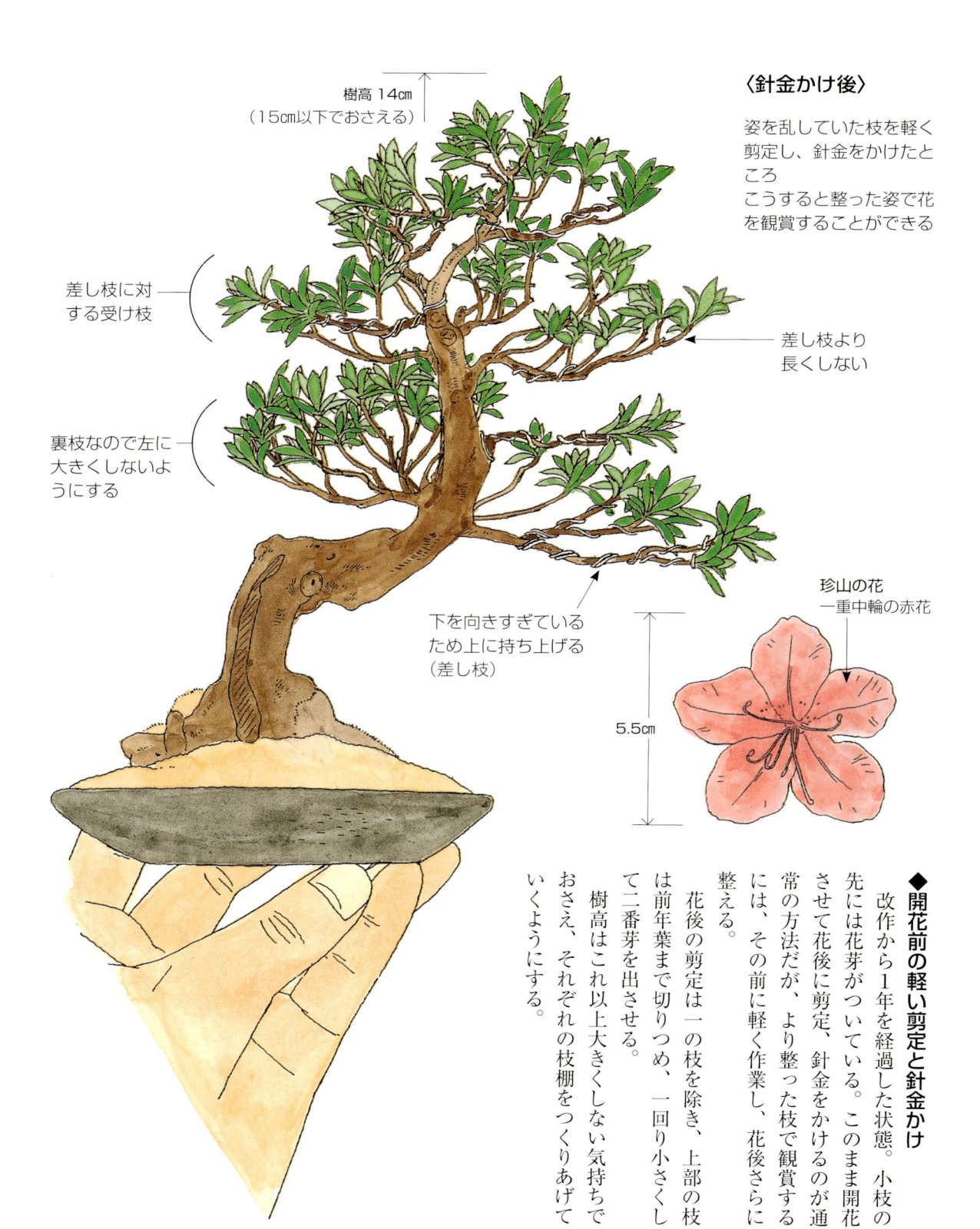

二番芽の出ない枝の処理法

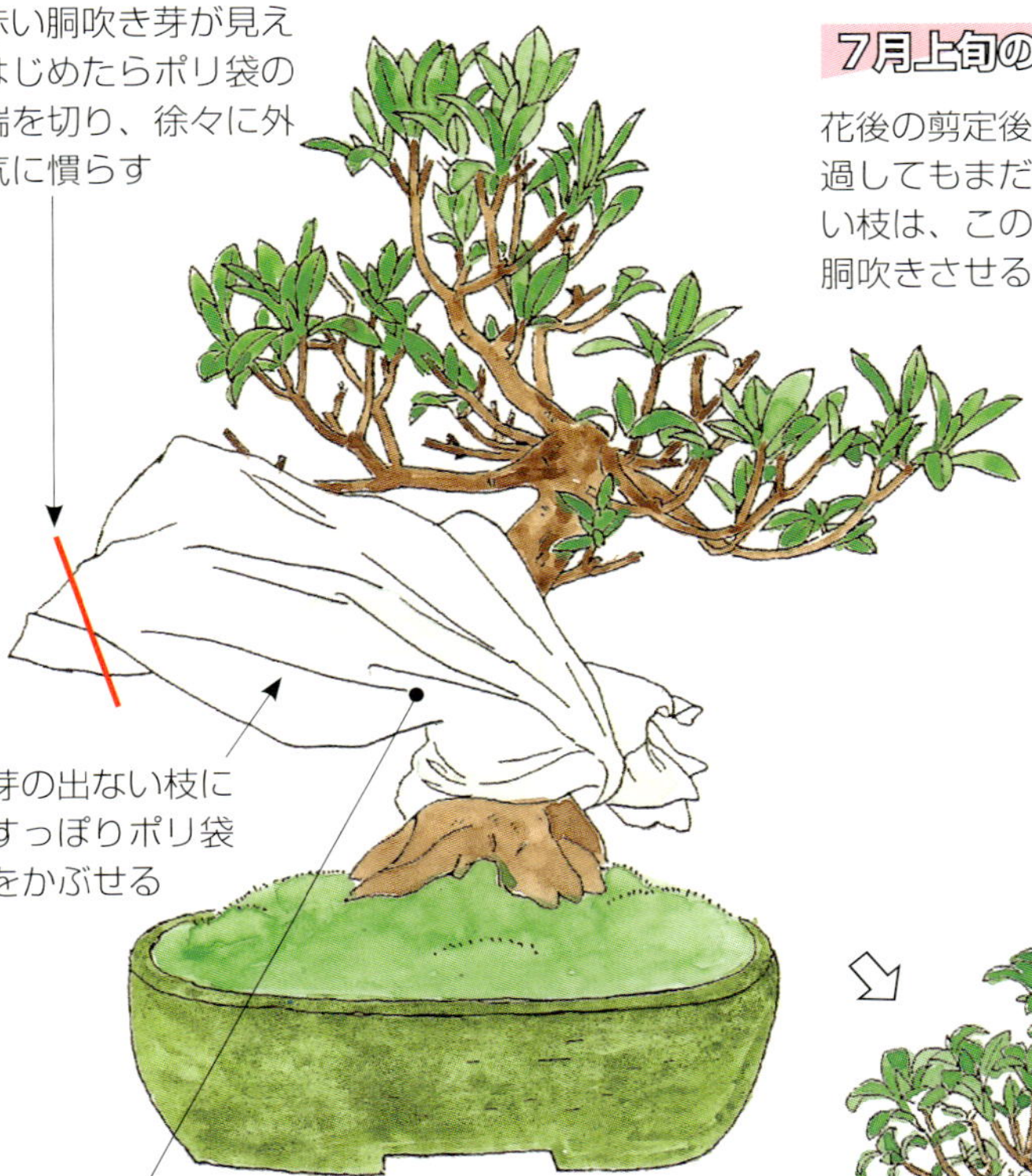
7月上旬の状態
花後の剪定後、１カ月を経過してもまだ芽当たりのない枝は、このような方法で胴吹きさせる
赤い胴吹き芽が見えはじめたらポリ袋の端を切り、徐々に外気に慣らす
芽の出ない枝にすっぽりポリ袋をかぶせる
枝元に濡らした水ゴケを入れ、袋内の湿気を保つ

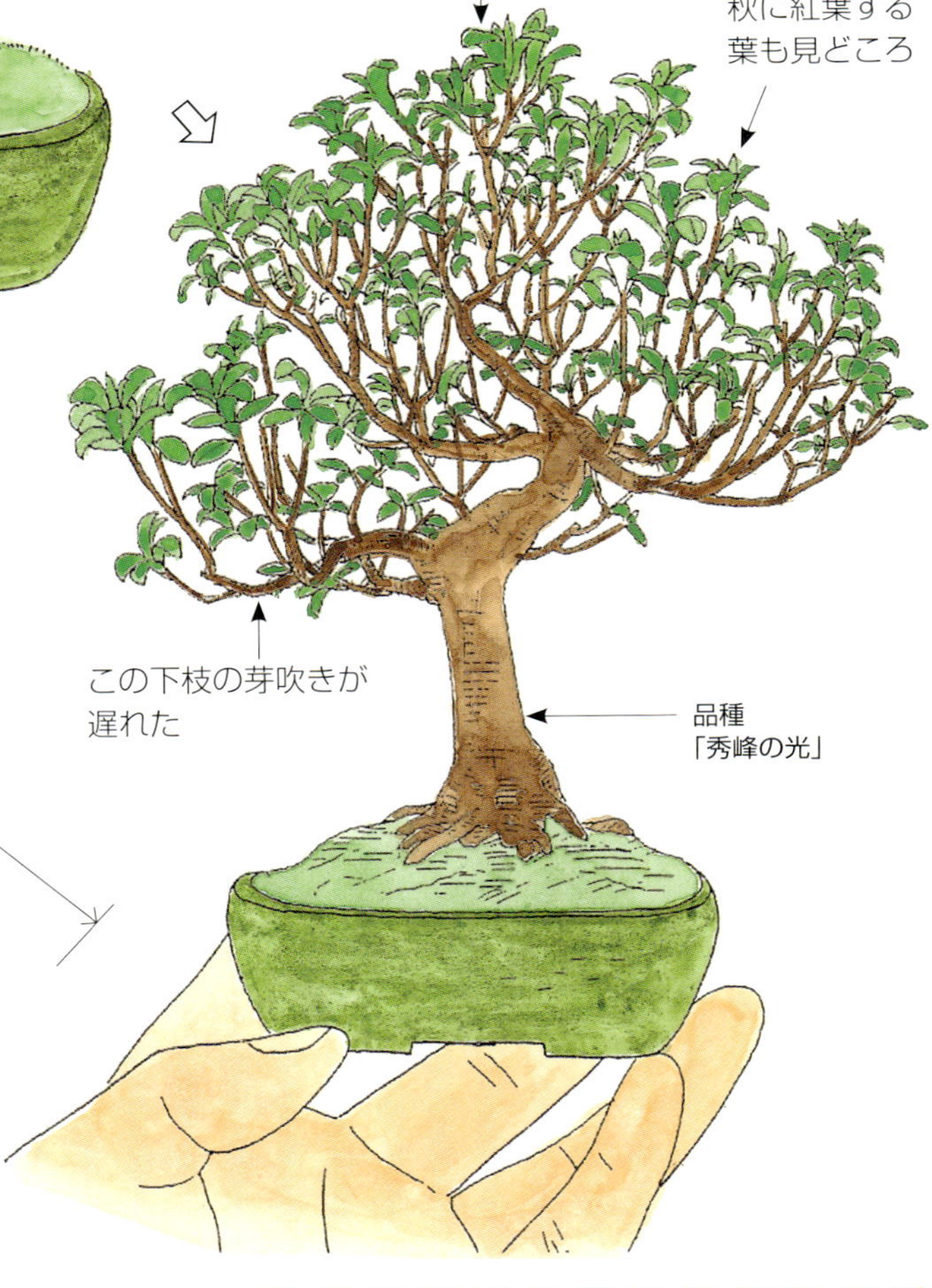
２年後の状態
枝がだいぶ徒長しているので、それぞれの枝を前々年枝くらいまで追いこみたい
秋に紅葉する葉も見どころ
この下枝の芽吹きが遅れた
品種
「秀峰の光」

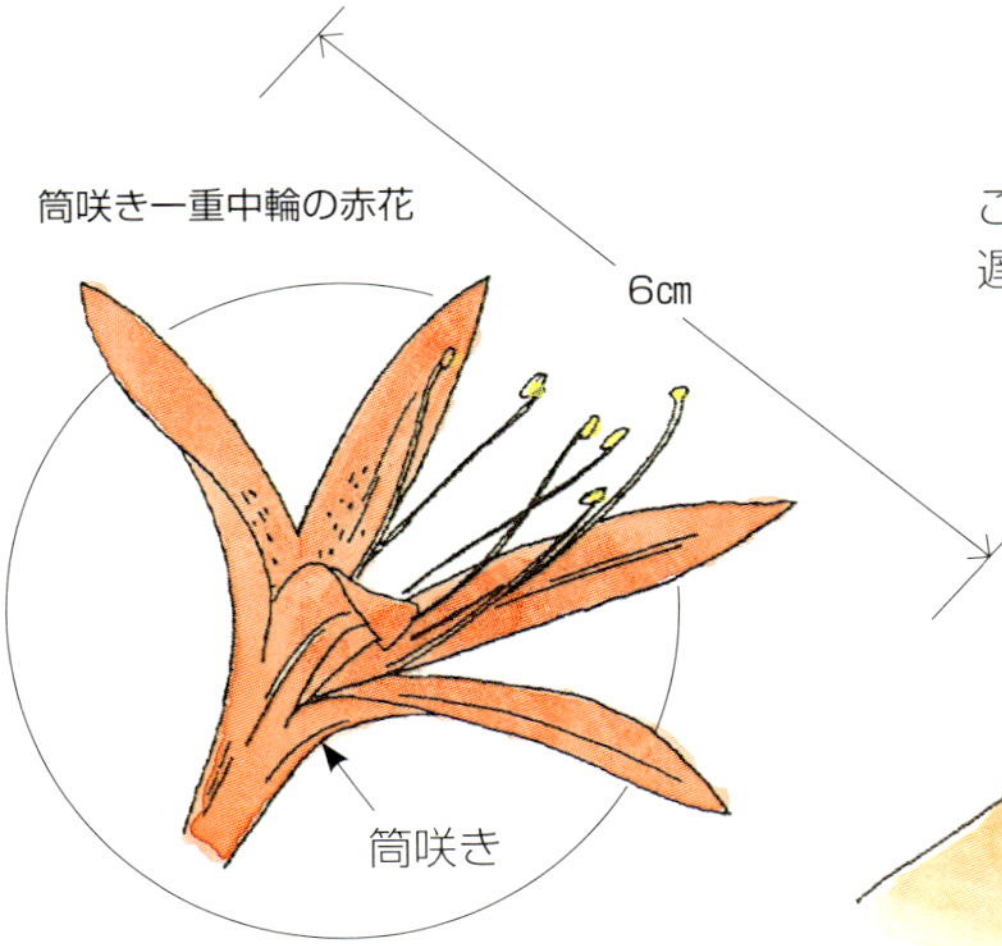
筒咲き一重中輪の赤花
6㎝
筒咲き

〈開花〉５月下旬

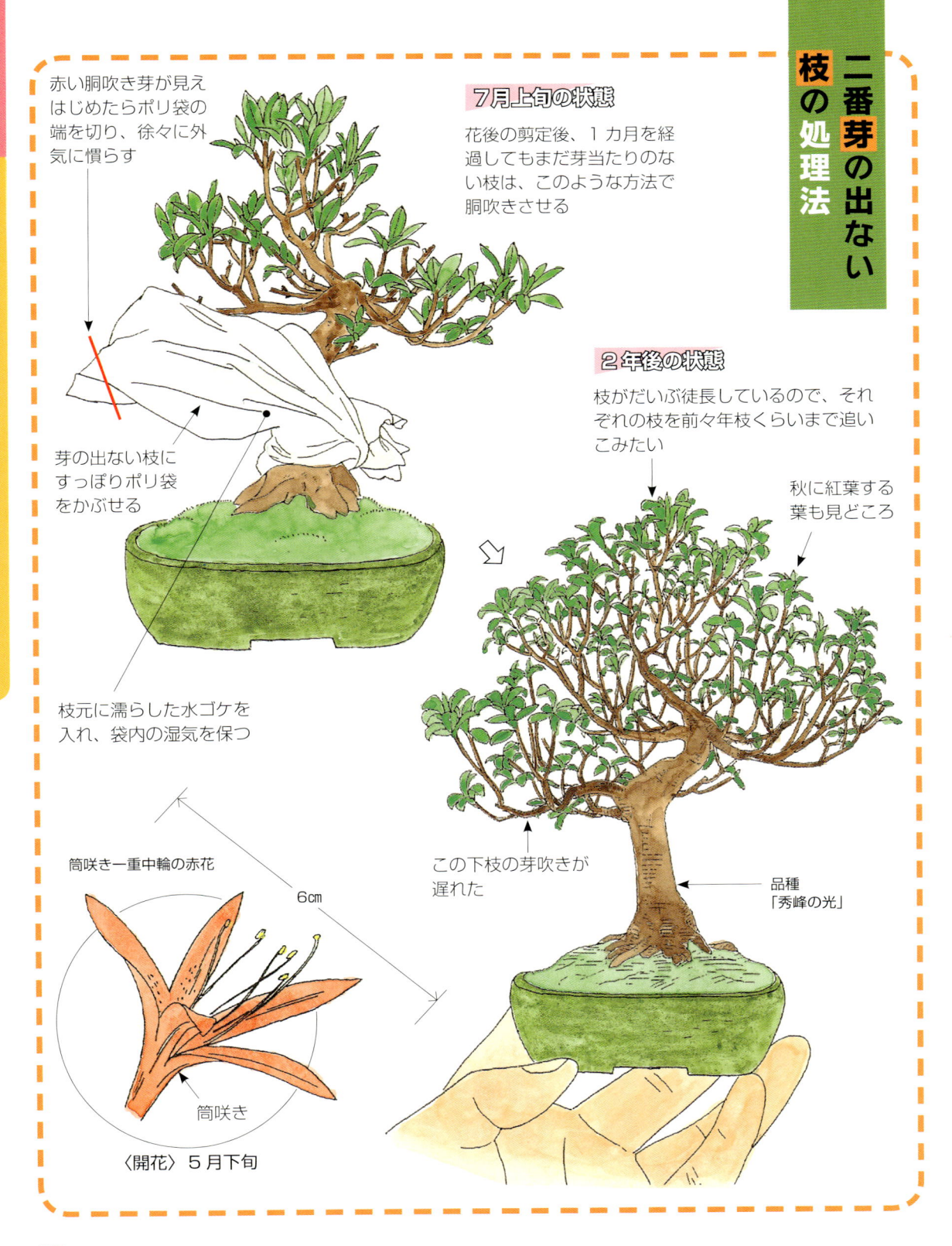

太根を生かして斜幹に（晃山）

1年目の3月

改　作

盆栽園の棚の隅に申し訳なさそうにあった木。根元が特異な形をしており、つくり方によっては個性ある木になると判断。低価格でもあり購入した素材

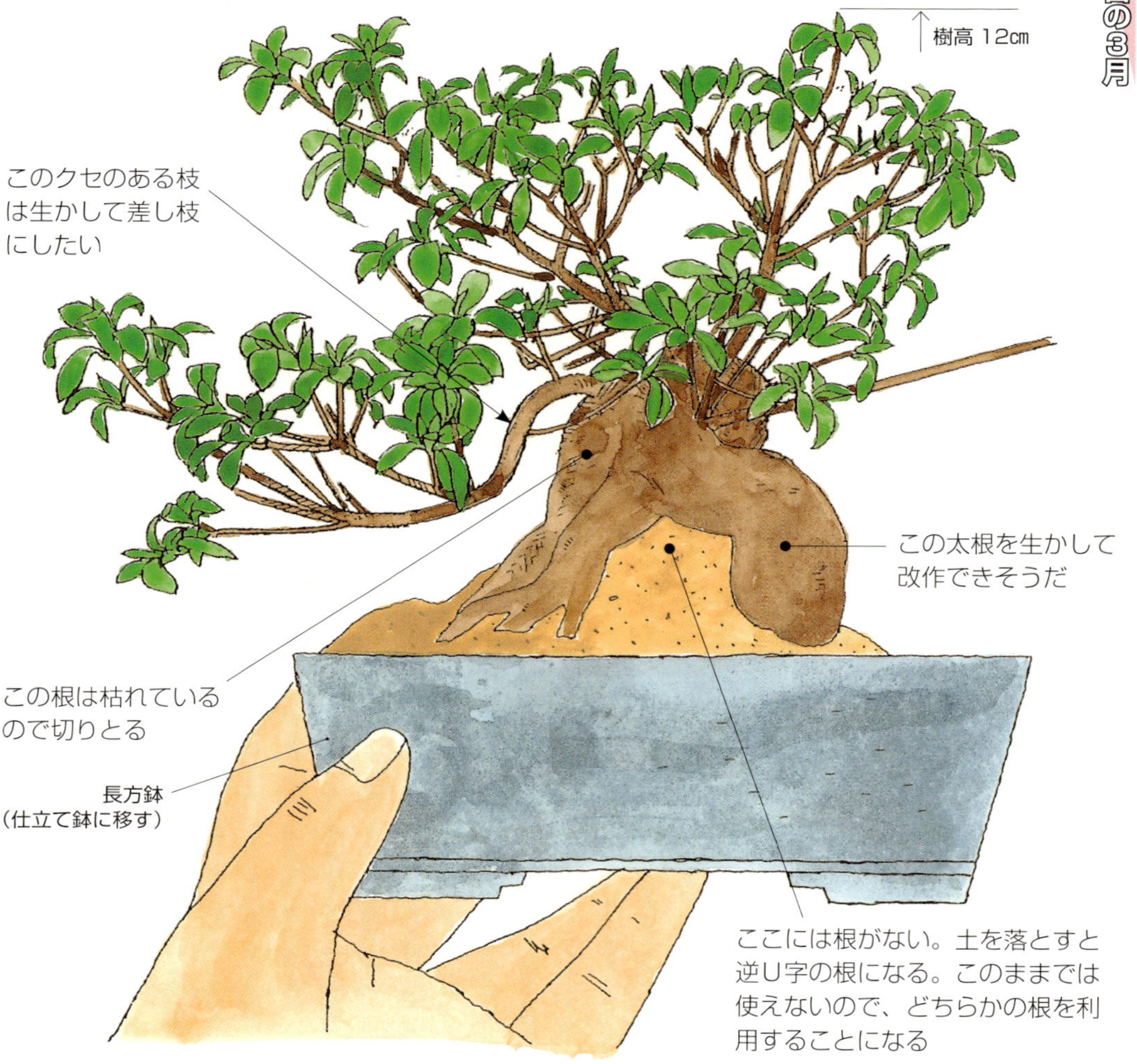

樹高 12㎝
このクセのある枝は生かして差し枝にしたい
この太根を生かして改作できそうだ
この根は枯れているので切りとる
長方鉢（仕立て鉢に移す）
ここには根がない。土を落とすと逆U字の根になる。このままでは使えないので、どちらかの根を利用することになる

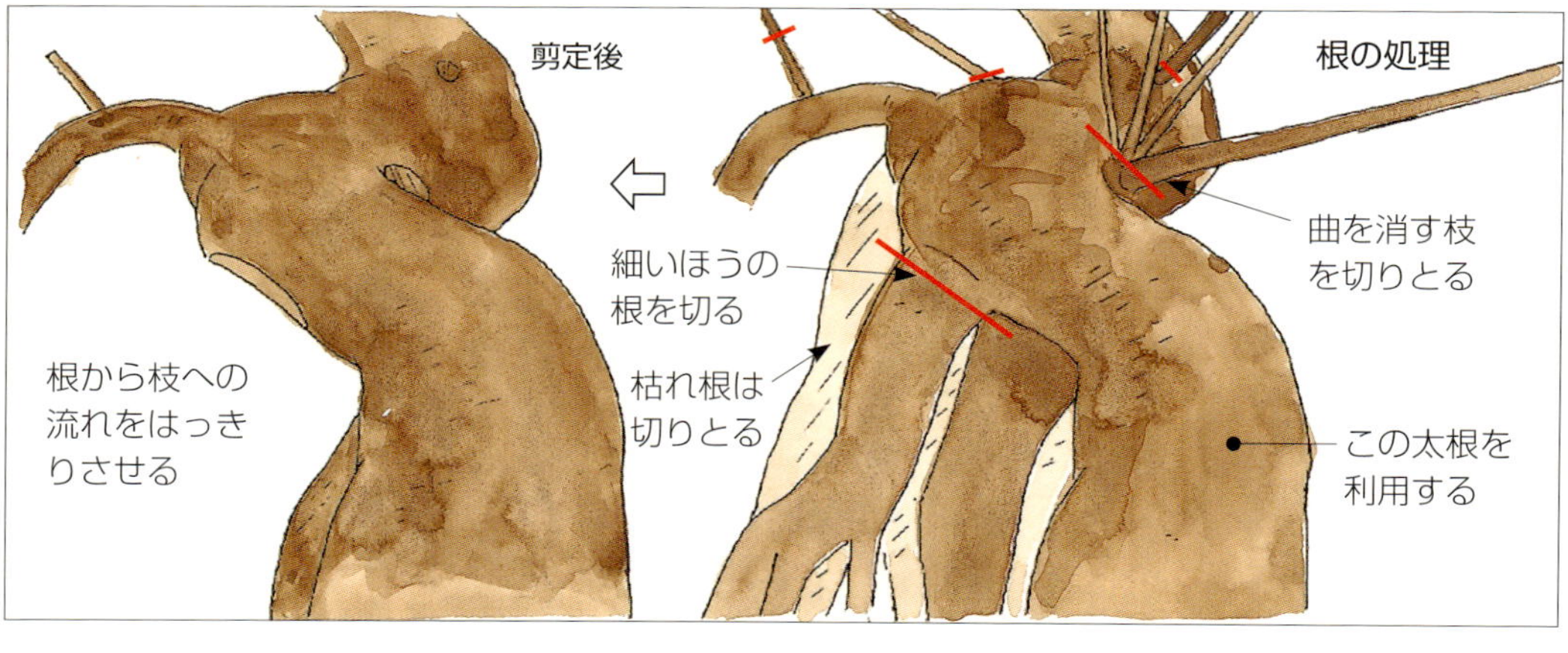

剪定後
根の処理
曲を消す枝を切りとる
細いほうの根を切る
枯れ根は切りとる
この太根を利用する
根から枝への流れをはっきりさせる

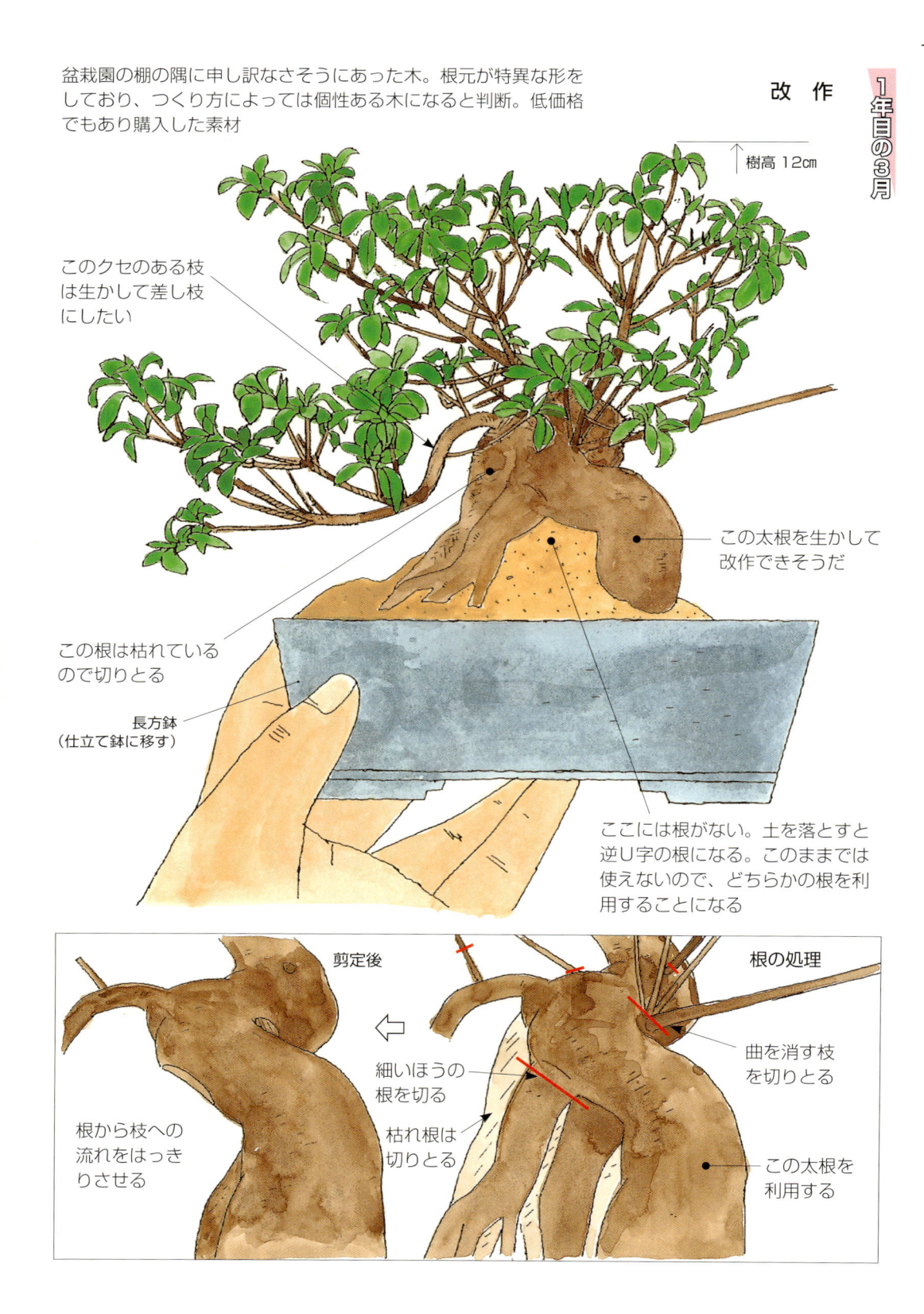

樹高
11㎝
樹芯は差し枝側に
傾ける
この曲を生かして
左流れの斜幹につくる
差し枝
4号
仕立て鉢
切りとった
根の位置

剪定・針金かけ・植え替え後

枯れた根を切り、さらに2本残った一方の根を切ることで、根上がりから屈曲した模様のある斜幹へと変化した

2年目の5月

剪　定

立ち枝
腹枝
下向き枝

改作後1年余の状態
それぞれの枝に力をつけるため何も手を加えずに伸ばし放しにした。しかし、不要枝（下向き枝、立ち枝、腹枝、脇枝、逆枝など）も目につくので整理する

◆個性ある木を見出す

グレた木といういい方をすることがある。尋常でない特異な形の木のことだが、人が見過ごすようなものに案外個性的なものを見出すことも多い。

〈剪定後〉

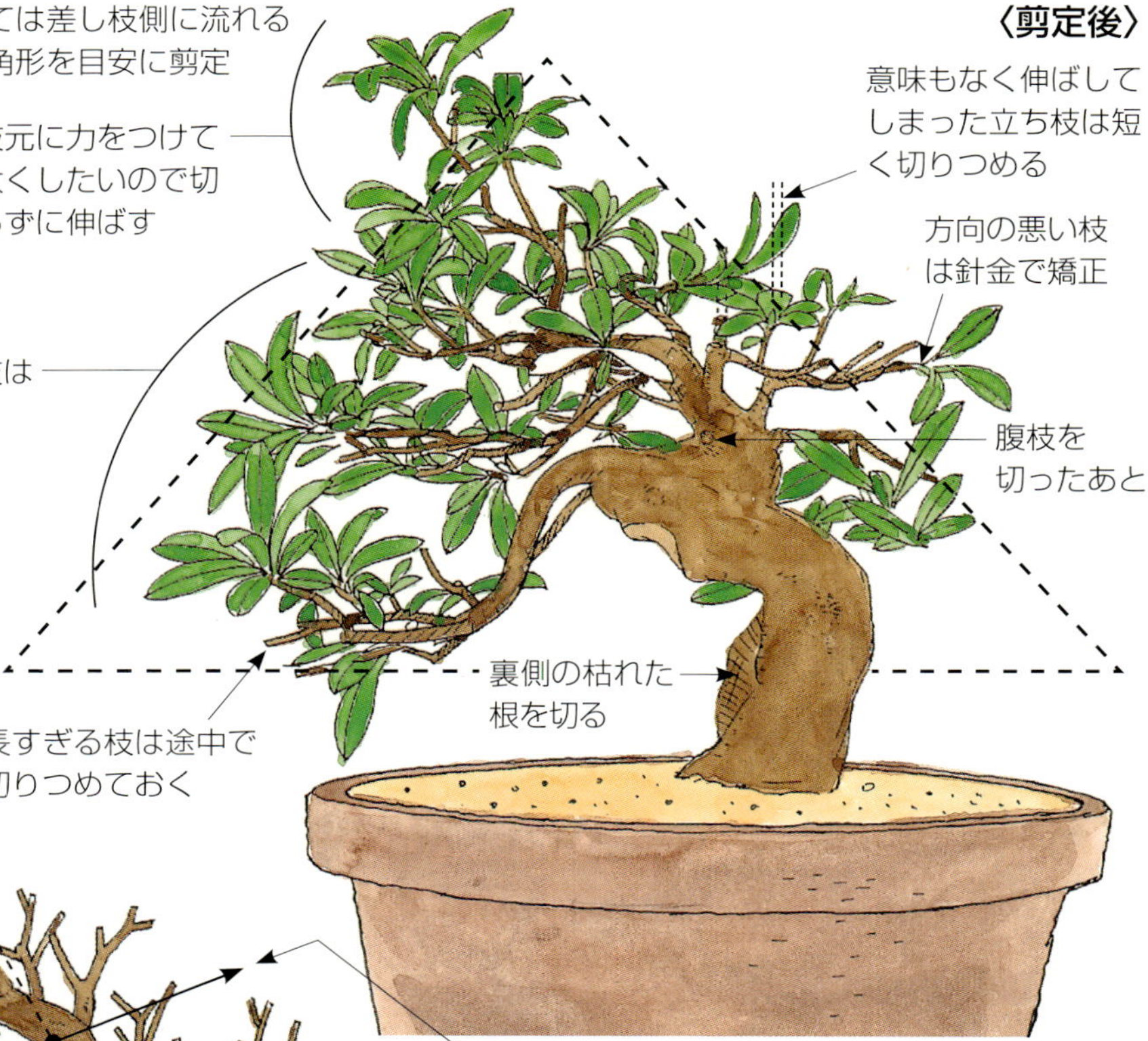

全体としては差し枝側に流れる
不等辺三角形を目安に剪定
枝元に力をつけて
太くしたいので切
らずに伸ばす
意味もなく伸ばして
しまった立ち枝は短
く切りつめる
方向の悪い枝
は針金で矯正
流れの側の枝は
長めに残す
腹枝を
切ったあと
裏側の枯れた
根を切る
長すぎる枝は途中で
切りつめておく

4年目の6月上旬

花後の剪定

強くなりすぎた
樹芯部は短く剪定
樹高 11.5㎝
枝の剪定
幹の中心から右の枝は右流れ
に、左の枝は左流れに剪定
幹の中心線
全体に伸ばし
すぎたので前
年枝あるいは
前々年枝まで
追いこんで短
くする

◆改作のポイント

以前の姿は根上がり状の木。中心部分に本体のあった木のように思われる。

1本の太根に曲があり、他の根を切りとることで根の模様を枝につないだ斜幹に改作が考えられる。S字に下垂した枝も差し枝として利用する。

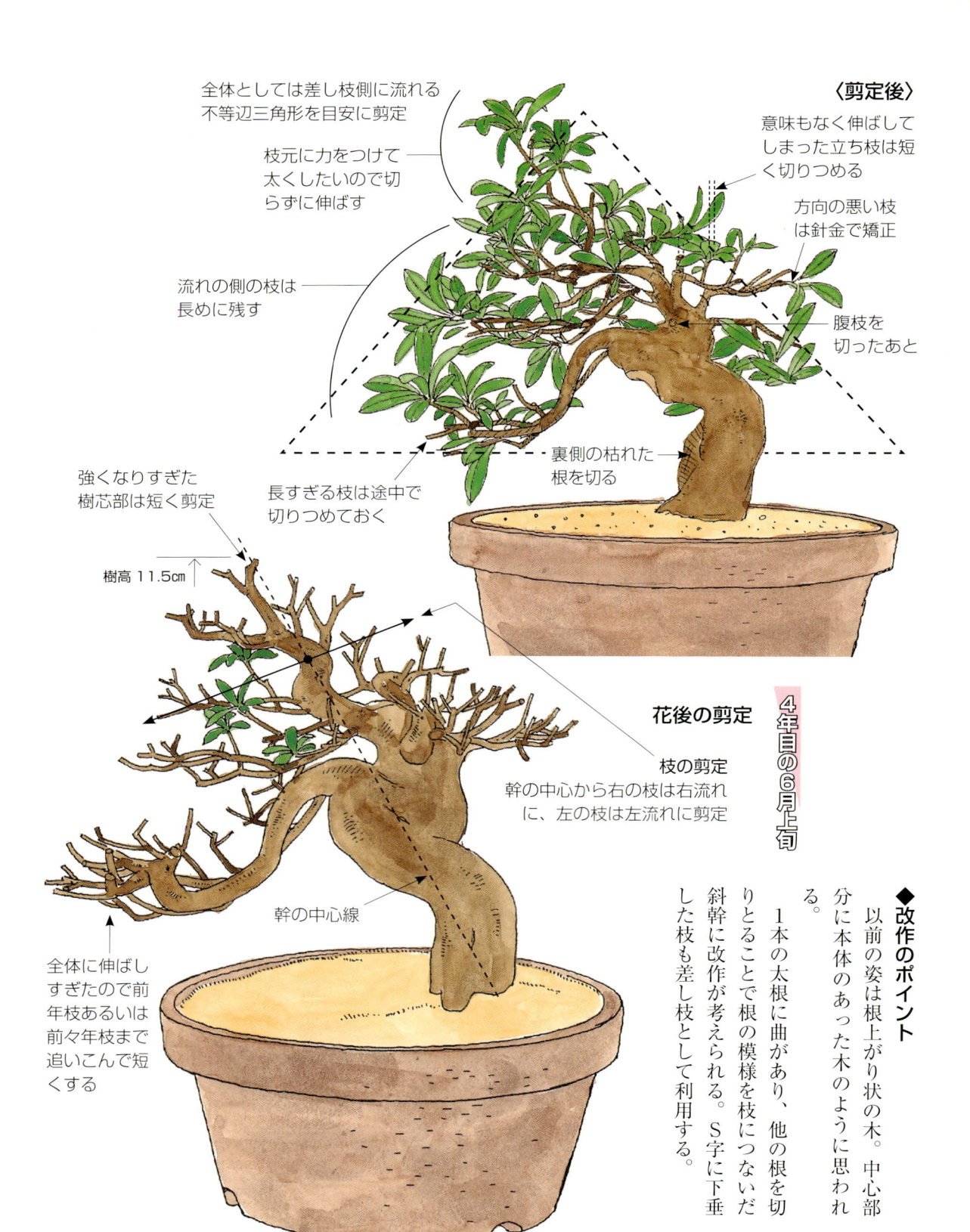

花後の剪定・植え替え

5年目の6月上旬

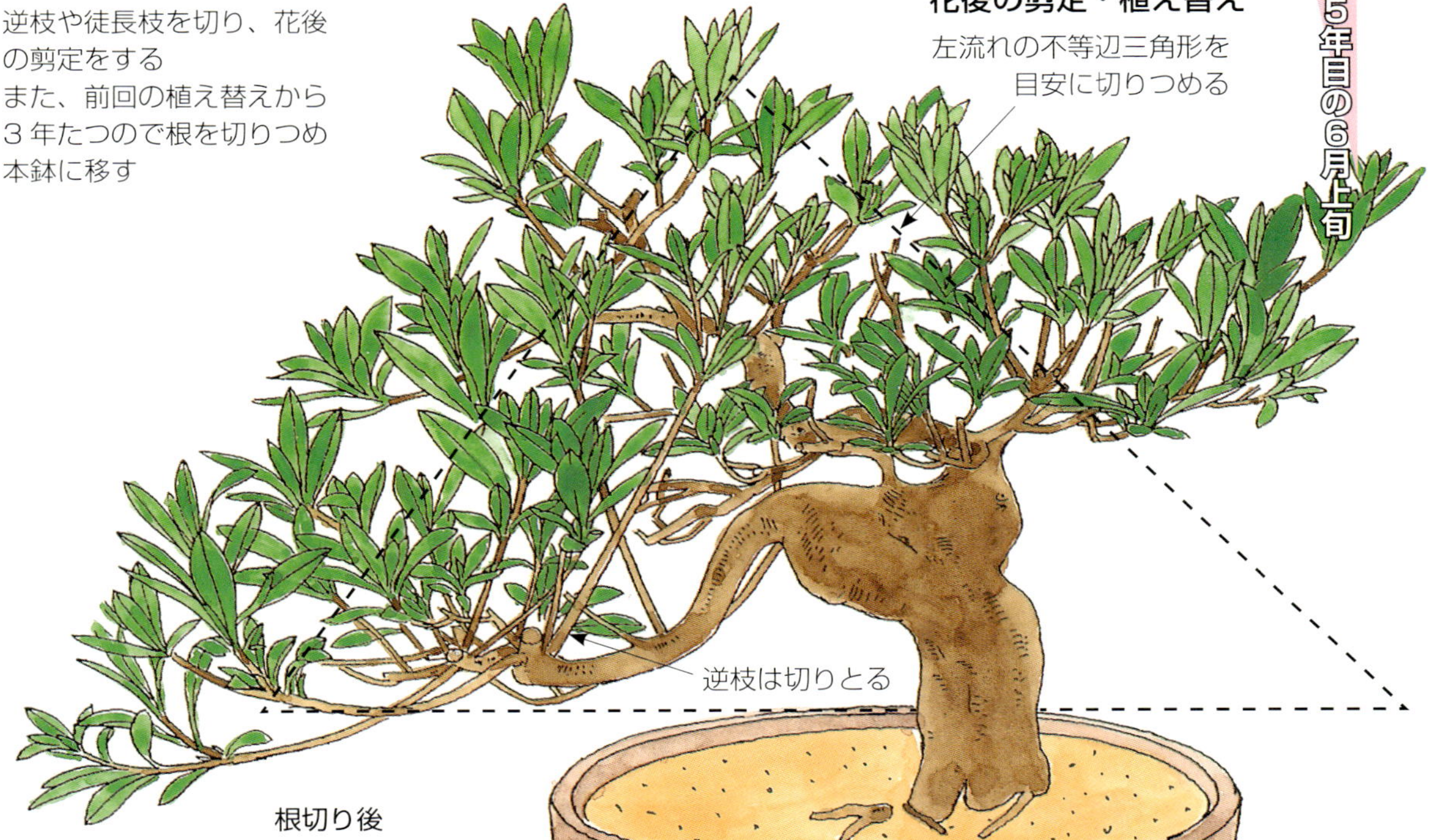
逆枝や徒長枝を切り、花後の剪定をする
また、前回の植え替えから3年たつので根を切りつめ本鉢に移す
左流れの不等辺三角形を目安に切りつめる
逆枝は切りとる
植え替えをして本鉢に移し、本格的な木づくりの段階に入る

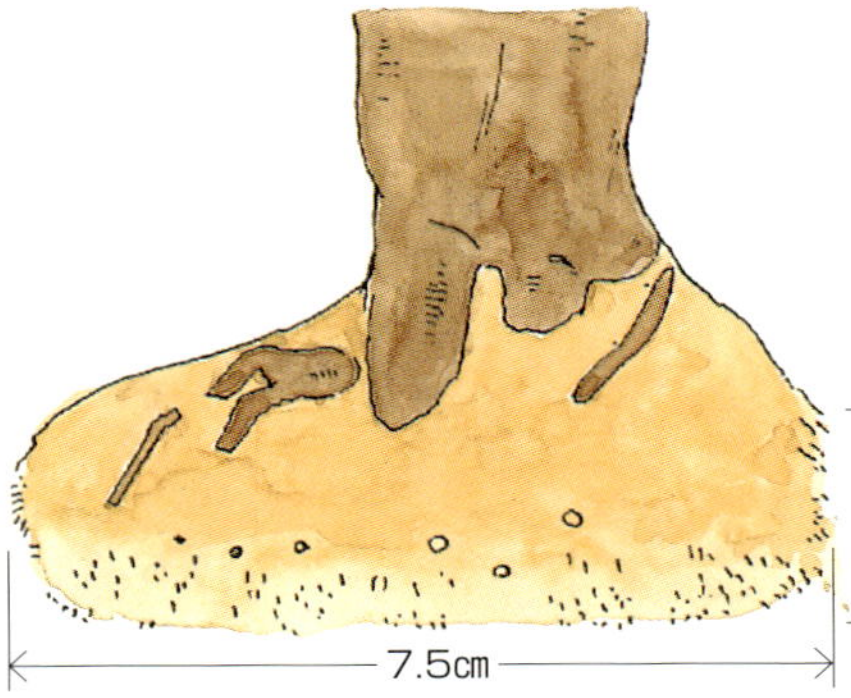
根切り後
3㎝
7.5㎝

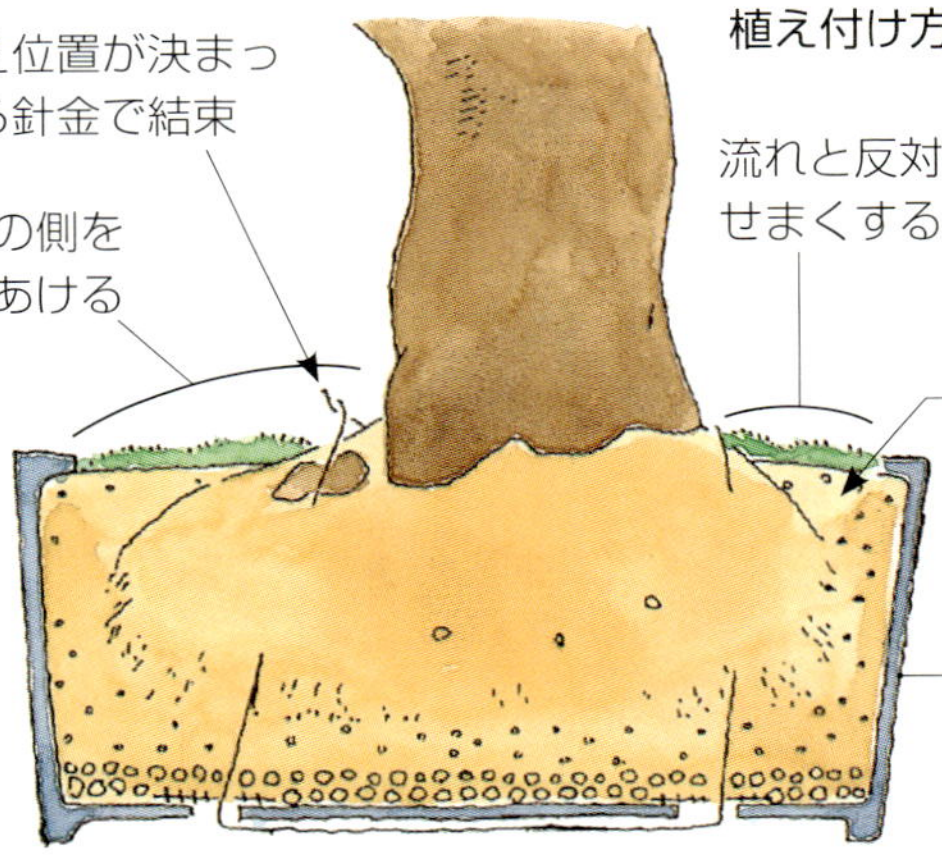
植え付け方
植え位置が決まったら針金で結束
流れと反対側はせまくする
流れの側を広くあける
用土例
鹿沼土単用
0.5～2.5㎜粒
ルリ釉
楕円鉢

◆剪定

樹芯部は、模様をとりながら差し枝側に傾くようにつくる。全体としては、差し枝側に不等辺三角形になるよう剪定をくり返す。

差し枝と反対側の枝は短くする。おおよそ幹を中心に右側の枝は右流れ、左側の枝は左に流す。樹芯部が弱いので枝づくり中は、上部を伸ばしぎみにつくるとちょうどよい。

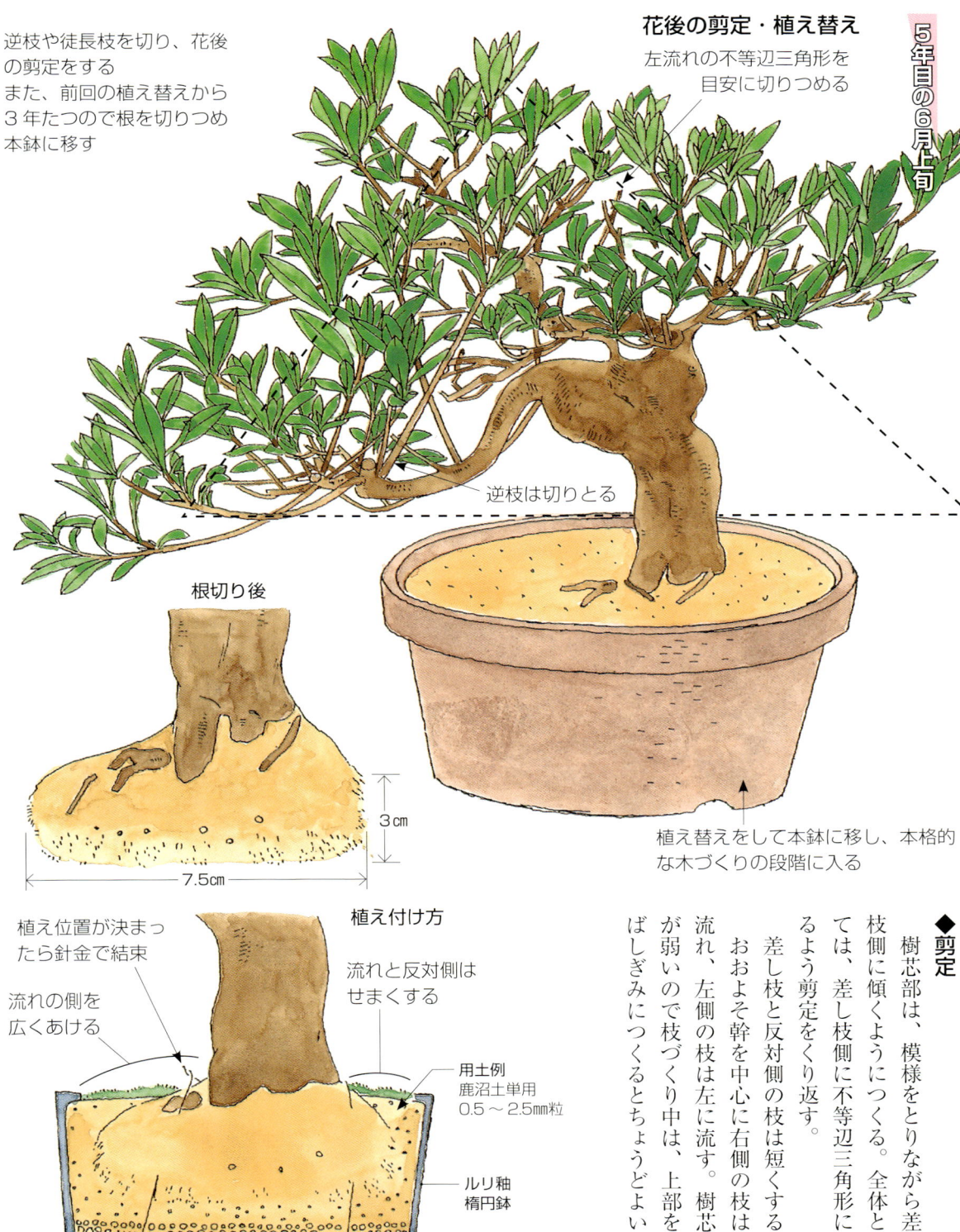

剪定、植え替え後は、午前中日が当たり、午後は日陰になるような場所に１週間ほど置き、その後は通常の管理に戻す
肥料は 20 ～ 30 日たってからはじめ、秋まで月１回の割に施す

〈植え替え後〉

樹高 12㎝
短めに剪定
下がりすぎた枝は持ち上げる
立ちすぎの枝は伏せる
表土上にコケを張ると用土の流出防止になる

8月中旬

２番芽の整理

…… は切った芽

１カ所から何本も出たところは、よい位置の芽を残し、他は切りとる
また、逆に伸びそうな芽や枝元から出た芽、さらに上向きの芽や下向きの芽も整理する

◆5年目、花後の剪定・植え替え

全体的に逆枝や徒長枝など姿を乱している枝が目につくが、これらは通常三月に切りとっておくべき枝である。そうすれば開花時には整った姿で花を観賞できる。

花後の剪定は、そうした枝はもちろん

6年目の6月上旬

花後の剪定

ほどよい枝の長さなので間引き剪定をする
（花つきの木姿は口絵3頁参照）

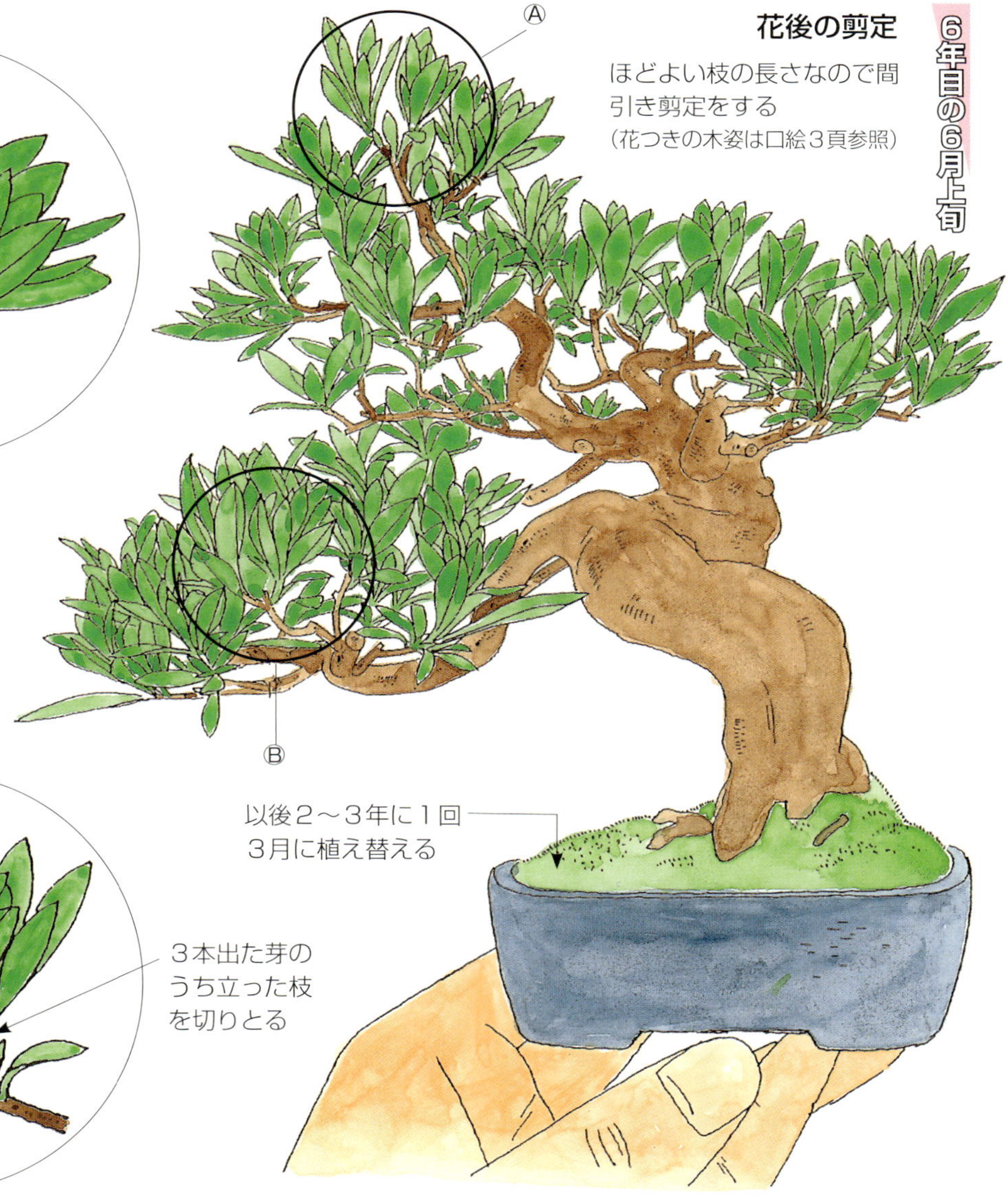

Ⓐ部の剪定

3本出た芽のうちまんなかを切りとる

Ⓑ部の剪定

3本出た芽のうち立った枝を切りとる

一カ所から出た枝や下向き枝を切除し、植え替える。

枝数も増え樹格も上がってきたので、花色に映えるルリ釉の本鉢を用意。太幹なので中深がよい。

◆二番芽の整理

剪定後、半月もすると各枝にプツプツと胴吹き芽を生じる。二番芽が1㎝ほど伸びたころ、不要な芽をピンセットで欠きとっておくと整った姿が維持できる。

◆完成木の植え替え（8年目以降）

仕立て中のものは、花後の剪定と同時に植え替えてよいが、完成木の場合は三月に植え替え、花後は剪定のみにする。

同時に植え替えるとどうしても萌芽が遅れ、二番芽の花つきが悪い。

以後、植え替えの周期は2～3年に一度。

立ち上がりの曲を生かして双幹に（白玲）

1年目の3月

改作

やや根上がり状に植えられているが根の張りがよく立ち上がり近くに曲があるので切りつめれば小さく改作できる

標高 16㎝
裏枝を芯に立て替える
全体の切りつめ位置
主幹より短く切りつめる
根上がり状に植えられている
固まった用土やコケを落として根張りを確認する

根洗い
水の中で固まった用土を時間をかけて落とす

◆**根洗い**

畑土で植えられていたものや鹿沼土でも固まって水の通りの悪くなったものは、根を水洗いする。最初は強い水をかけておおよその土を落としたのち、容器に水を張り、ハシで根に付着した用土をかき落とす。

簡単なようだが、固まって水を通さなくなった土は大変落としにくい。細部はピンセットを用いると作業しやすい。その際、ピンセットにからんでくる毛根はすべて取り除く。

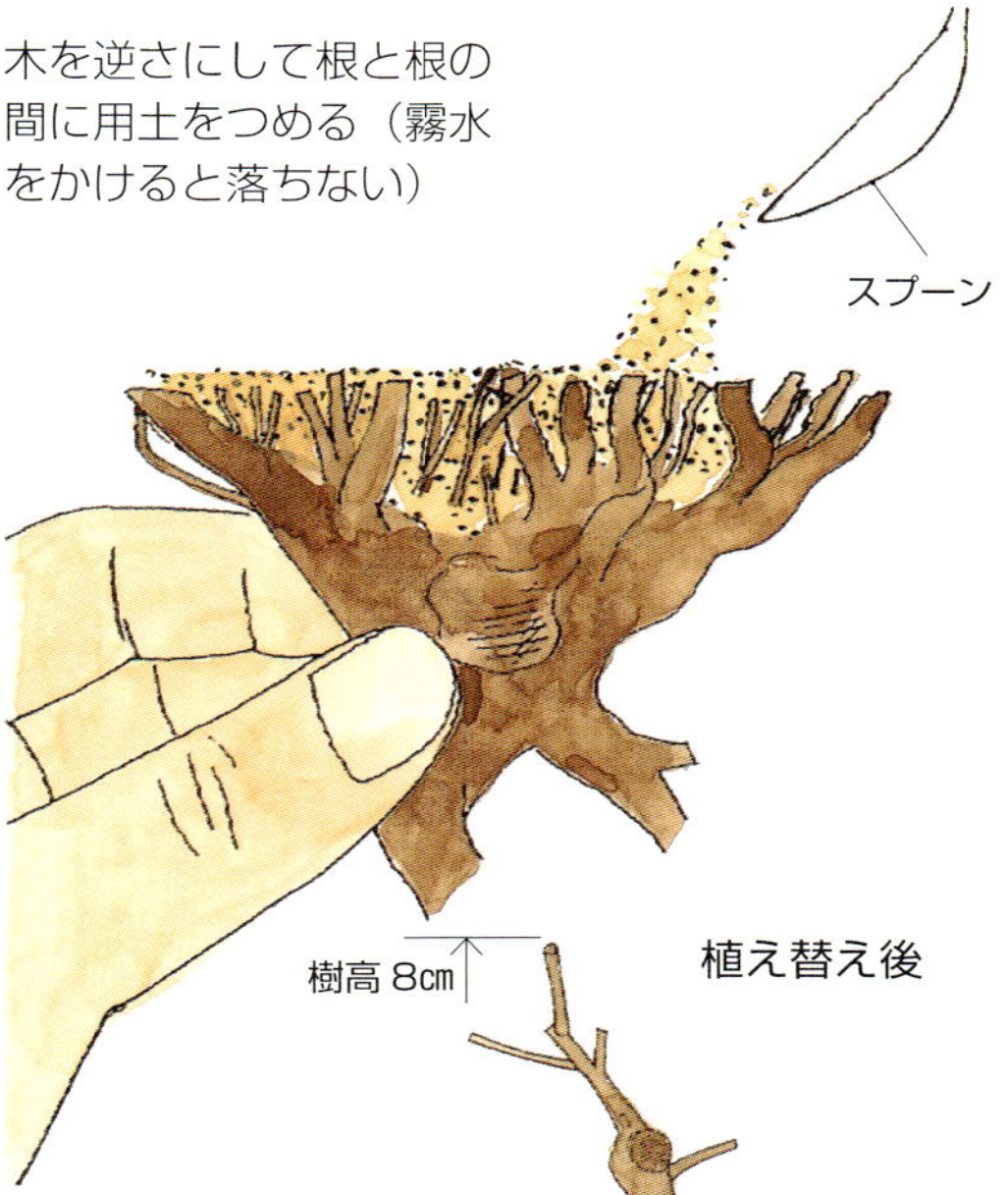
木を逆さにして根と根の間に用土をつめる（霧水をかけると落ちない）
スプーン
樹高 8㎝

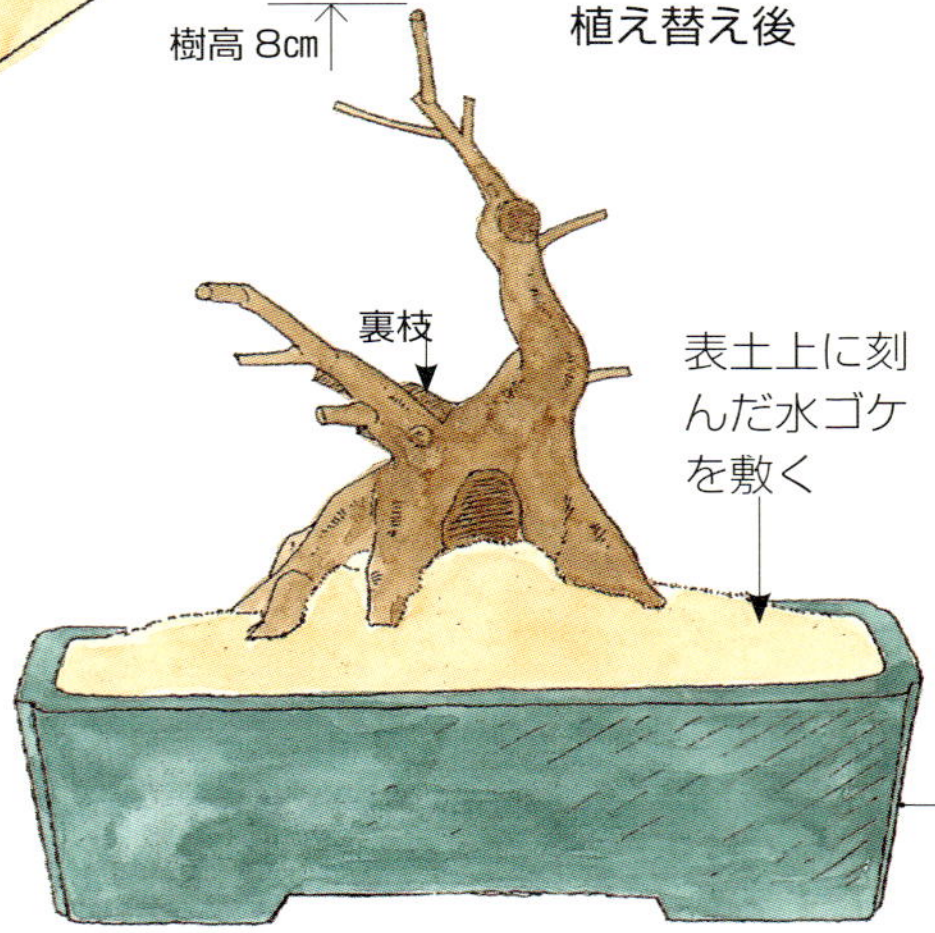
植え替え後
裏枝
表土上に刻んだ水ゴケを敷く
織部釉の長方鉢

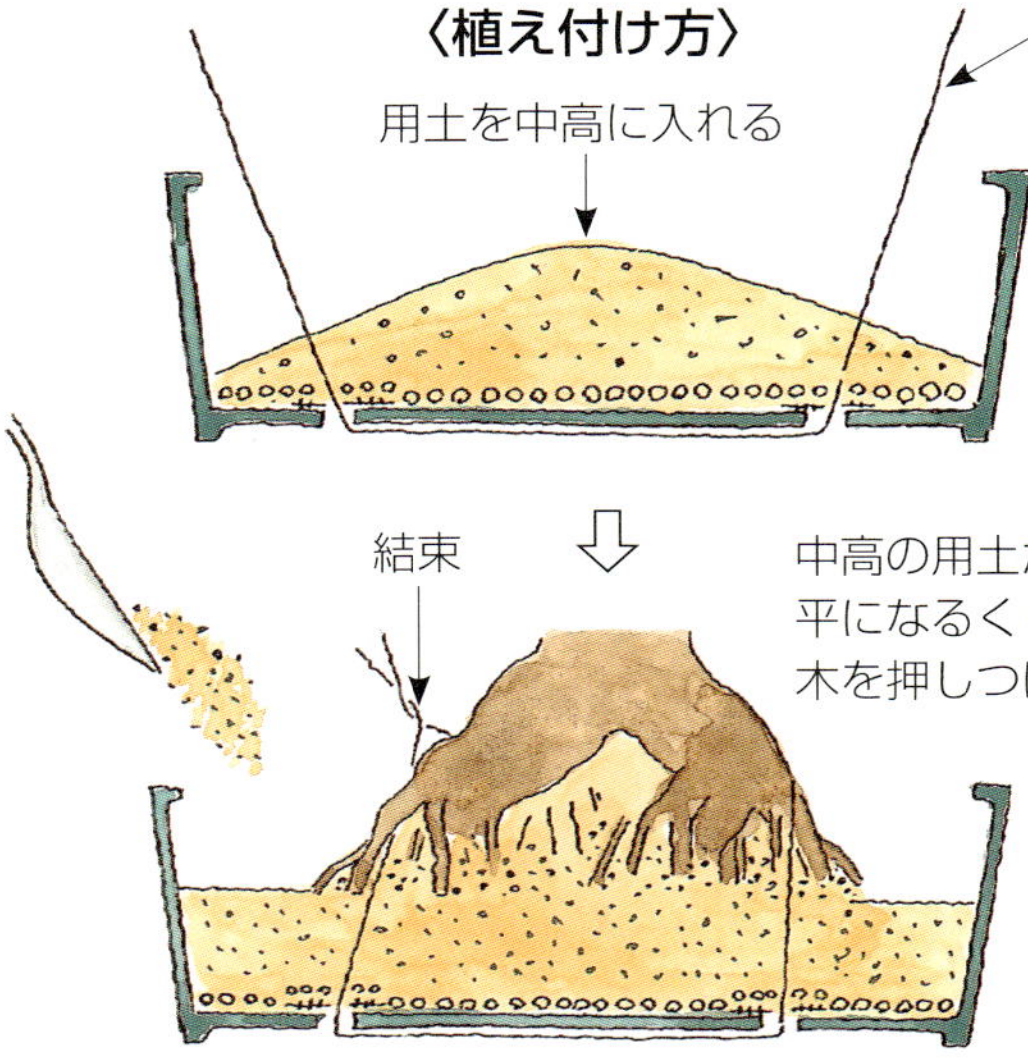
〈植え付け方〉
木を固定する針金
用土を中高に入れる
結束
中高の用土が水平になるくらい木を押しつける

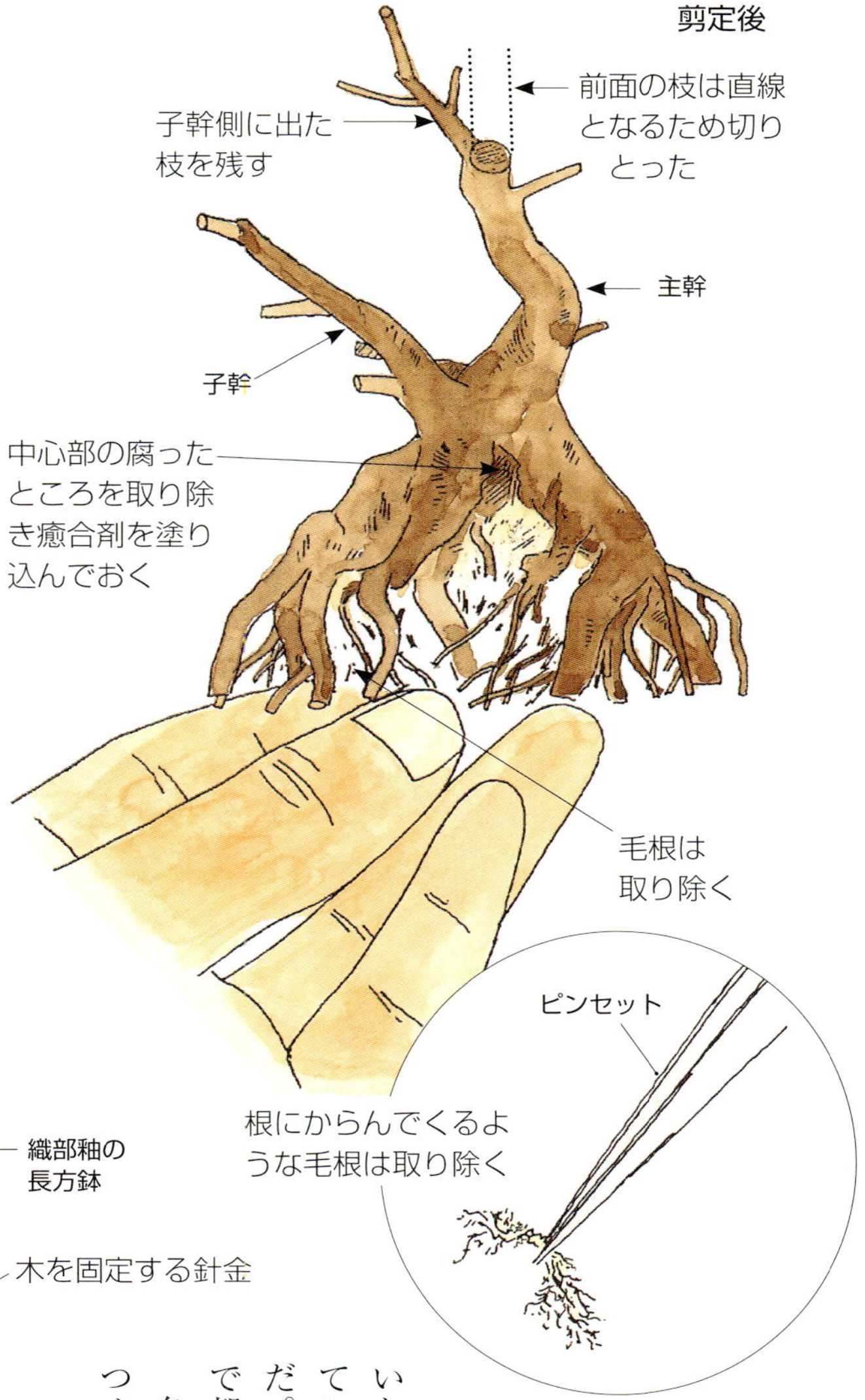
剪定後
前面の枝は直線となるため切りとった
子幹側に出た枝を残す
主幹
子幹
中心部の腐ったところを取り除き癒合剤を塗り込んでおく
毛根は取り除く
ピンセット
根にからんでくるような毛根は取り除く

◆剪定

幹によい曲があり、それに続く枝を芯に選んで立て替える。子幹は問題ないが、主幹は3本出ている枝のうち裏の枝を芯にする。左の枝は太すぎて使えない。

残った2本のうち、前面の枝を使いたいところだが、幹からまっすぐ続いてしまう難があるため残る裏枝を選んだ。木の流れとしても子幹側に流れるので都合がよい。

各枝は主幹の長さに合わせて短く切りつめる。

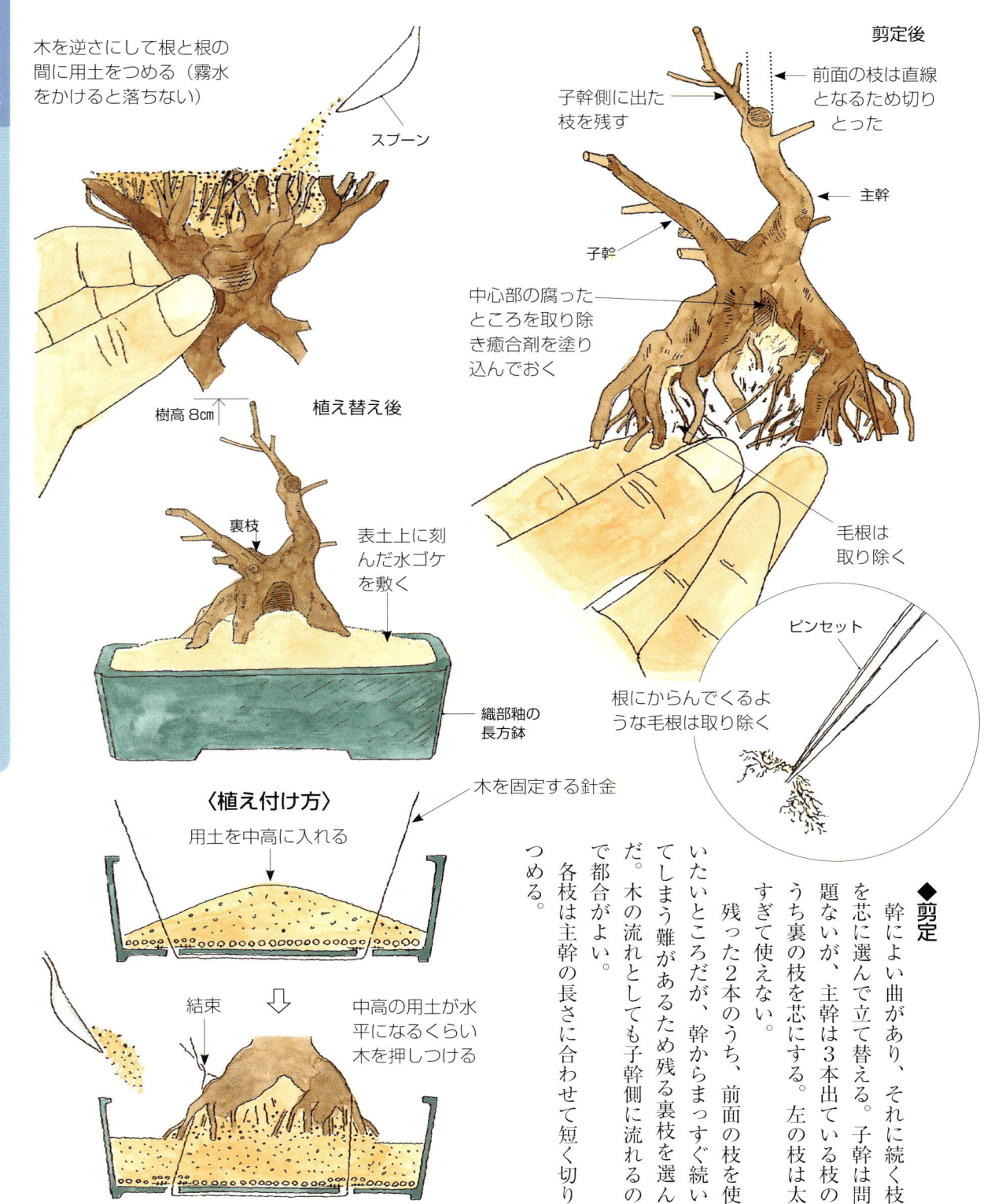

花後の剪定

改作時の丸坊主から２年伸ばした状態。とくに強い枝以外は手を入れていない
太りすぎたところもあり、再度深く切りつめる

Ⓐ、Ⓑ、Ⓒはそれぞれ剪定を要する箇所

Ⓐ部の剪定

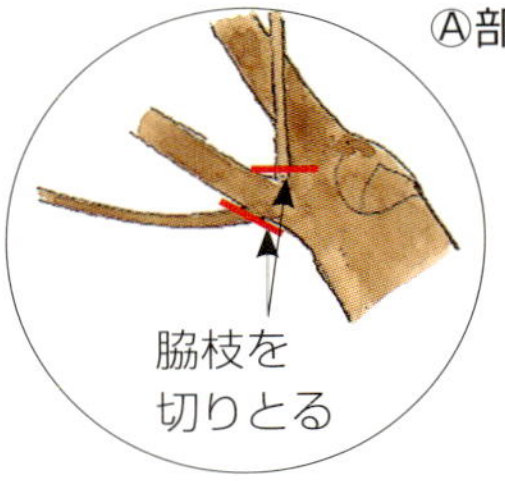
脇枝を
切りとる

Ⓐ
Ⓑ
Ⓒ
不等辺三角形を目安にしたおおよその切り込み線

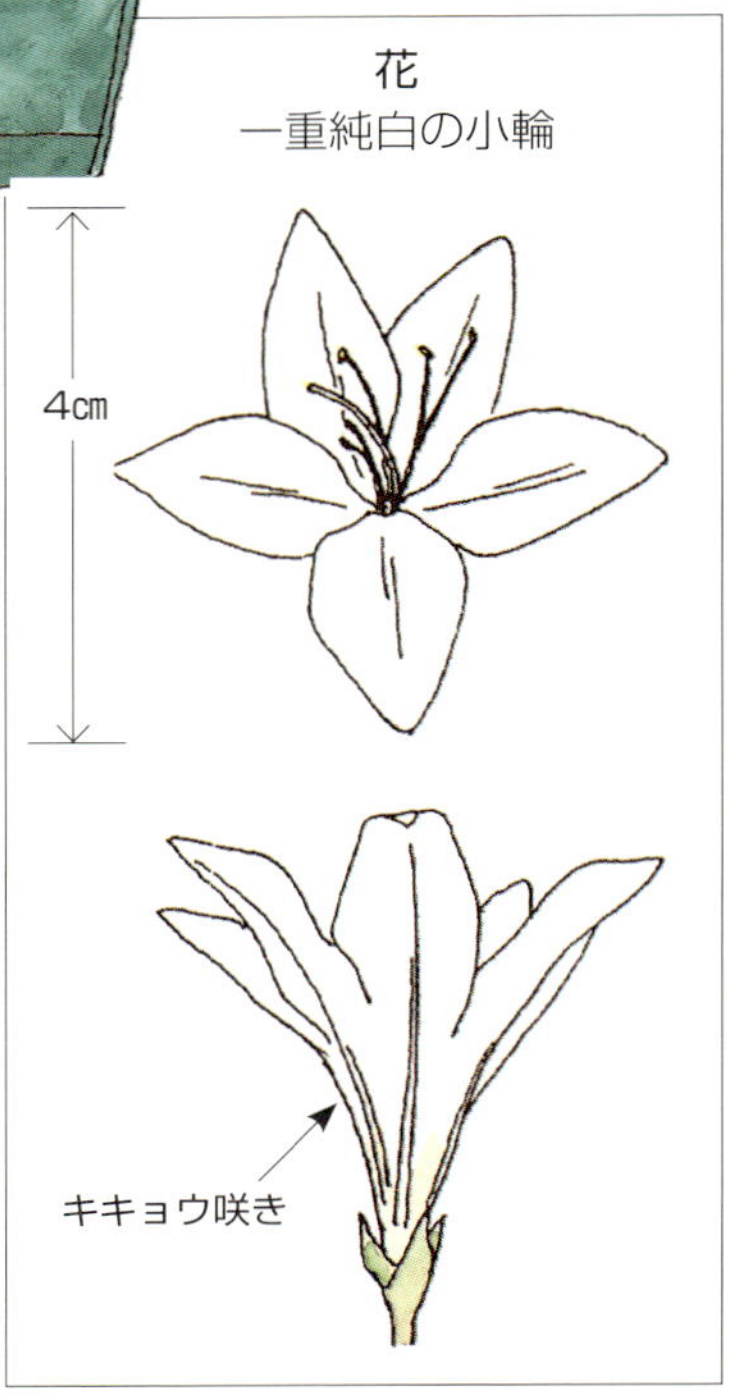
花
一重純白の小輪
4㎝
キキョウ咲き

Ⓑ部の剪定

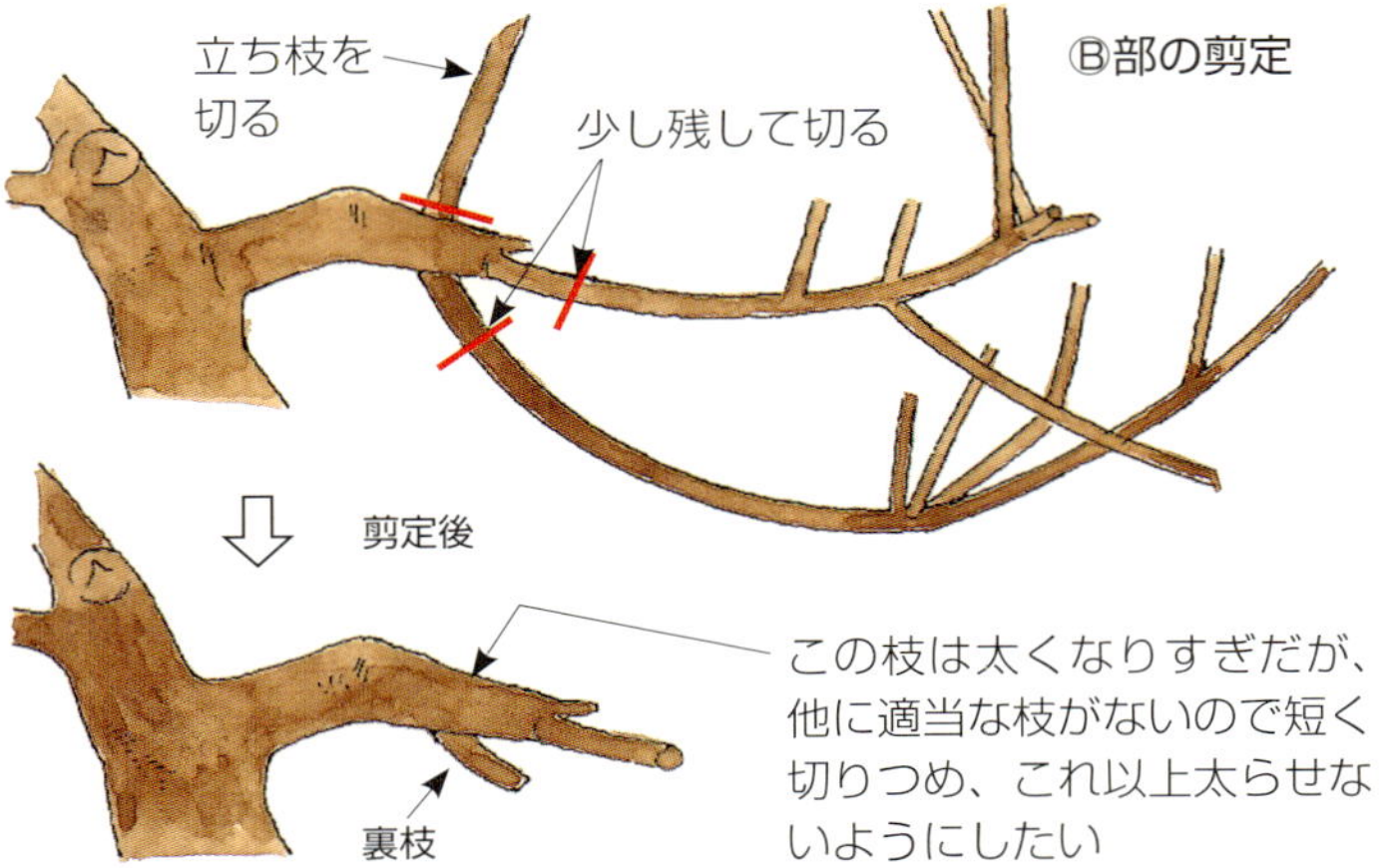
立ち枝を
切る
少し残して切る
剪定後
裏枝
この枝は太くなりすぎだが、他に適当な枝がないので短く切りつめ、これ以上太らせないようにしたい

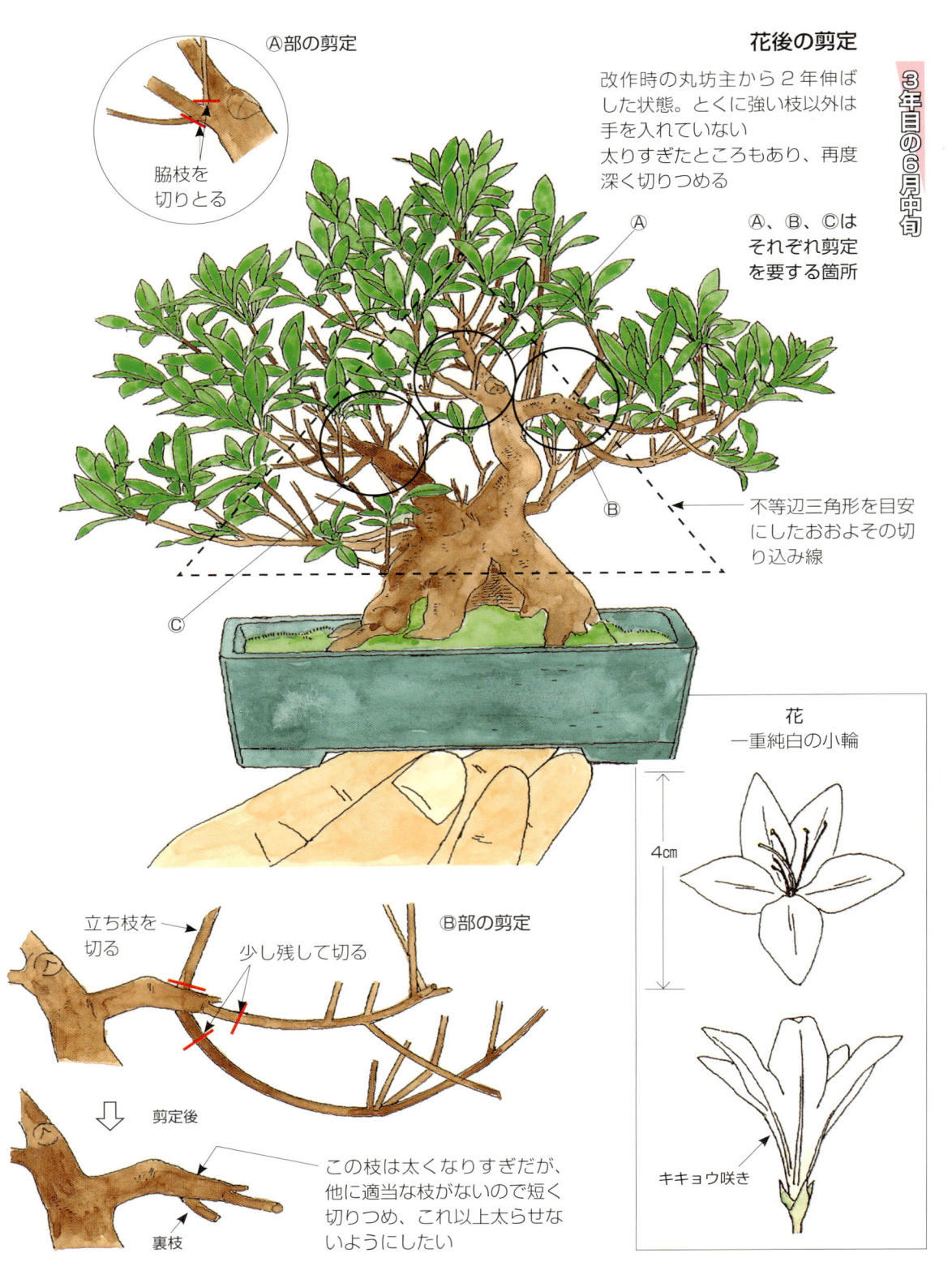

剪定後
樹高
10.5㎝
樹芯部は力をつけたいので枝を多めに残す
短く追いこんだ太枝
水の通りもまだよいので植え替えは来春にする

（開花時の木姿は口絵1ページ参照）

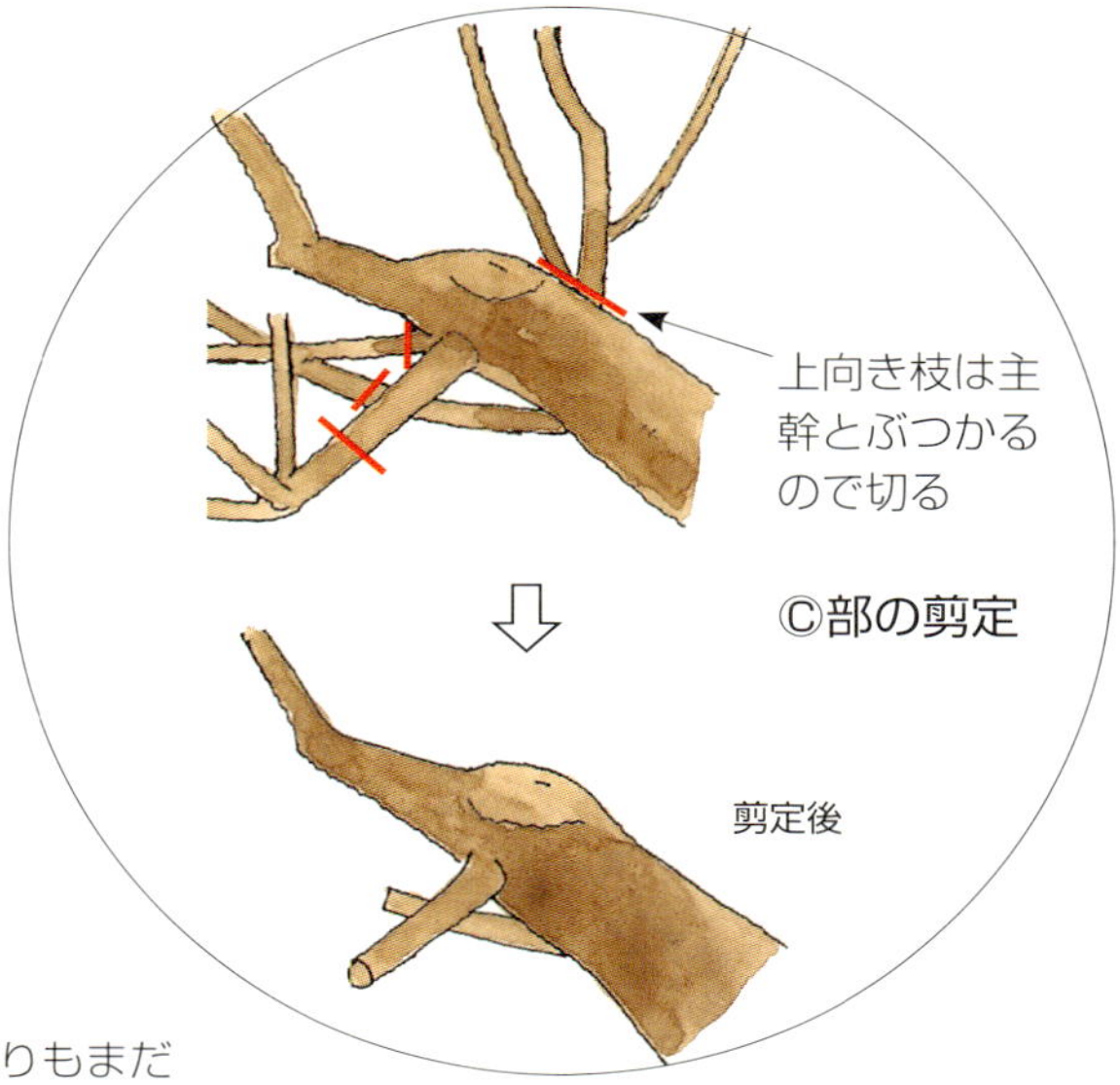
上向き枝は主幹とぶつかるので切る
Ⓒ部の剪定
剪定後

挿し木

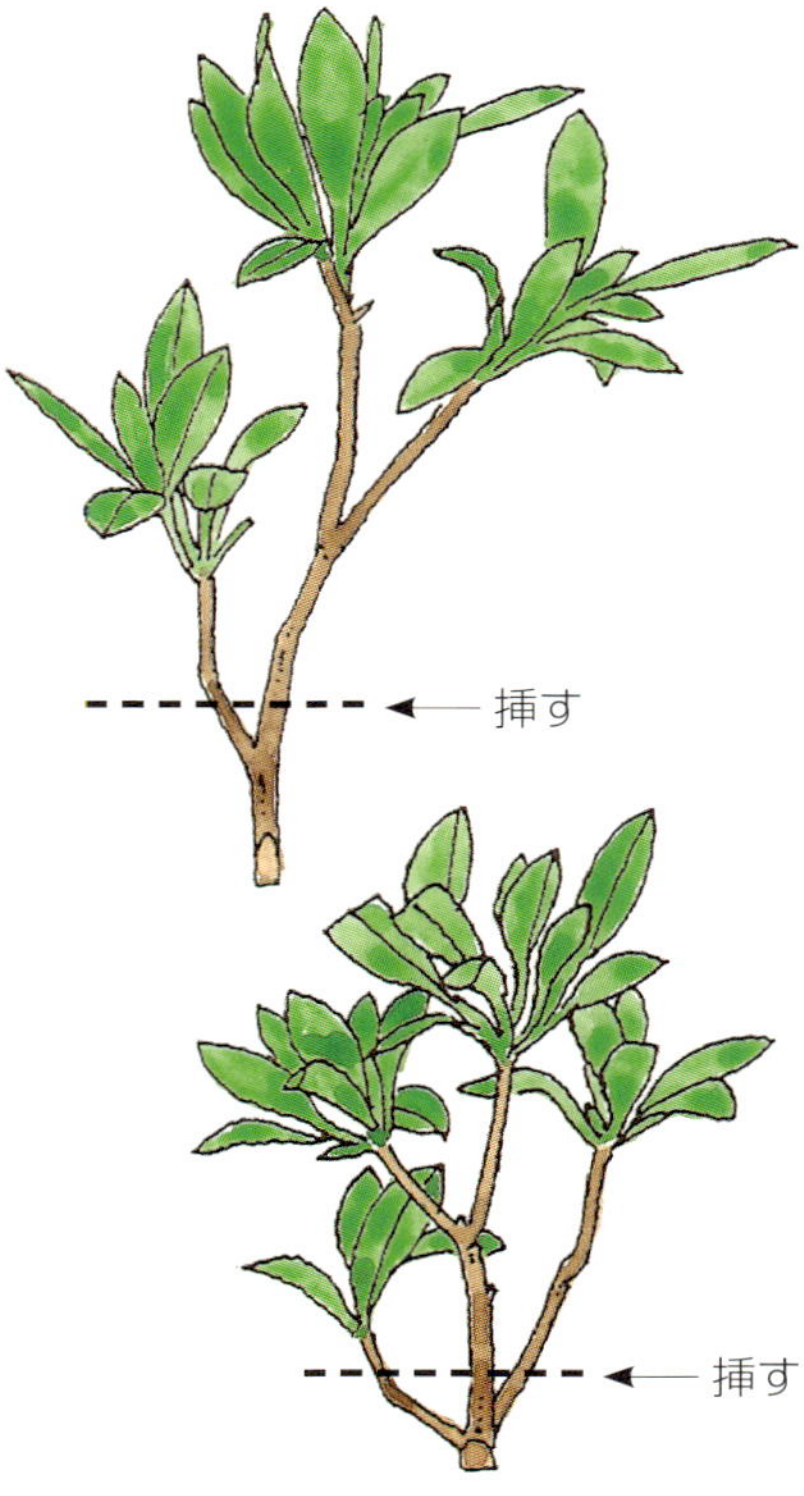
挿す
挿す

もっとふやしたいので切りとった枝は小さく切りなおして挿し木する

◆3年目、花後の剪定

枝にある程度の太さがほしいため2年伸ばした（右頁）。

たくさん出た枝ですぐにも完成木になりそうだが、枝元からの脇枝を整理するとグッと少なくなる。

剪定後の木姿（上図）を見てわかるように、改作時の枝が2、3枝分かれしたくらいである。

しかし、これが基本の枝となるので、しっかりつくっておけば、あとの小枝づくりは楽。

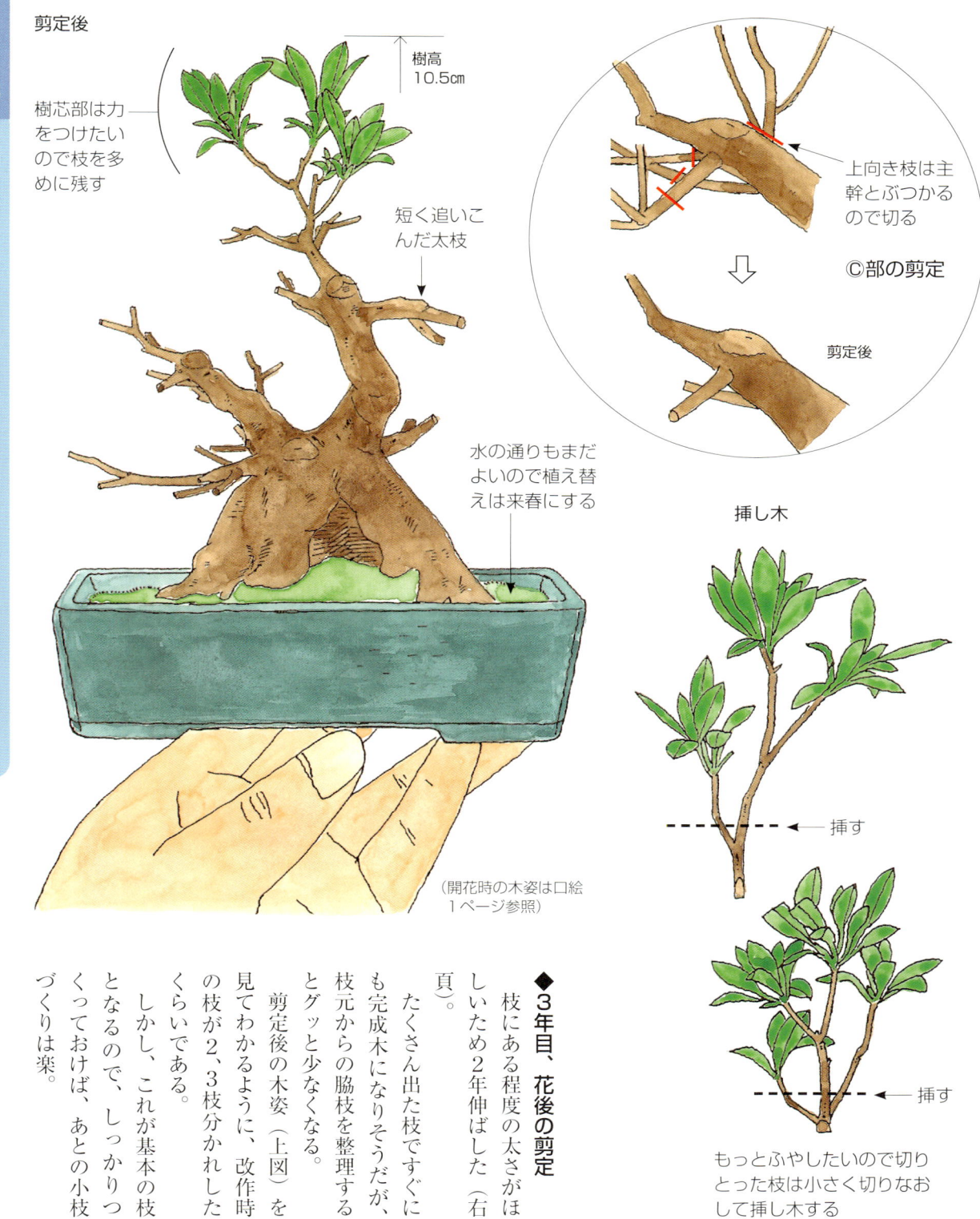

取り木素材を双幹の吹き流しに

6月中旬

剪　定

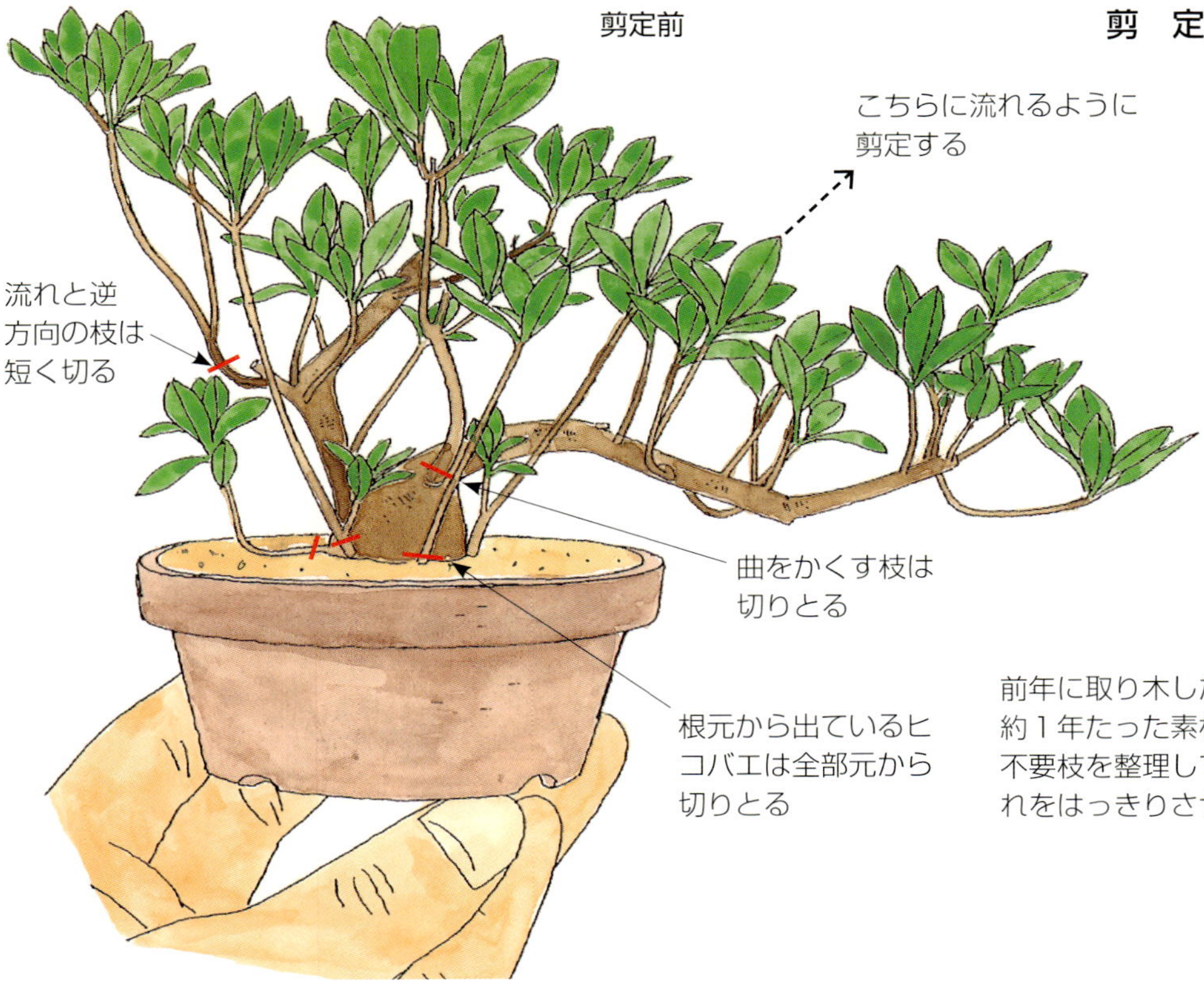
剪定前
こちらに流れるように
剪定する
流れと逆
方向の枝は
短く切る
曲をかくす枝は
切りとる
根元から出ているヒ
コバエは全部元から
切りとる

前年に取り木したもので
約１年たった素材
不要枝を整理して木の流
れをはっきりさせる

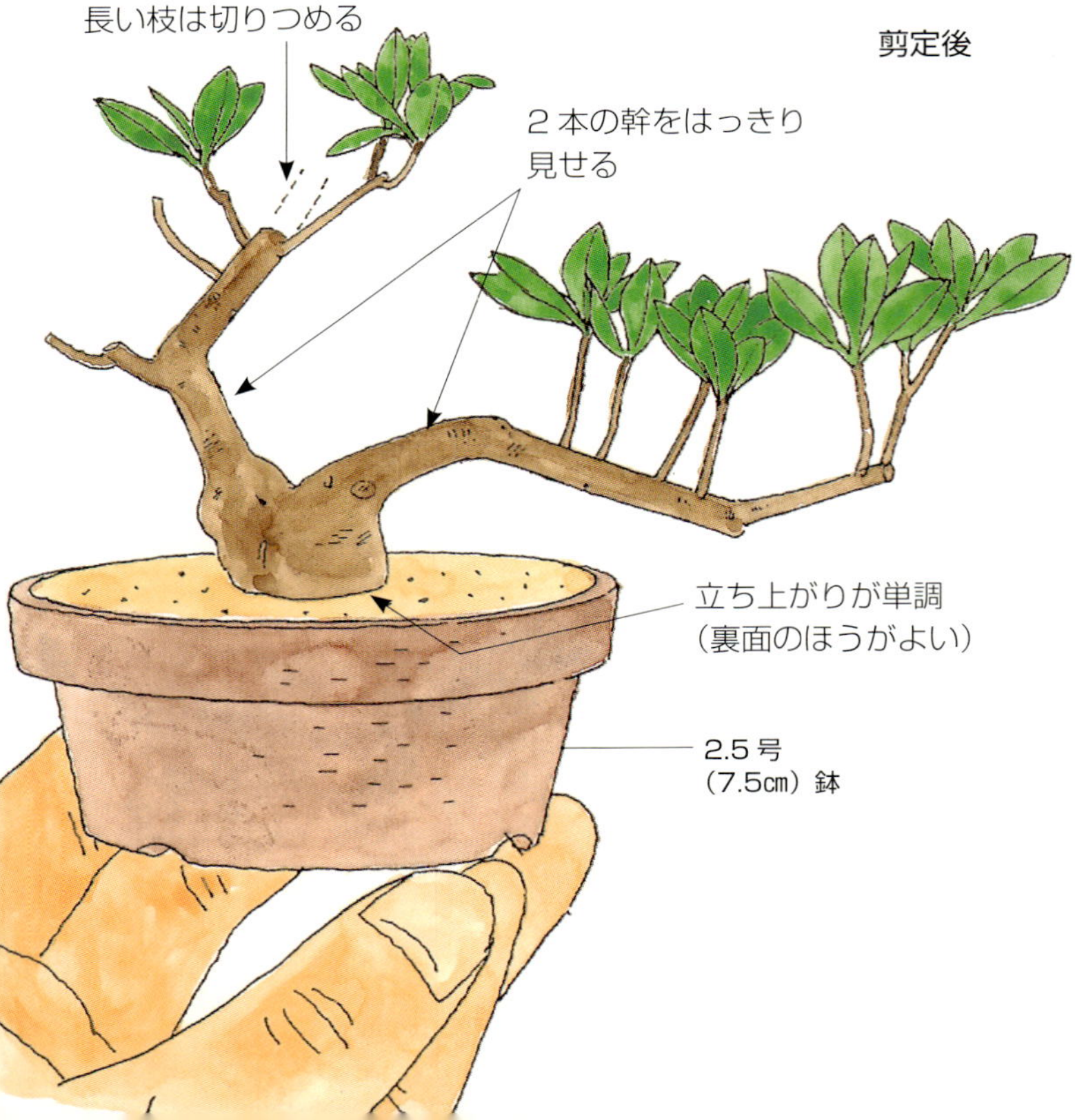
長い枝は切りつめる
剪定後
２本の幹をはっきり
見せる
立ち上がりが単調
（裏面のほうがよい）
2.5号
（7.5㎝）鉢

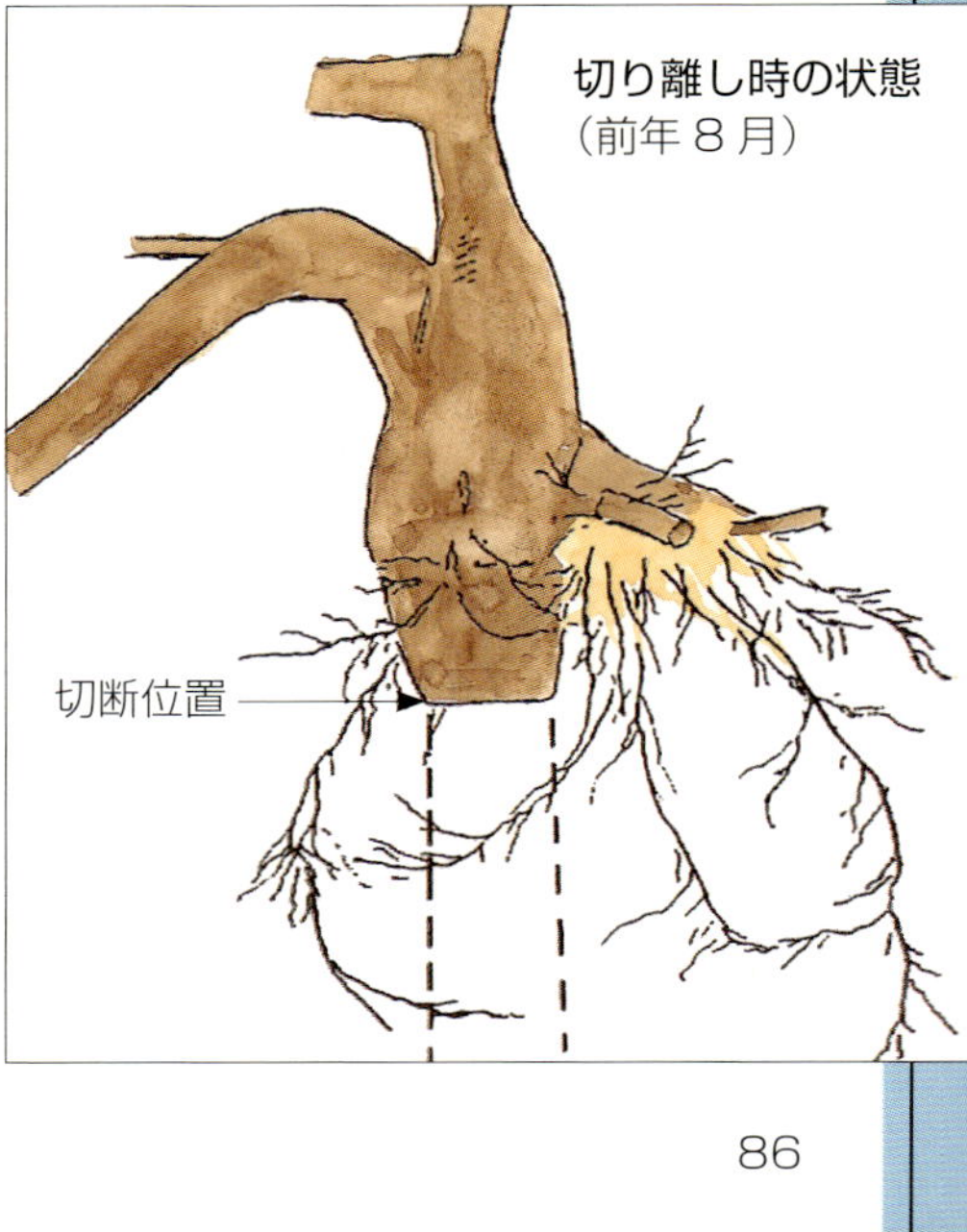
切り離し時の状態
（前年８月）
切断位置

花芽
ふくらんでいる

〈正面の変更〉
裏面のほうが立ち上がりに変化があり正面にする
この時点ではまだ花芽になっていない
手前に戻るのでかえってよい
ややうしろに逃げるが枝で手前にかえしたい
こちらのほうが根元に味がある

翌年3月

剪定・針金かけ・植え替え

花芽がついている
切りつめる
枝元からの胴吹き芽を切る
枝元の不定芽は切りとる

樹高 7㎝
立っている枝を針金で伏せる
流れの側に傾ける
長すぎるので花後に切りつめる
植え替え後
根元をよく見せる
丸鉢

樹形づくりのポイント
全体に左に流れるようにつくる。右に伸びる枝と樹芯部はおさえぎみにする

切りつめて石付きの吹き流しに（日光）

改作の意図
根元のおもしろい素材だが、生かされていない。とくに弓なりになった幹が左に倒れすぎ。この木はむしろ右に流れるべきであろう
そこで剪定例①、②のように段階を追って切ってみた
樹高 16㎝
左に傾きすぎ
剪定例①
剪定例②
弓なりで魅力に乏しい
複雑にからみあった根が変化に富んでおもしろい
3号（9㎝）丸鉢

今までは上図の裏面を正面としていたが、根の姿はこちらのほうがおもしろい。また、どうにも弓なりの曲が気になり、改作を考えていた素材。この場合、二つの剪定が考えられる。

一つは、幹の途中で切りつめ全体を右に流す。しかし、実際切ってみると次の枝位置までが直線的で気になる。

そこで思い切りよく、その下の枝まで

これでも悪くはないが、途中の直線的な幹がどうにも気になる

剪定例①

途中の枝を残して切り、流れを右に変えた剪定例

この場合はこの枝も生かす
直線的で気になる
だいぶ根元が強調された

剪定例②

根からの流れを最大限に生かした剪定例

この場合は根元のこの枝は不要
このほうが根元のおもしろさがさらに目を引く

切り下げることにした。こうすると、左側の根元の枝も流れを妨げるので切りとることになる。左図がその剪定後。１本の枝からの再出発だが、根のおもしろさや幹の流れも強調された。

これで剪定終わりかといえばノー。残した枝に締まりがない。次頁の図のように短く追いこんでおく。

本来なら、このままつり合う鉢に植え替えとなるが、低い樹高を生かして石付きにしてみようと思う。

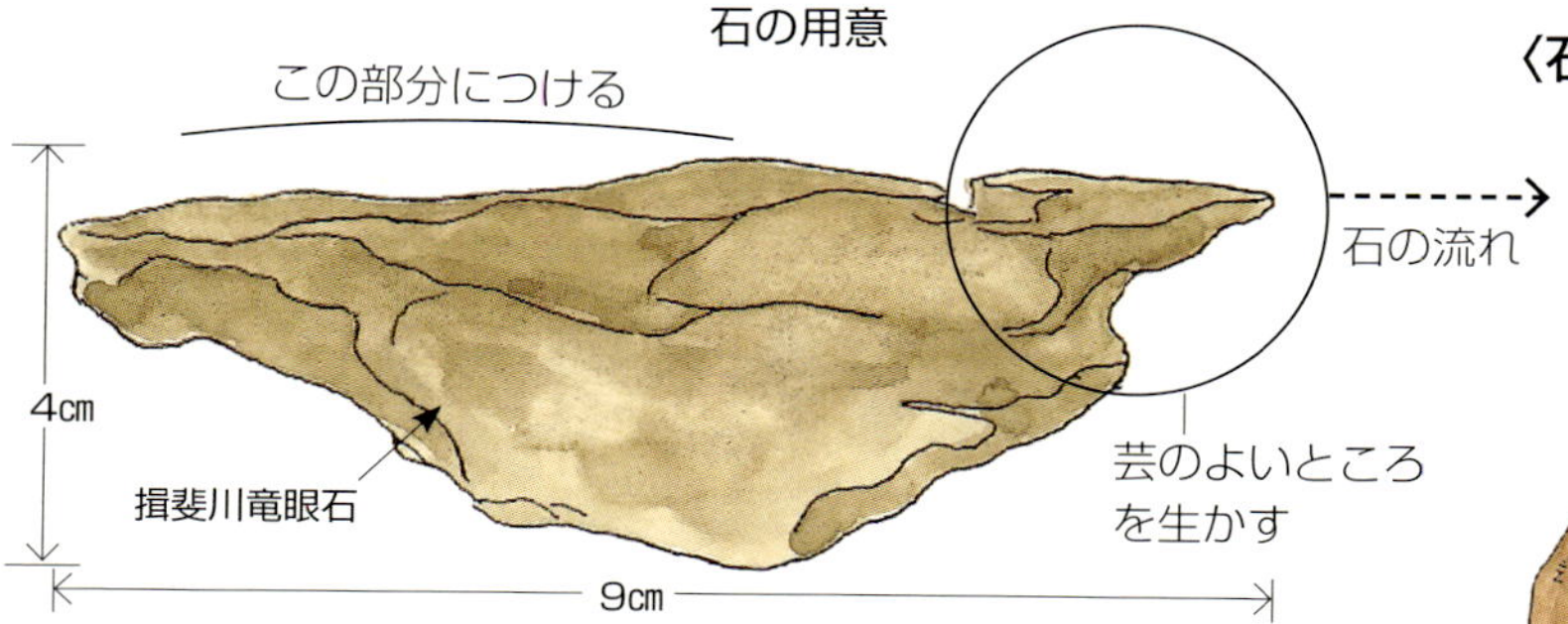
石の用意
この部分につける
石の流れ
4㎝
揖斐川竜眼石
芸のよいところを生かす
9㎝

根切り後
6㎝
平らに切りつめる

〈石付け作業〉
剪定後
長すぎる枝を切りつめる
枯れ根を切りとる

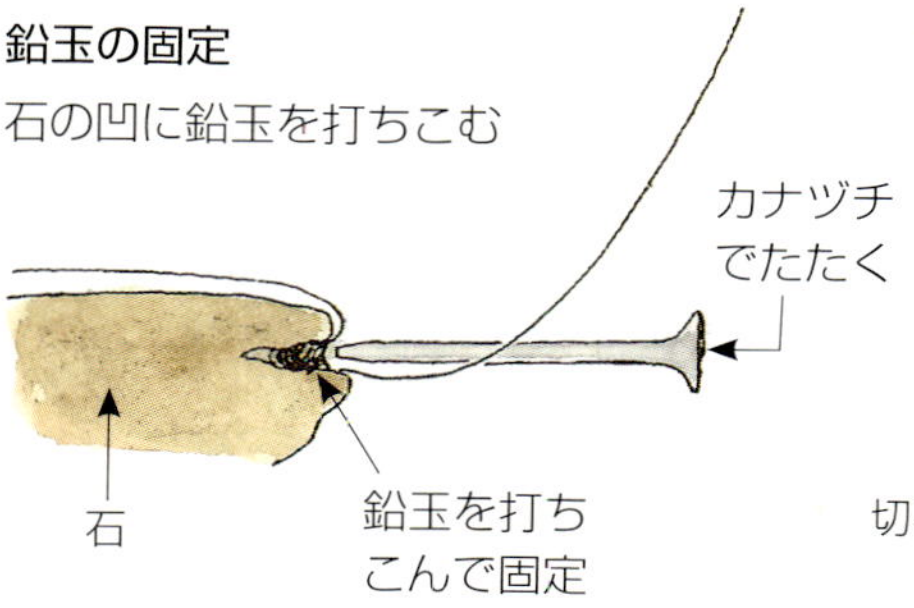
鉛玉の固定
石の凹に鉛玉を打ちこむ
カナヅチでたたく
石
鉛玉を打ちこんで固定

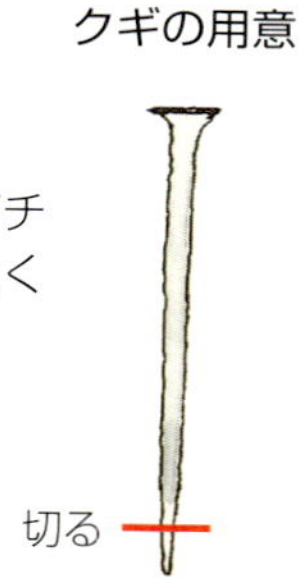
クギの用意
切る

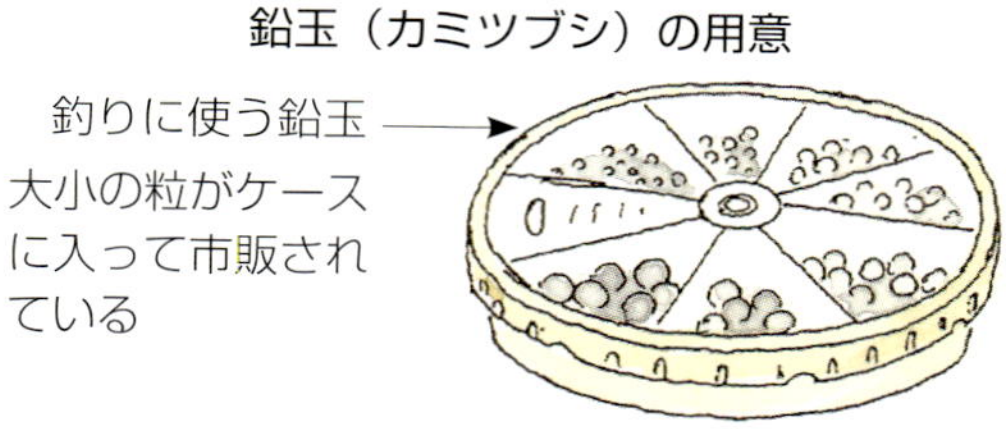
鉛玉（カミツブシ）の用意
釣りに使う鉛玉
大小の粒がケースに入って市販されている

◆石付け作業

この木につり合う石の選択からはじめるが、小さめの数個の石を実際に根切りした木に当てて各方向から検討する。ポイントは、石の流れと木の流れが同一方向であること、また、つけたとき大きくなりすぎないことである。この木には山形石を逆さにして底の部分につけることにした。

石はくぼみの多い揖斐川《いびがわ》竜眼石を使用。石上石付きにする。（石に根をからませたものは石抱き）。

まずつける位置にケト土を7～8㎜

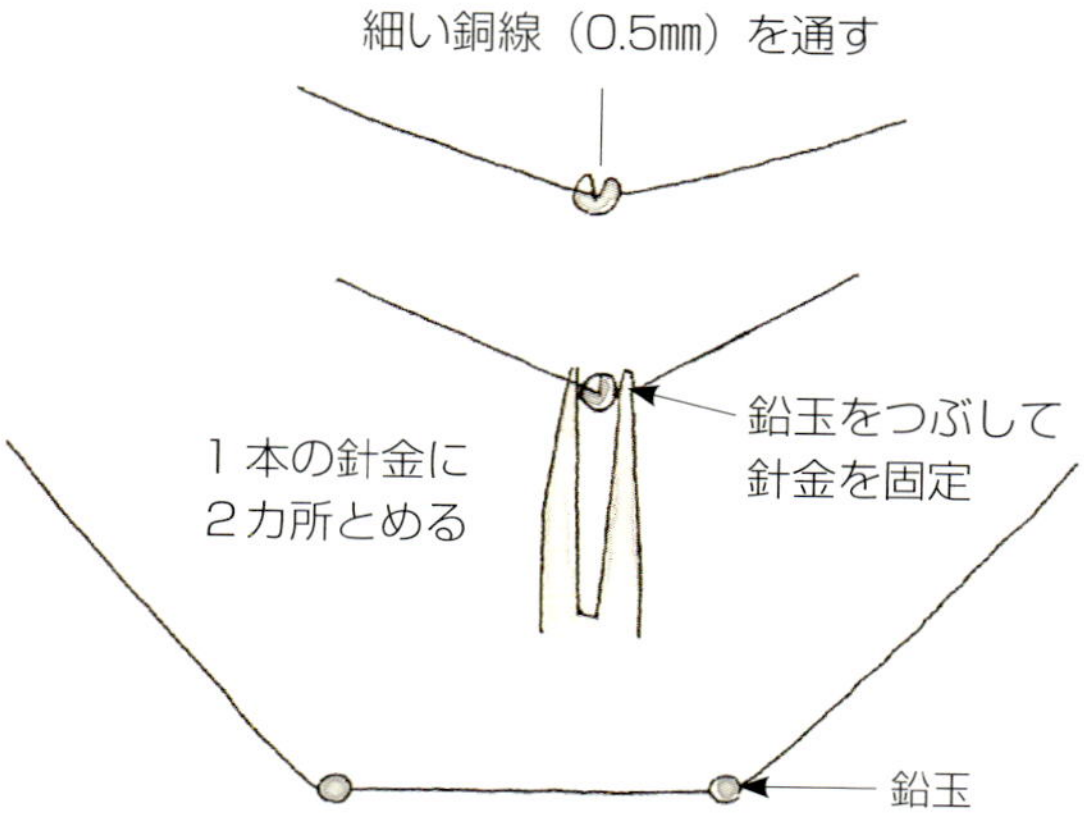
細い銅線（0.5㎜）を通す
鉛玉をつぶして針金を固定
1本の針金に2カ所とめる
鉛玉

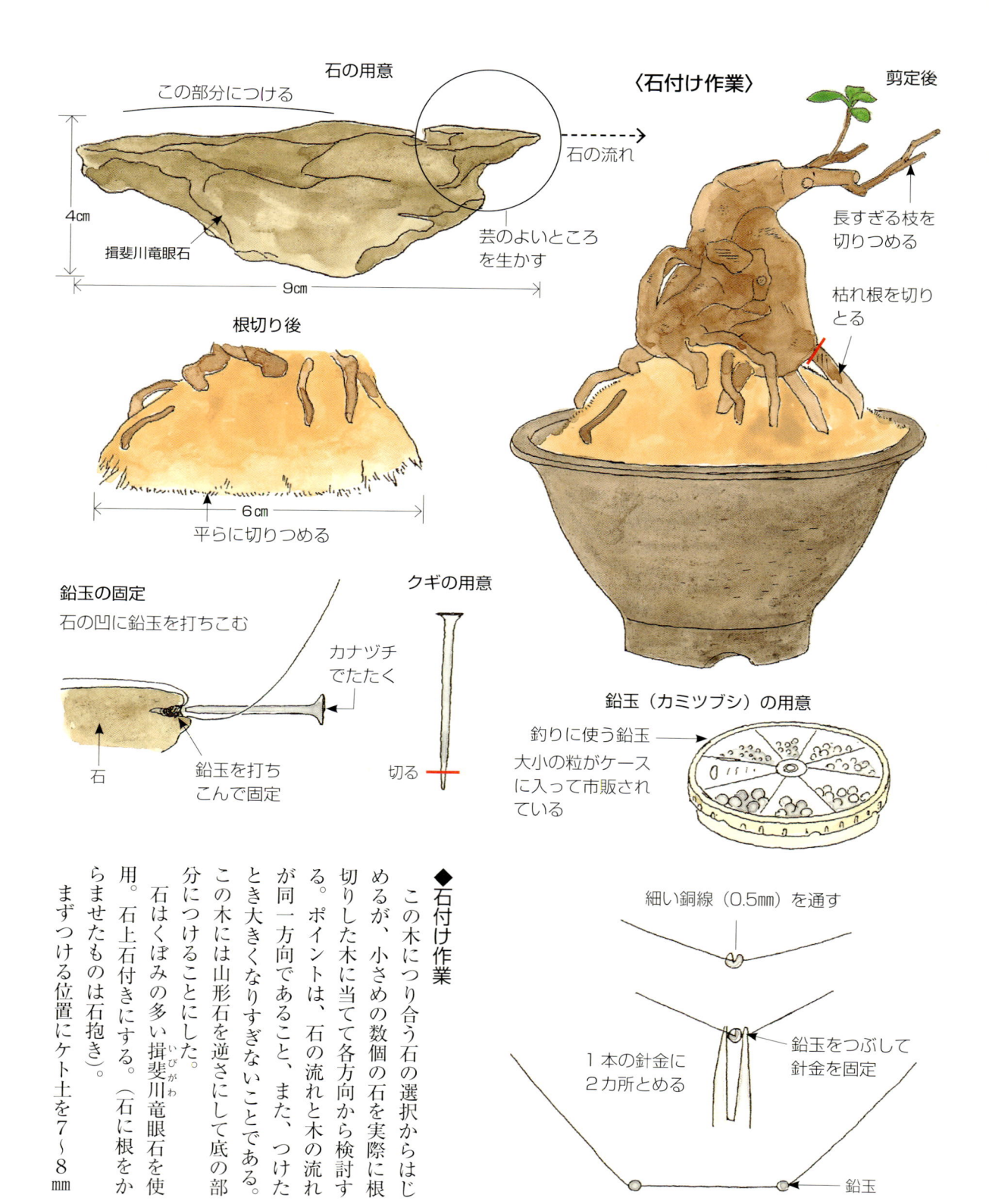

〈ケト土を塗る〉

ケト土に鹿沼土の粉を１割ほど混ぜ、水を加えて耳たぶくらいのやわらかさに練りあげる

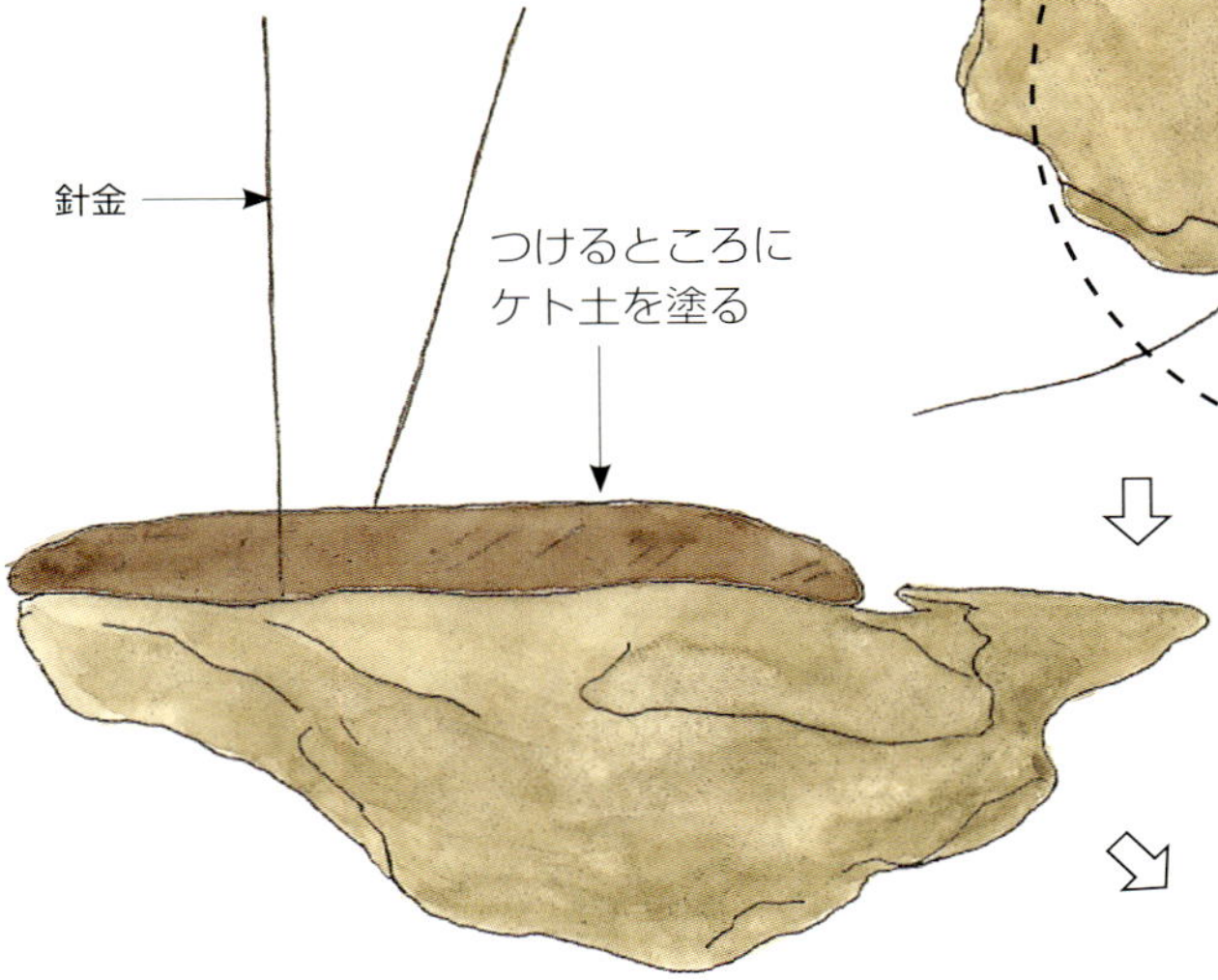
針金
つけるところに
ケト土を塗る

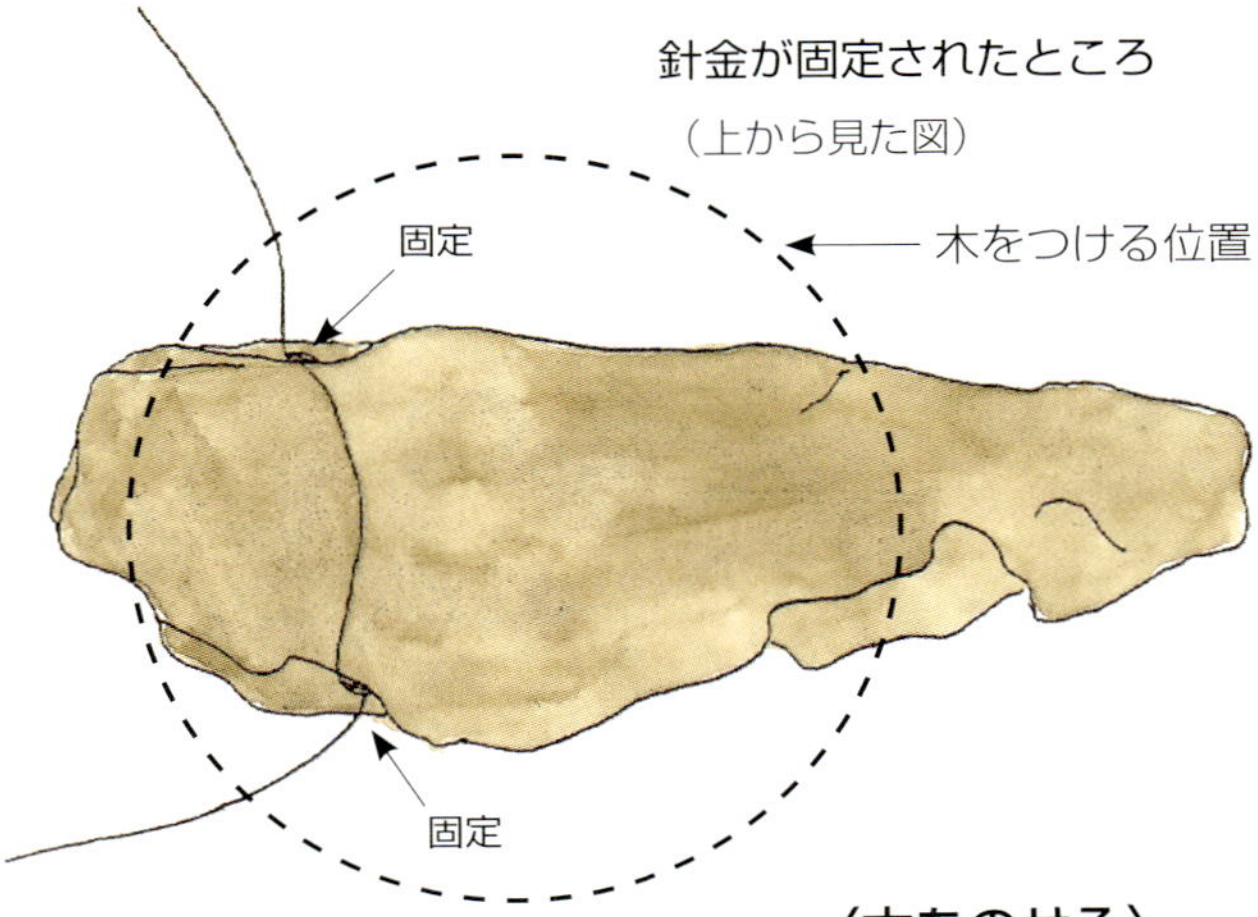
針金が固定されたところ
（上から見た図）
固定
木をつける位置
固定

〈木をのせる〉

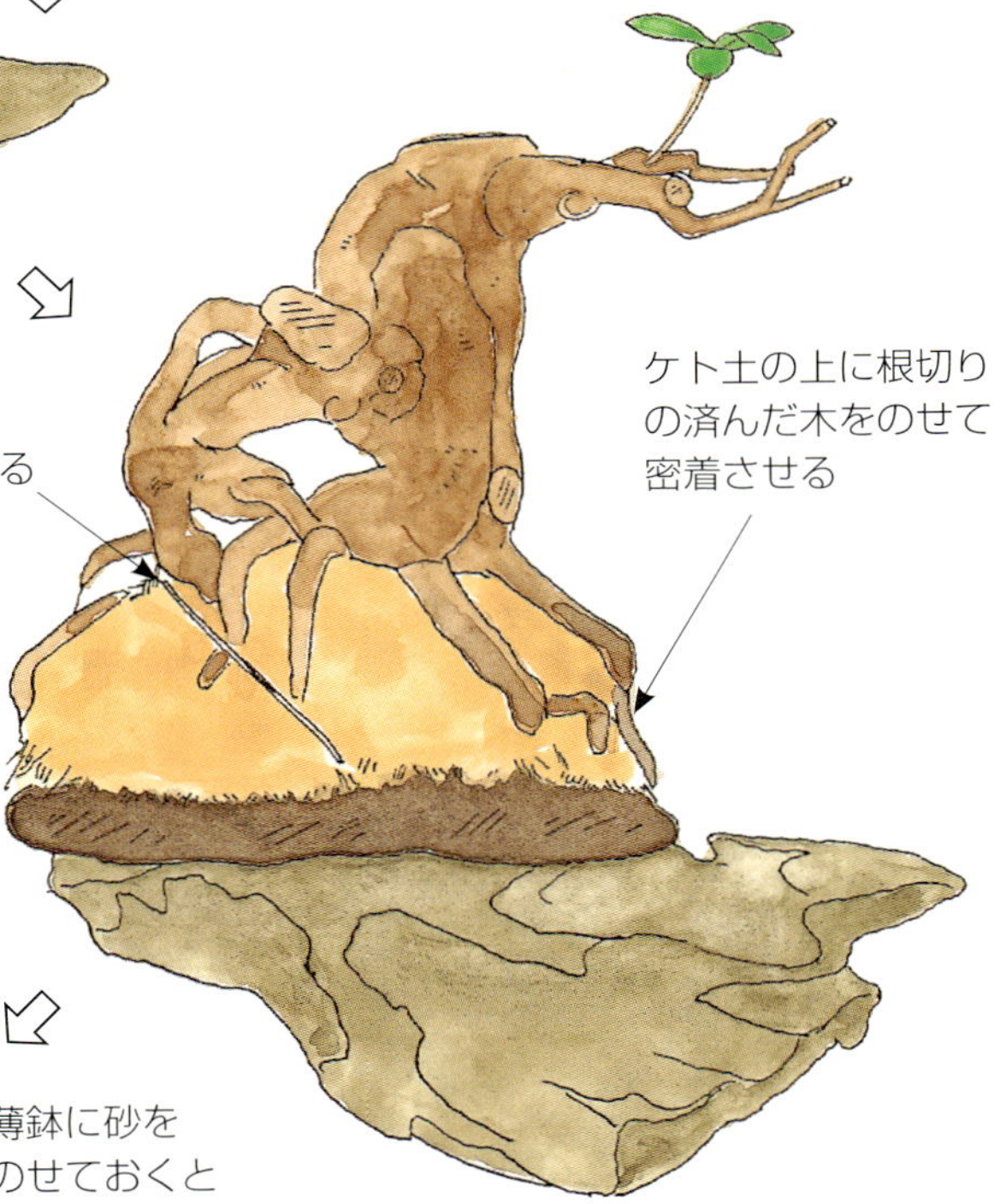
針金で
固定する
ケト土の上に根切り
の済んだ木をのせて
密着させる

石付け後
樹高 11cm
コケが斜めの
ところは、U
字の針金で止
める
さらに根の周囲
をケト土で覆い
コケを張って石
付け終了
なお、薄鉢に砂を
敷き、のせておくと
乾きや景観もよい
石は針金で
鉢穴に固定

の厚さに塗る。その上に根切りした木を押しつけ、針金で結束。

根の周囲をケト土で覆いコケを張る。コケがなければナイロンストッキングを切って張るのもよい。

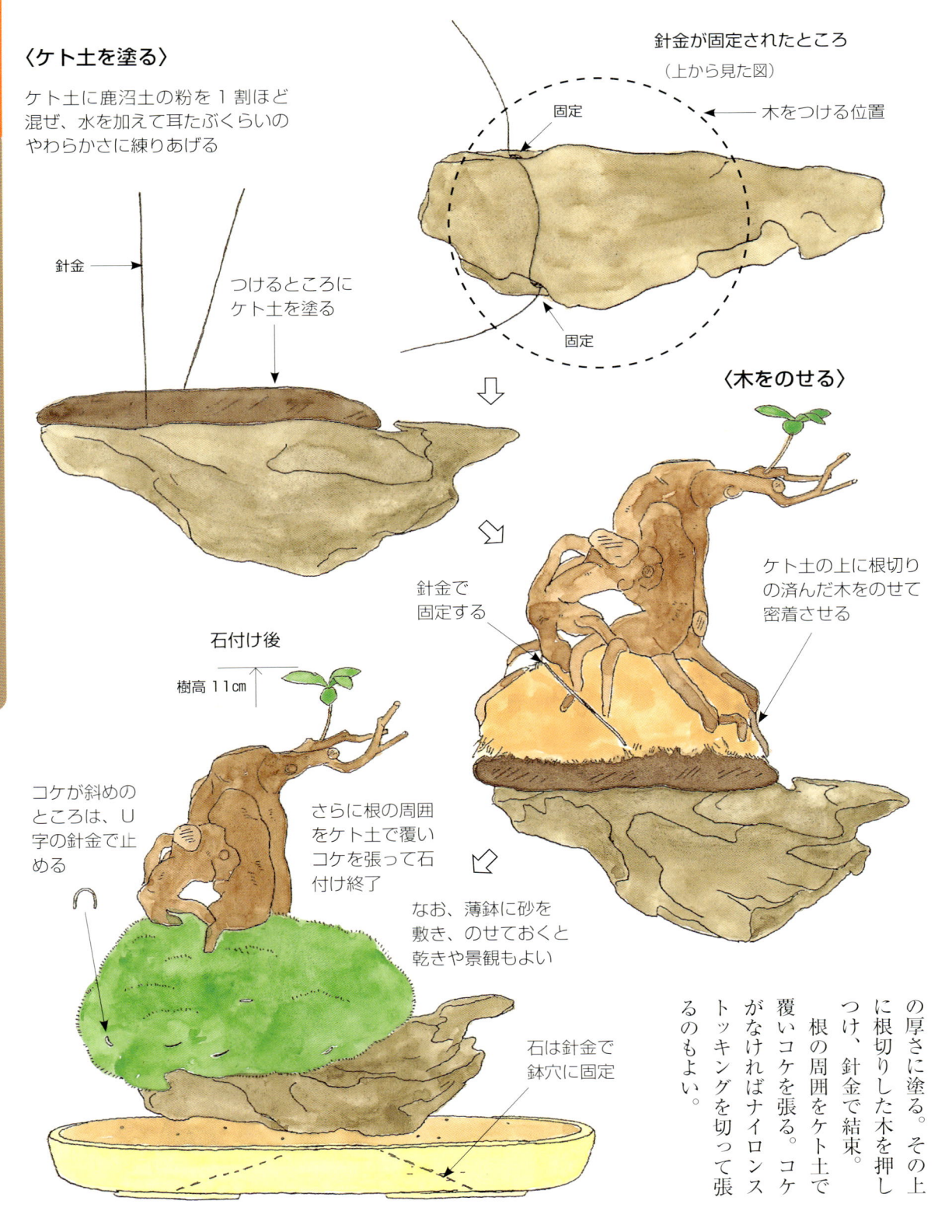

根上がりの整枝・剪定（如峰山）

1年目の3月

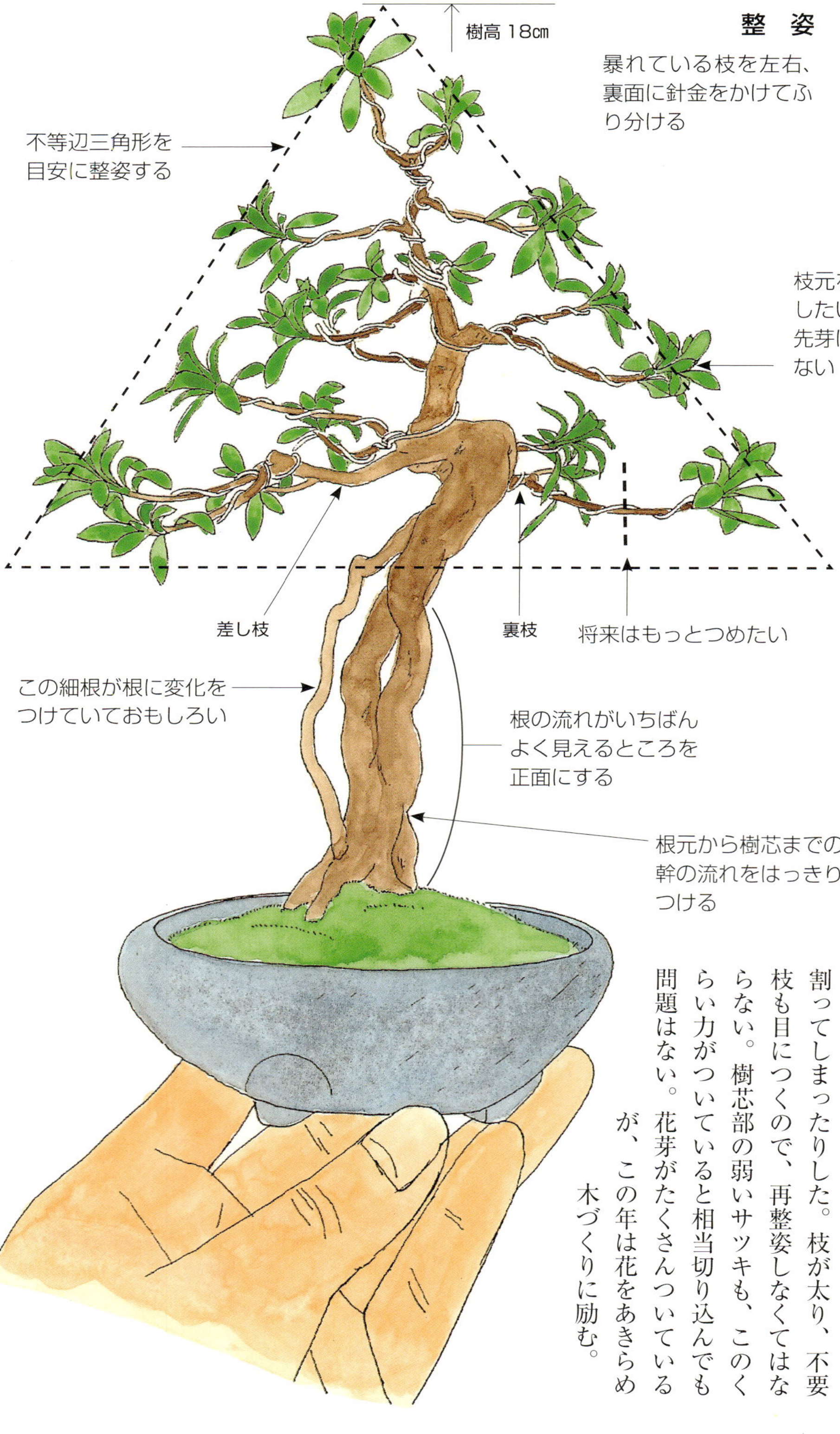
樹高 18㎝
整　姿
暴れている枝を左右、裏面に針金をかけてふり分ける
不等辺三角形を目安に整姿する
枝元を太くしたいので先芽は切らない
差し枝
裏枝
将来はもっとつめたい
この細根が根に変化をつけていておもしろい
根の流れがいちばんよく見えるところを正面にする
根元から樹芯までの幹の流れをはっきりつける

◆4年目の剪定

上図を3年間伸ばすと左頁のようになる。その間、樹芯の枝が折れたり、鉢を割ってしまったりした。枝が太り、不要枝も目につくので、再整姿しなくてはならない。樹芯部の弱いサツキも、このくらい力がついていると相当切り込んでも問題はない。花芽がたくさんついているが、この年は花をあきらめ木づくりに励む。

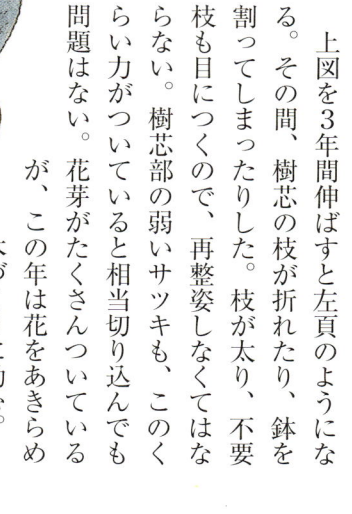

剪定

Ⓐ部の剪定

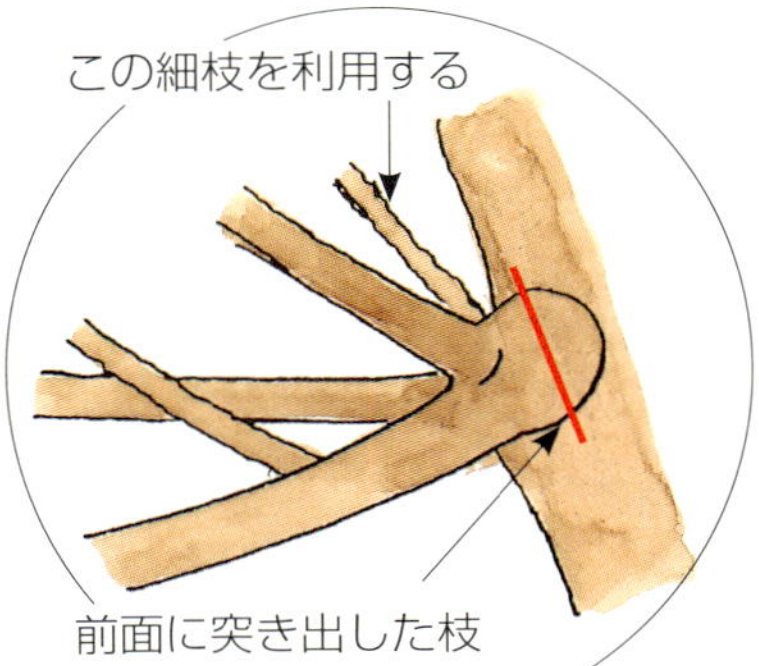
この細枝を利用する
前面に突き出した枝を切りとる

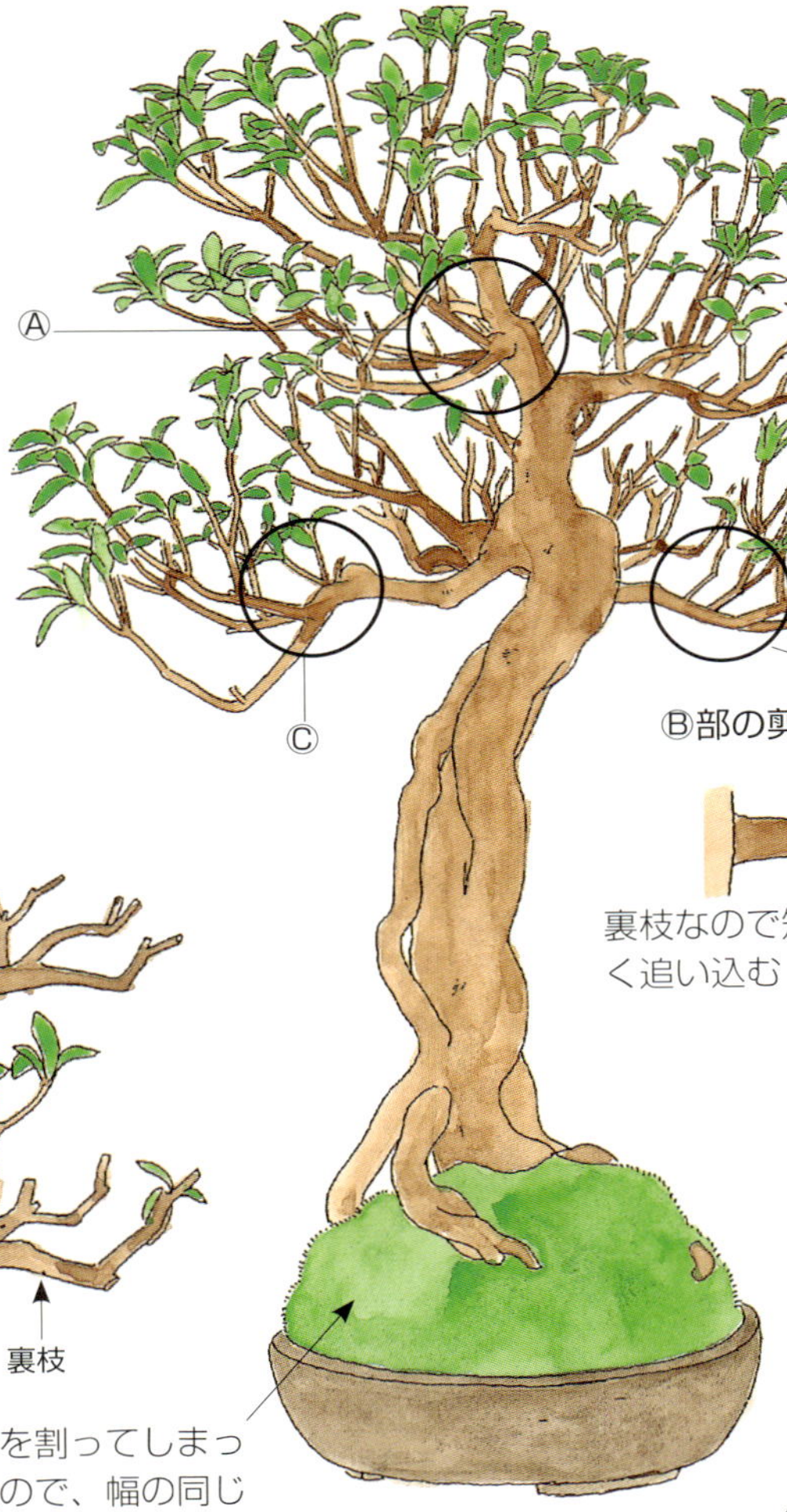
Ⓐ
Ⓑ
Ⓒ
鉢を割ってしまったので、幅の同じ鉢に移した
半分くらい底を切って植え替える

Ⓑ部の剪定

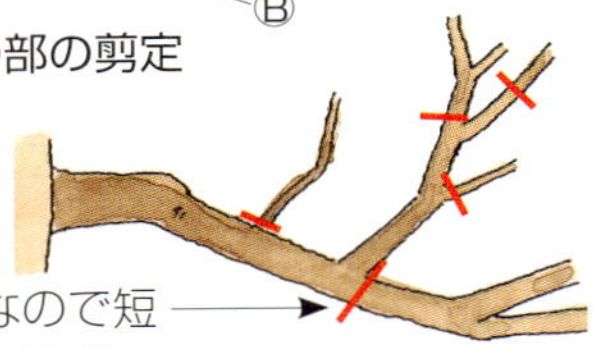
裏枝なので短く追い込む

Ⓒ部の剪定

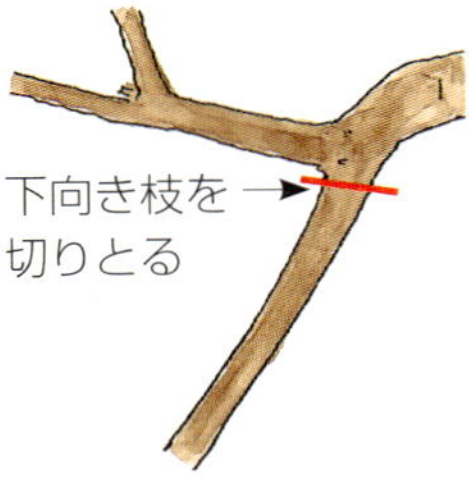
下向き枝を切りとる

〈剪定後〉

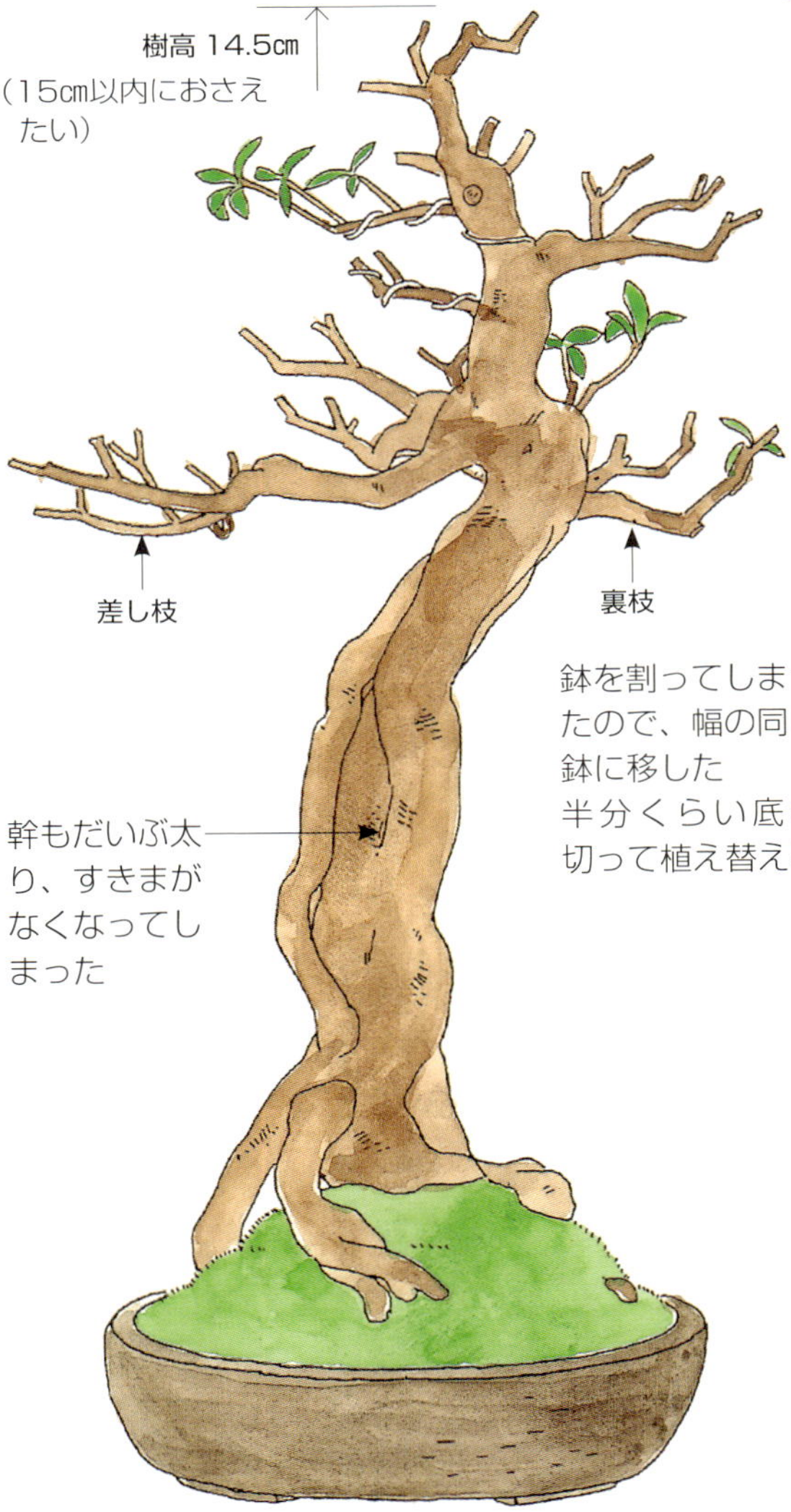
樹高 14.5㎝
（15㎝以内におさえたい）
差し枝
裏枝
幹もだいぶ太り、すきまがなくなってしまった

上面図
（剪定後）

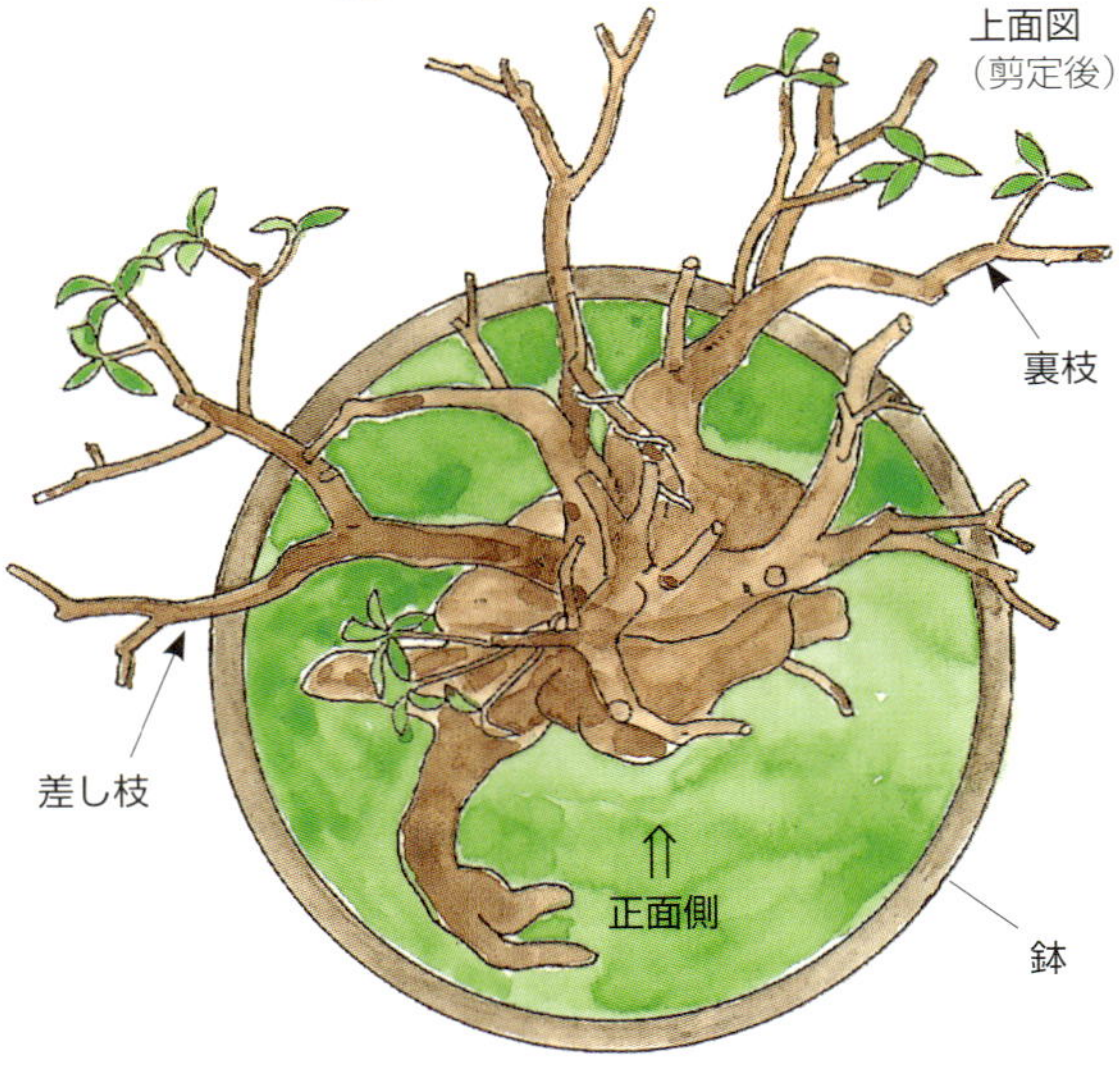
裏枝
差し枝
⇑
正面側
鉢

長い根上がり素材の剪定

剪定　6月中旬

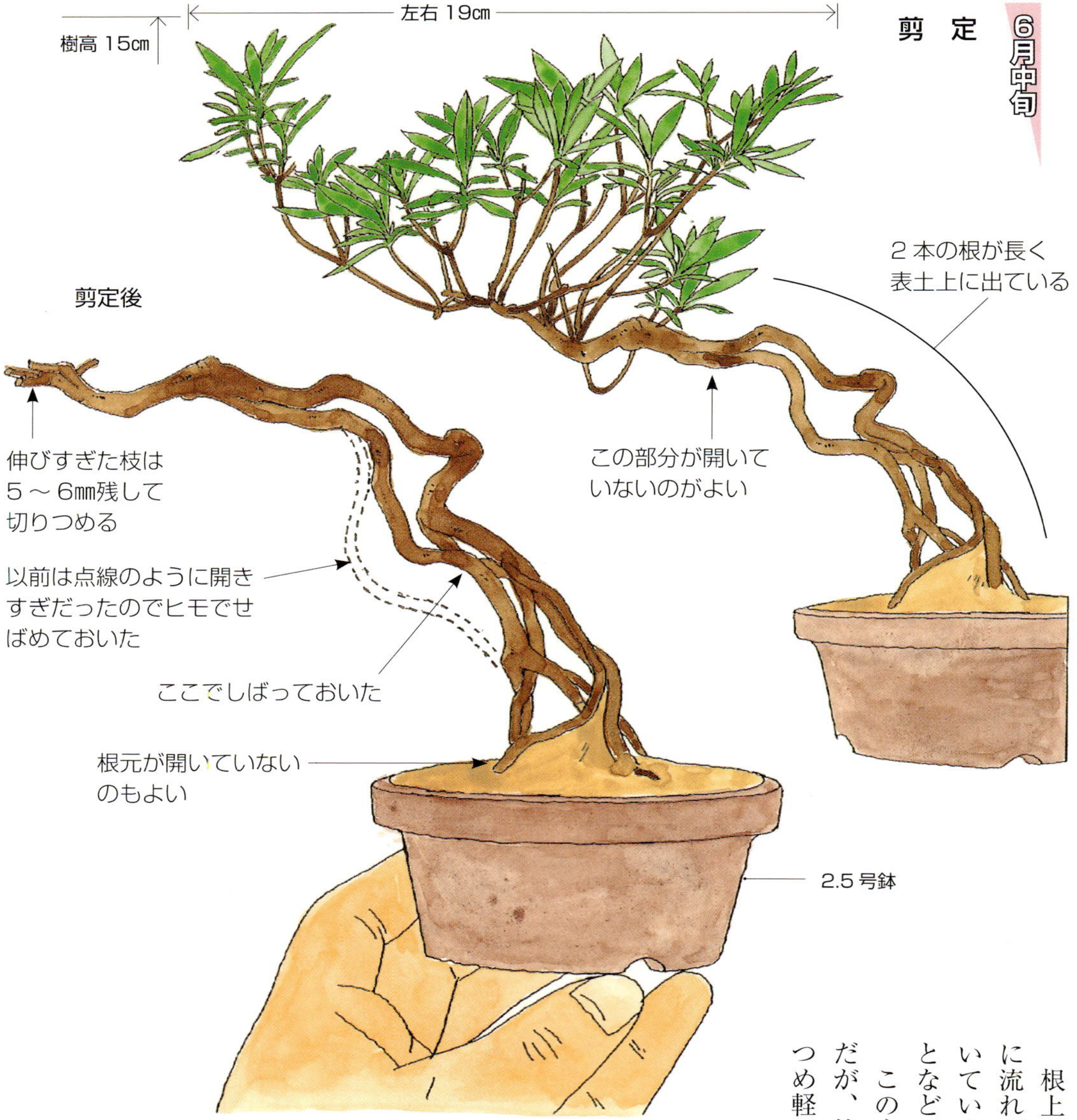

左右 19㎝
樹高 15㎝
剪定後
2 本の根が長く
表土上に出ている
伸びすぎた枝は
5 ～ 6㎜残して
切りつめる
この部分が開いて
いないのがよい
以前は点線のように開き
すぎだったのでヒモでせ
ばめておいた
ここでしばっておいた
根元が開いていない
のもよい
2.5 号鉢

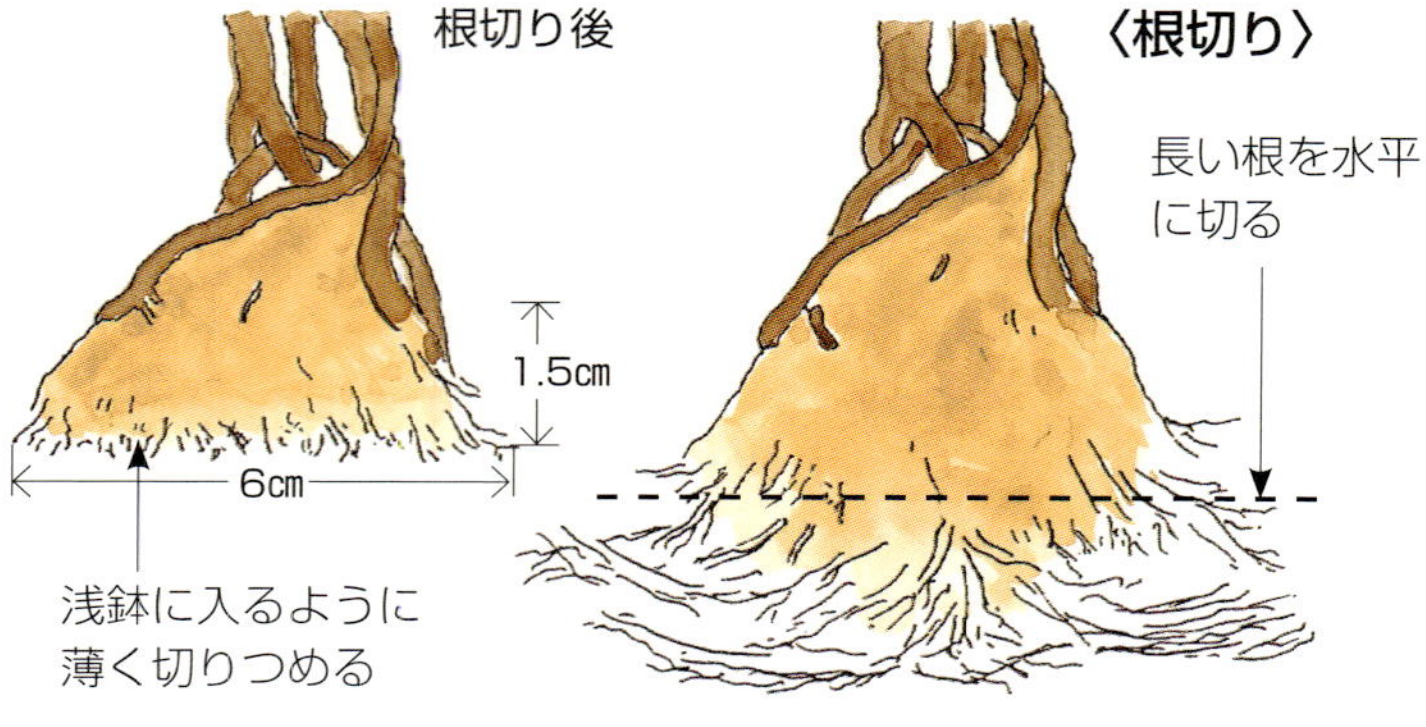

根切り後
〈根切り〉
長い根を水平
に切る
1.5㎝
6㎝
浅鉢に入るように
薄く切りつめる

根上がりで、まず注意することは、根に流れがあること、根と幹の分かれが開いていないこと、根元が開いていないことなどである。

この木は、根についてはほぼ条件通りだが、枝が徒長しすぎている。短く切りつめ軽い木姿につくりなおす。

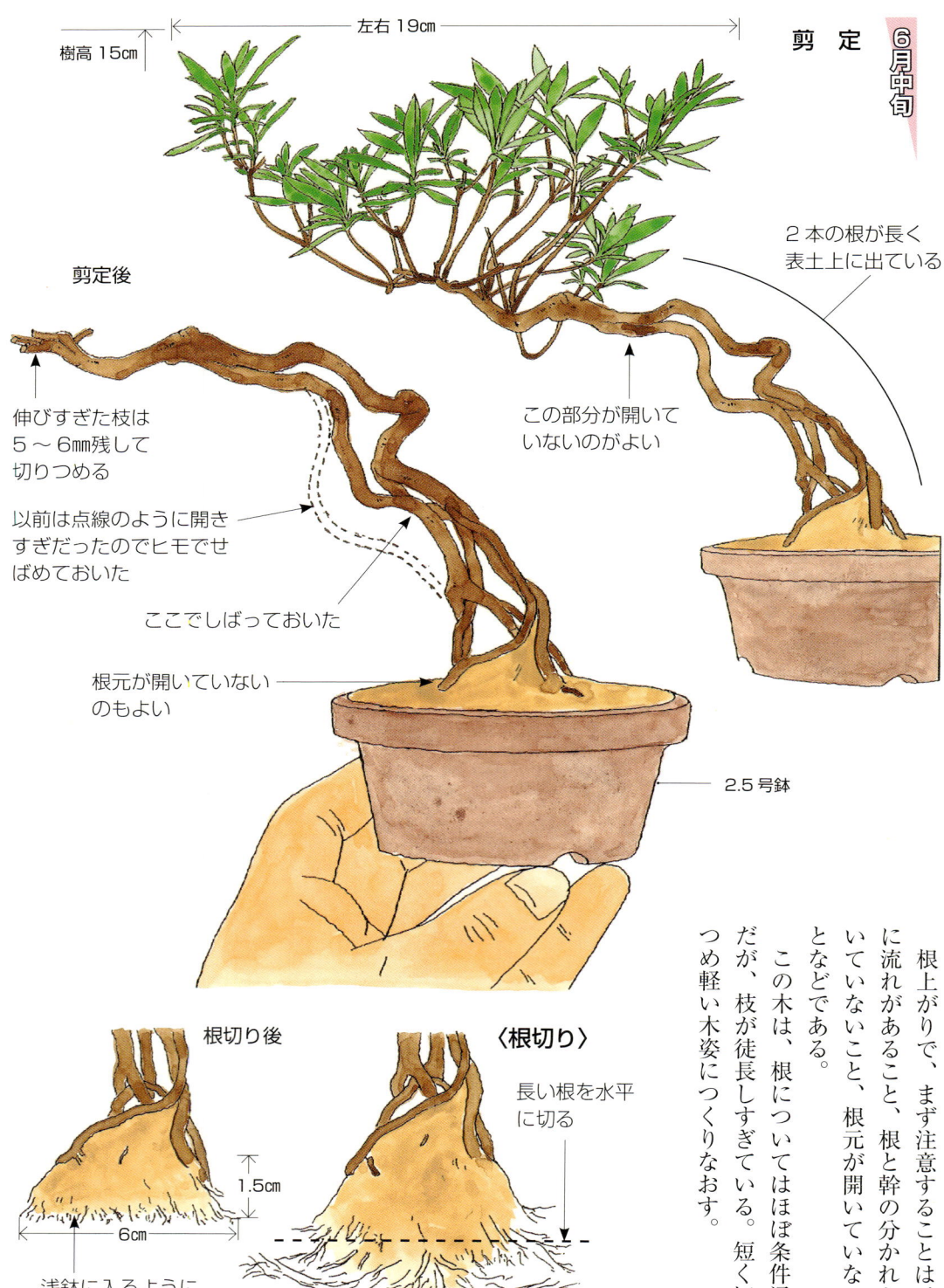

植え替え後

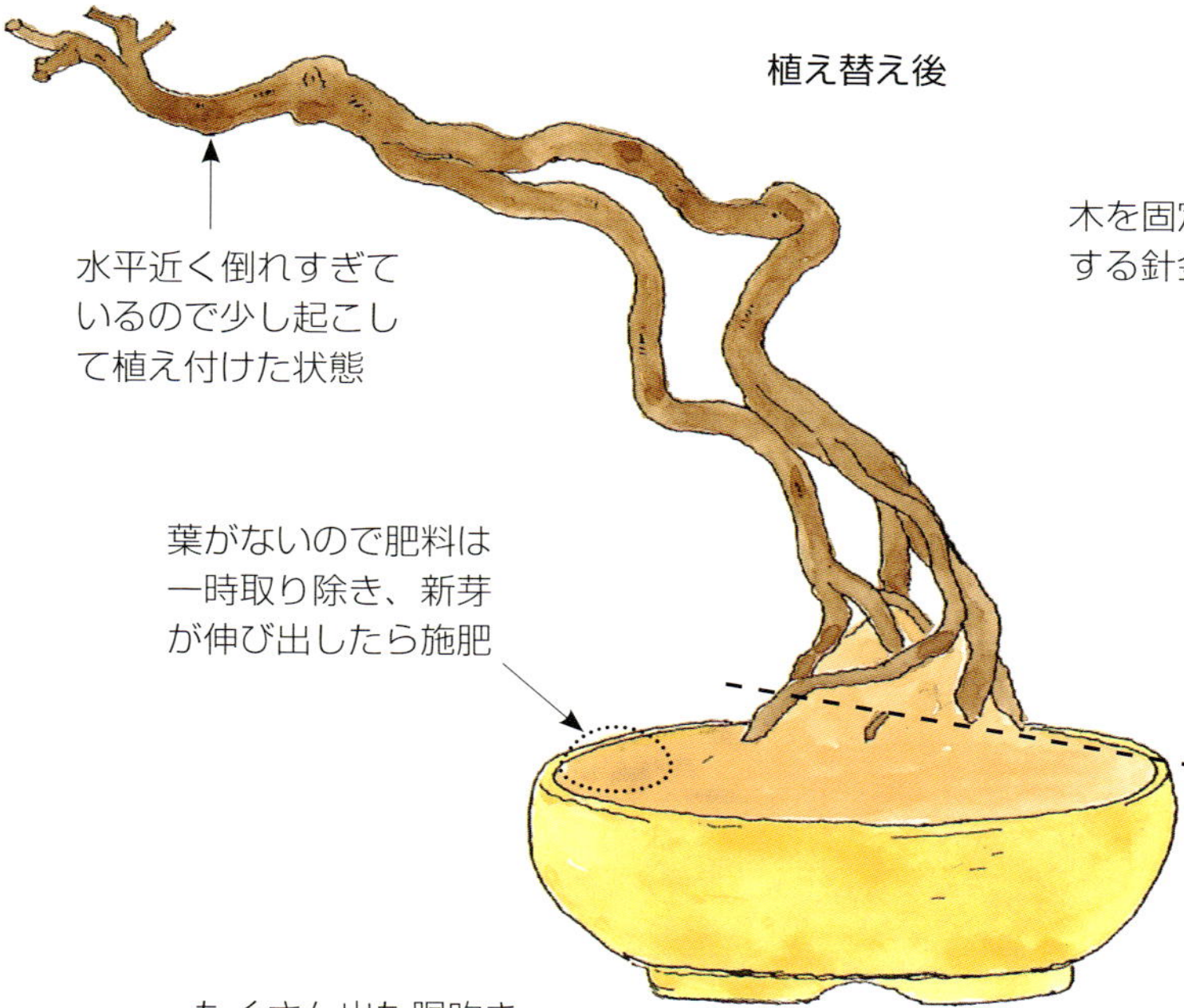
水平近く倒れすぎているので少し起こして植え付けた状態
葉がないので肥料は一時取り除き、新芽が伸び出したら施肥
今までの植え付け角度

鉢の用意

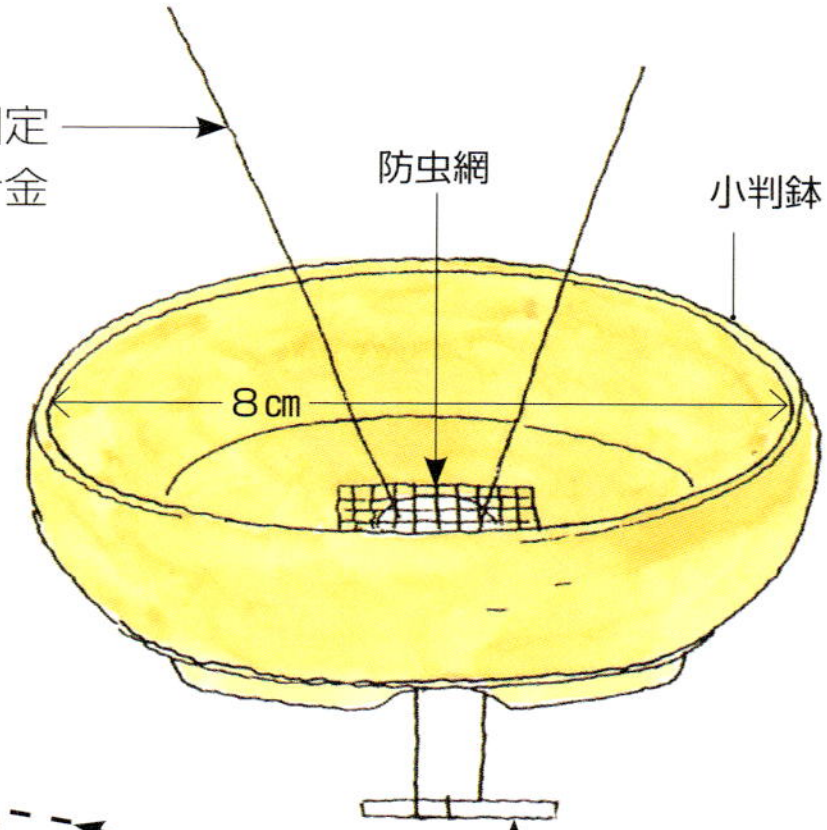
木を固定する針金
防虫網
小判鉢
8㎝
太めの針金に巻く

〈胴吹き芽の整理〉

翌年の3月

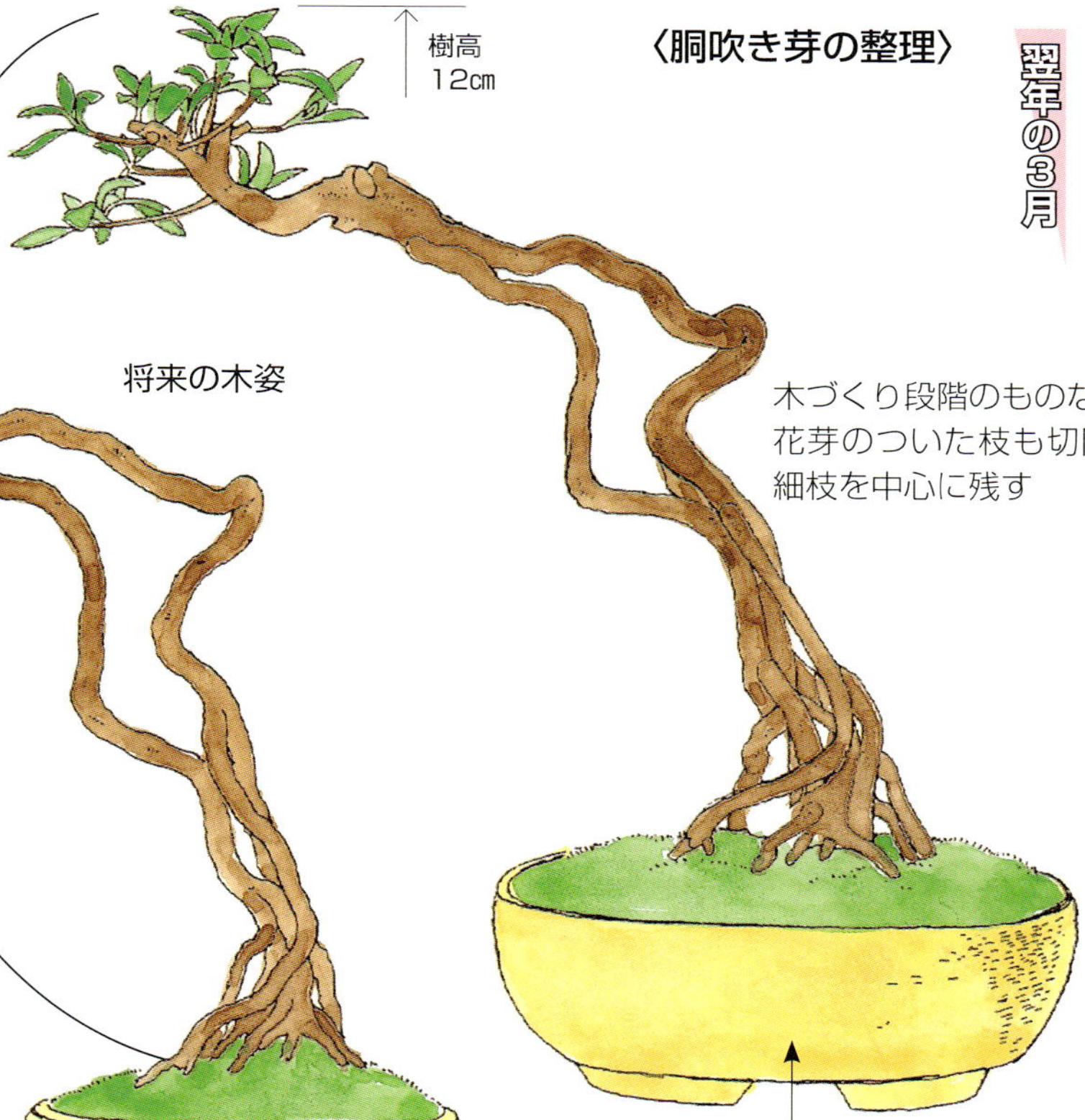
たくさん出た胴吹き芽は位置のよいものを残して間引く
樹高12㎝
木づくり段階のものなので花芽のついた枝も切除し細枝を中心に残す
植え替えは2年に1度が適当

将来の木姿

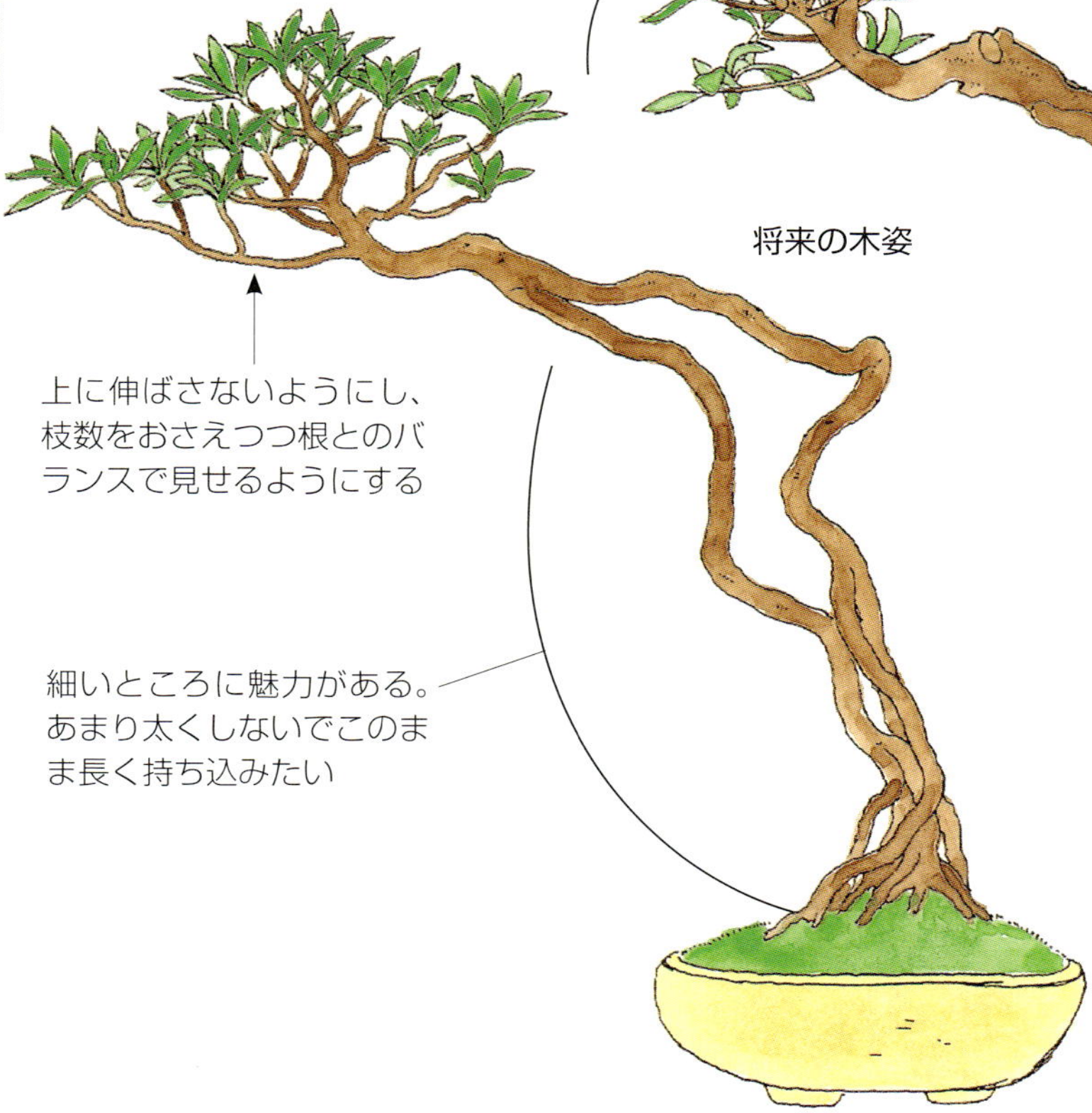
上に伸ばさないようにし、枝数をおさえつつ根とのバランスで見せるようにする
細いところに魅力がある。あまり太くしないでこのまま長く持ち込みたい

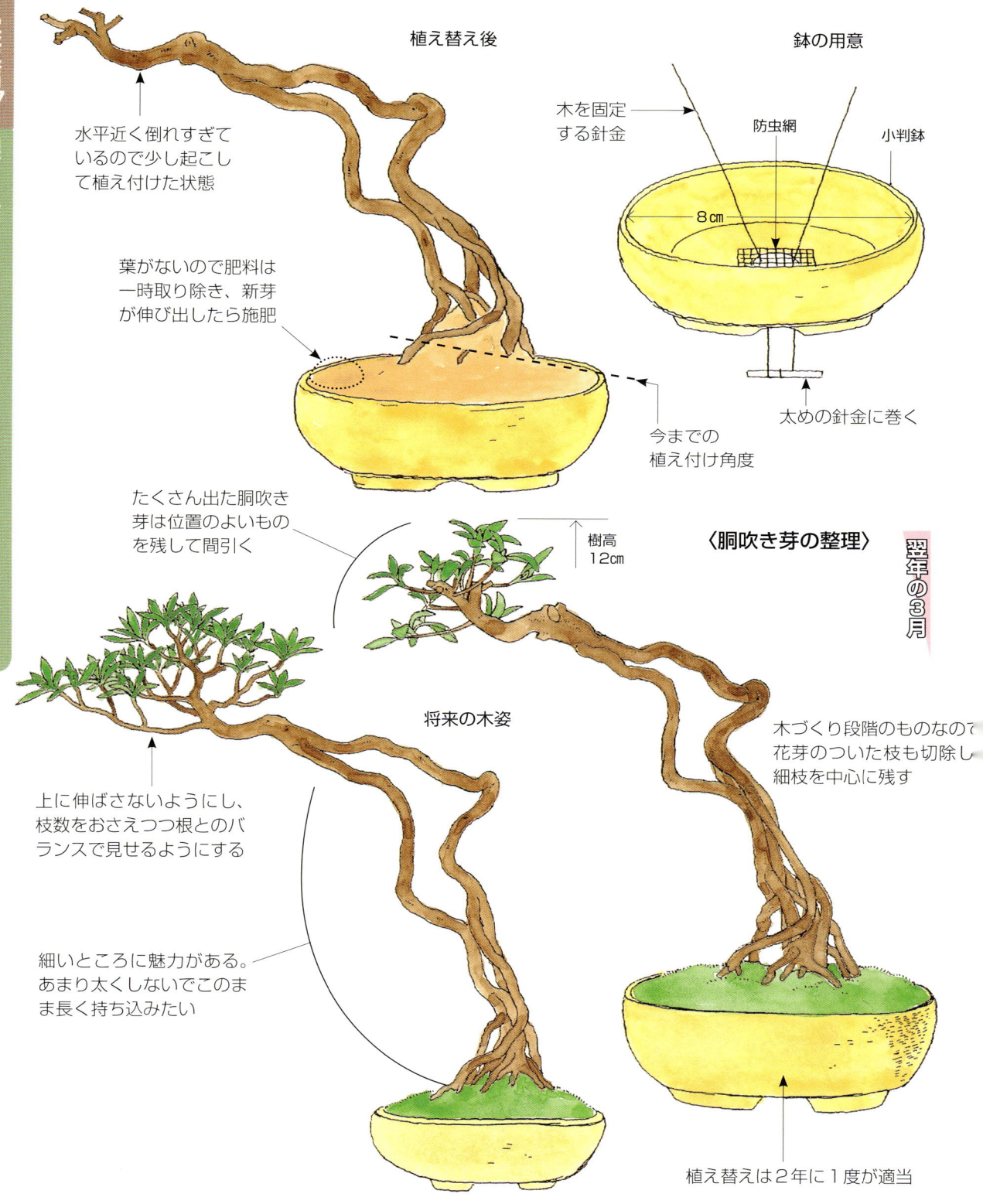

著者紹介

群　境介（ぐん　きょうすけ）

（園芸・盆栽のイラストレーター）

昭和18年生まれ、群馬県出身。

約50年前より盆栽の取材で全国の栽匠、自生地を歴訪、盆栽の素晴らしさ、奥の深さを痛感。以後自身もミニ盆栽を自宅の庭で栽培し、その樹種は450種に及ぶ。

盆栽誌への連載も長く定期読者の支持を得ている。

著書
『盆栽入門』（西東社）
『小さな木の盆栽』（エスプレス・メディア出版）
『ミニ盆栽珍樹種100』（近代出版）
『カラー図解　群境介のミニ盆栽コツのコツ』（農文協）
『MAILLOT BONSAI』（図解ミニ盆栽　フランス語版）など

本書は『図解　群境介のミニ盆栽　サツキ・ツツジ』（1991年3月発行、A5判、農文協）を改訂・再編し、オールカラー、B5変形判にして発行。

カラー図解　群境介のミニ盆栽　**サツキ**

2018年5月10日　　第1刷発行

著者　群　境介

発行所　一般社団法人　農山漁村文化協会
〒107-8668　東京都港区赤坂7-6-1
電話　03（3585）1141（営業）　03（3585）1147（編集）
FAX　03（3585）3668
URL.http://www.ruralnet.or.jp/

ISBN 978-4-540-17195-6　　製作／條　克己
〈検印廃止〉　　印刷・製本／凸版印刷
ⓒ群境介 2018　Printed in Japan

定価はカバーに表示
乱丁・落丁本はお取り替えいたします。